Kanji and Vocabulary for
The Japanese Language Proficiency Test

45日間で確かな実力！

# 日本語能力試験対策
## N1 漢字・語彙

遠藤由美子・遠藤ゆう子 著

三修社

# はじめに

## 【本書の目的】

　本書の目的は日本語能力試験Ｎ１に合格できる文字（漢字）と語彙の力をつけることです。日本語能力試験Ｎ１の合格を目指す方、仕事や学業などの目的でＮ１レベルの漢字力、語彙力をつけたい方など、様々な目的・目標をもった方々に、独習用の教材として活用していただけます。特に、日本語能力試験を受験される方々には、試験科目の文字・語彙だけでなく、文法、読解、聴解の科目にも対応できる力がつくように、漢字と語彙の選定、構成を行いました。本書をマスターして、ぜひＮ１の確実な合格へとつなげてください。

## 【本書の特長】

### ◆文字や語彙に集中できる
　例文が文法的に難しい、あるいは漢字が難しくて学習が進められないという事態にならないように、例文では文法的に難しいものを避け、漢字はＮ５相当（旧４級）漢字以外のものにはすべて振り仮名をつけました。そのためＮ１の漢字や語彙を重点的に学習できます。

### ◆Ｎ１の文字と語彙を計画的に学習できる
　Ｎ１の文字と語彙を９週間でマスターできるように整理し、効率よく覚えられるように配列しています。第１週１日目、第１週２日目、と学習計画が示されているので、それに沿い、文字と語彙を平行して学習を進めましょう。

### ◆確実なステップが踏める
　文字も語彙も「確認テスト」を設けています。理解できているかどうか確認しながら学習を進めましょう。積み重ねが大切です。また巻末の文字と語彙の索引で習得できているかどうかチェックすることもできます。

### ◆対訳の活用ができる
　スムーズな独習をサポートするために、語彙の例文には英語と中国語の翻訳がついています。

# 本書の使い方

### ◆全体の構成
漢字のパートと語彙のパートから成り、どちらも9週間の学習で終了します。

漢字　必修編：第1週～第7週（1日2ページ）
　　　熟達編：第8週～第9週3日目（1日3～4ページ）
　　　難読編：第9週4日目
　　　チャレンジ：第9週5日目
語彙　第1週～第9週（1日6ページ）
漢字チェックリスト
語彙チェックリスト

### ◆漢字パートの学習
第1週から第7週までが必修編、第8・9週が熟達編＋難読編になっています。必修編では確実に高得点が取れるよう学習してください。各ページには、習得すべき漢字と読み方（訓読みはひらがな、音読みはカタカナ）、その漢字を使った例が書かれています。

確認テスト：必修編では1日分（約16漢字）の確認テストがあります。
　　　　　　着実な漢字力をつけるために、確認テストを活用しましょう。
　　　　　　解答は翌日のページ下に記載してあります。
コーヒーブレイク：第8・9週にはコーヒーブレイクのページがあり、
　　　　　　　　　必修編の漢字からクイズを出題しています。

◆**語彙パートの学習**

　習得すべきことばと、そのことばを使った表現例、そして例文が書かれています。表現例・例文の表記は前後の語や語感によって漢字表記を採用したり仮名表記を採用したりしています。例文には英語と中国語訳がついています。

　確認テスト：1日分、約25語の語彙を学んだあと、確認テストがあります。
　　　　　　解答は翌日の確認テストのページ下を見てください。
　「～する」OK：第7週以降の漢語で、する動詞（「(漢語)＋する」の形
　　　　　　　の動詞）になることができるものを表しています。
　「～する」×：第7週以降の漢語で、する動詞にはならないものを表して
　　　　　　　います。

◆**チェックリスト**

　巻末には漢字と語彙のチェックリストがあります。覚えたかどうかの確認や復習に役立てましょう。

# 目次 漢字

## 第1週　必修編
- 1日目 …… 12
- 2日目 …… 14
- 3日目 …… 16
- 4日目 …… 18
- 5日目 …… 20

## 第2週　必修編
- 1日目 …… 22
- 2日目 …… 24
- 3日目 …… 26
- 4日目 …… 28
- 5日目 …… 30

## 第3週　必修編
- 1日目 …… 32
- 2日目 …… 34
- 3日目 …… 36
- 4日目 …… 38
- 5日目 …… 40

## 第4週　必修編
- 1日目 …… 42
- 2日目 …… 44
- 3日目 …… 46
- 4日目 …… 48
- 5日目 …… 50

## 第5週　必修編
- 1日目 …… 52
- 2日目 …… 54
- 3日目 …… 56
- 4日目 …… 58
- 5日目 …… 60

## 第6週　必修編
1日目 ……………………………………………… 62
2日目 ……………………………………………… 64
3日目 ……………………………………………… 66
4日目 ……………………………………………… 68
5日目 ……………………………………………… 70

## 第7週　必修編
1日目 ……………………………………………… 72
2日目 ……………………………………………… 74
3日目 ……………………………………………… 76
4日目 ……………………………………………… 78
5日目 ……………………………………………… 80

## 第8週　熟達編
1日目 ……………………………………………… 82
2日目 ……………………………………………… 86
3日目 ……………………………………………… 90
4日目 ……………………………………………… 94
5日目 ……………………………………………… 98

## 第9週　熟達編・難読編
1日目 ……………………………………………… 102
2日目 ……………………………………………… 106
3日目 ……………………………………………… 110
4日目 ……………………………………………… 114
5日目 ……………………………………………… 116

# 目次　語彙

## 第1週
- 1日目 - 名詞　人・人生 …………………………………… 120
- 2日目 - 名詞　体 ……………………………………………… 126
- 3日目 - 名詞　自然 …………………………………………… 132
- 4日目 - 名詞　気持ち ………………………………………… 138
- 5日目 - 名詞　日常 …………………………………………… 144

## 第2週
- 1日目 - 名詞　道具／政治 …………………………………… 150
- 2日目 - 名詞　商売／その他 ………………………………… 156
- 3日目 - カタカナ語　ア～シ ………………………………… 162
- 4日目 - カタカナ語　シ～フ ………………………………… 168
- 5日目 - カタカナ語　フ～ロ ………………………………… 174

## 第3週
- 1日目 - 動詞　気持ち（1）………………………………… 180
- 2日目 - 動詞　気持ち（2）………………………………… 186
- 3日目 - 動詞　体 ……………………………………………… 192
- 4日目 - 動詞　物の状態・動き（1）……………………… 198
- 5日目 - 動詞　物の状態・動き（2）……………………… 204

## 第4週
- 1日目 - 動詞　日常 …………………………………………… 210
- 2日目 - 動詞　抽象 …………………………………………… 216
- 3日目 - 動詞　その他 ………………………………………… 222
- 4日目 - 動詞　複合動詞（1）……………………………… 228
- 5日目 - 動詞　複合動詞（2）……………………………… 234

## 第5週
- 1日目 - 形容詞　イ形容詞（1）…………………………… 240
- 2日目 - 形容詞　イ形容詞（2）…………………………… 246
- 3日目 - 形容詞　イ形容詞（3）…………………………… 252
- 4日目 - 形容詞　ナ形容詞（1）…………………………… 258
- 5日目 - 形容詞　ナ形容詞（2）…………………………… 264

## 第6週

- 1日目 - 副詞など　時 ……………………………………………… 270
- 2日目 - 副詞など　○○○り ……………………………………… 276
- 3日目 - 副詞など　繰り返しのことば等 ………………………… 282
- 4日目 - 副詞など　その他（1） ………………………………… 288
- 5日目 - 副詞など　その他（2） ………………………………… 294

## 第7週

- 1日目 - 漢語　圧／暗／異／移／意 …………………………… 300
- 2日目 - 漢語　運／画／回／改／開 …………………………… 306
- 3日目 - 漢語　解／確／観／規／強 …………………………… 312
- 4日目 - 漢語　共／協／極／興／決 …………………………… 318
- 5日目 - 漢語　経／結／原／合／採 …………………………… 324

## 第8週

- 1日目 - 漢語　再／失／実／主／承 …………………………… 330
- 2日目 - 漢語　処／推／制／設／然 …………………………… 336
- 3日目 - 漢語　装／対／着／定／転 …………………………… 342
- 4日目 - 漢語　同／特／入／配／廃 …………………………… 348
- 5日目 - 漢語　反／繁／不／復／物 …………………………… 354

## 第9週

- 1日目 - 漢語　法／本／満／未／密 …………………………… 360
- 2日目 - 漢語　民／無／名／明／模 …………………………… 366
- 3日目 - 漢語　野／優／誘／余／利 …………………………… 372
- 4日目 - 漢語　立／良／連／論／和 …………………………… 378
- 5日目 - 漢語　その他 …………………………………………… 384

●漢字チェックリスト …………………………………………… 390
●語彙チェックリスト …………………………………………… 400

# 漢字

必修編 … 第1週～第7週
熟達編・難読編
　　　… 第8週～第9週

# 第1週 1日目

手偏・足偏の漢字は人の動作

|  |  |  |
|---|---|---|
| 為 | イ | 勇敢な行為　不正行為　作為的な文章　データを無作為に抽出する |
| 扱 | あつか-う | 高価な商品を扱う店　母は私を子供扱いする　丁寧に取り扱う |
| 披 | ヒ | 料理の腕前を披露する |
| 抑 | おさ-える　ヨク | 反対派の動きを抑える　怒りを抑える　月々の出費を十万円に抑える　言論の抑圧 |
| 抵 | テイ | 法に抵触する　仕事は大抵5時には終わる　大抵のことには驚かない |
| 抗 | コウ | 権力に抵抗する　抵抗力がある　親に反抗する　抗議のデモをする　抗争を繰り返す　対抗意識が強い |
| 掲 | かか-げる　ケイ | 国旗を掲げる　看板を掲げる　新聞に記事を掲載する　合格者の氏名が掲示される　掲示板 |
| 拭 | ふ-く　ぬぐ-う　ショク | 布でガラスを拭く　汗を拭う　不安が拭いきれない　古いイメージを払拭する |

### 確認テスト　もっとも適当なものをa～dから一つ選びなさい。

1）理不尽な要求に対して、怒りを<u>抑えて</u>対応した。
　　a. おさえて　　b. よくえて　　c. おんえて　　d. よいえて

2）薬ばかり服用していると、体の<u>抵抗</u>力が失われてしまう。
　　a. こうこう　　b. こうてい　　c. ていとう　　d. ていこう

3）彼は、合格発表の<u>けいじ</u>板の中に自分の名前をみつけて、飛び上がって喜んだ。
　　a. 慶事　　b. 掲示　　c. 警視　　d. 計時

4）彼のしていることは、ほめられる<u>こうい</u>とは言えない。
　　a. 行動　　b. 好意　　c. 行為　　d. 行偽

|  |  |  |
|---|---|---|
| 跳 | は-ねる と-ぶ／チョウ | うさぎが跳ねる　泥が跳ねて服が汚れた／とび箱を跳ぶ　走り高跳び　跳馬 |
| 躍 | おど-る／ヤク | 希望に胸が躍る　躍り上がって喜ぶ／プロの世界で活躍する　更なる飛躍の年 |
| 踏 | ふ-む ふ-まえる／トウ | ブレーキを踏む　現実を踏まえて意見を言う／前例を踏襲する　都会の雑踏 |
| 駆 | か-ける か-る／ク | 階段を駆け上がる　駆け足で行く／不安に駆られる　最新の技術を駆使する　害虫の駆除 |
| 伏 | ふ-せる ふ-す／フク | 本を伏せて置く　目を伏せる　地面に伏す／起伏の多い土地　白旗をあげて降伏する |
| 弾 | はず-む ひ-く たま／ダン | ボールが弾む　声が弾んでいる　バイオリンを弾く／ピストルの弾に当たる　爆弾を仕掛ける |
| 裂 | さ-ける さ-く／レツ | 傷口が裂ける　口が裂けても言えない／紙を裂く　風船が破裂する　細胞が分裂する　交渉決裂 |
| 塗 | ぬ-る／ト | 壁にペンキを塗る　人の顔に泥を塗る　塗り薬／船の塗装がはげる　塗料 |

1) おさななじみのAさんは、世界を舞台に活躍している。
　　a. かいやく　b. かすやく　c. かしやく　d. かつやく
2) 10日間しか休みがなかったのでヨーロッパを駆け足で見て回った。
　　a. とけあし　b. めけあし　c. かけあし　d. くけあし
3) 毎日入浴後に、このクリームを手にぬってください。
　　a. 縫って　b. 塗って　c. 付って　d. 刷って
4) さよならのあと、彼はざっとうにまぎれてすぐに見えなくなった。
　　a. 雑踏　b. 殺到　c. 雑査　d. 曜靴

# 第1週 2日目

自動詞・他動詞にも注意！

|  |  |  |
|---|---|---|
| 叱 | しか-る / シツ | いたずらをした子供を叱る　部下を叱責する<br>叱咤激励 |
| 黙 | だま-る / モク | 急に彼は黙った　不機嫌になり黙り込む<br>沈黙を守る |
| 唱 | とな-える / ショウ | 呪文を唱える　他者の発言に異議を唱える<br>混声合唱団　協会の設立を提唱する |
| 聴 | き-く / チョウ | 講義を聴く　聴解問題　聴覚が鋭い　聴講生<br>聴診器 |
| 眺 | なが-める / チョウ | 美しい景色を眺める<br>窓からの眺望が素晴らしい |
| 隠 | かく-れる　かく-す / イン | 月が雲に隠れる　姿を隠す<br>店を息子に譲って隠居する |
| 添 | そ-う　そ-える / テン | 希望に添う　礼状を添えて贈る　食品添加物<br>メールに資料を添付する |
| 排 | ハイ | バリケードを排除する<br>老廃物を体外に排出する　排気ガス |

### 確認テスト　もっとも適当なものをa～dから一つ選びなさい。

1) レポートをメールで提出するときは、添付するのを忘れないでください。
　　a．てんふ　　b．てんぶ　　c．てんぷう　　d．てんぷ

2) 猫は命の最期に姿を隠すといいますが、本当でしょうか。
　　a．かくす　　b．けす　　c．のこす　　d．へらす

3) ちんもくは金、雄弁は銀なんて、この業界では通用しない。
　　a．心黙　　b．沈黙　　c．沈動　　d．枕墨

4) 言語のちょうかい能力は、勉強を始めて6ヵ月目に結果が出てくるらしい。
　　a．聞解　　b．潮解　　c．聞解　　d．聴解

(P12の解答)　1) a　2) d　3) b　4) c

|  |  |  |
|---|---|---|
| 挑 | いど-む / チョウ | チャンピオンに挑む　難問に挑戦する　挑戦者 |
| 操 | あやつ-る　みさお / ソウ | 人形を操る　三ヵ国語を操る　操正しい人<br>朝の体操　パソコンの操作　飛行機の操縦 |
| 磨 | みが-く / マ | 食後に歯を磨く　歯磨き粉　腕を磨く<br>ダイヤモンドを研磨する |
| 奪 | うば-う / ダツ | 財産を奪う　命を奪う　美しい人に目を奪われる<br>金品を略奪する　政権を奪回する |
| 妨 | さまた-げる / ボウ | 進行を妨げる　ゲームが勉強の妨げになる<br>演説を妨害する |
| 遮 | さえぎ-る / シャ | カーテンを閉めて光を遮る　相手の言葉を遮る<br>交通を遮断する　音を遮断する　踏切の遮断機 |
| 伴 | ともな-う / ハン　バン | 部下を伴って出張する　彼は言動が伴わない<br>夫人同伴のパーティ　ピアノの伴奏 |
| 揺 | ゆ-れる　ゆ-る　ゆ-らぐ　ゆ-るぐ　ゆ-する　ゆ-さぶる　ゆ-すぶる / ヨウ | 船が揺れる　揺りかご　風に枝が揺らぐ<br>揺るがない信念　体を揺する癖　心を揺さぶる<br>足を小刻みに揺すぶる　動揺する |

1) 彼は難しい資格試験に<u>挑戦</u>している。
　　a. ちょうせん　b. ちょうでん　c. ちょせん　d. ちゃうせん
2) コンビニの前に座り込むのは営業<u>妨害</u>に当たる。
　　a. ほうがい　b. ぼうがい　c. そうがい　d. ちょうがい
3) 小学生のころ、夏休みになると毎朝ラジオ<u>たいそう</u>をしたものだ。
　　a. 本躁　b. 本走　c. 体育　d. 体操
4) 発言に行動が<u>ともなわない</u>と信用されなくなる。
　　a. 伴わない　b. 半わない　c. 判わない　d. 絆わない

(P13の解答)　1) d　2) c　3) b　4) a

# 第1週 3日目

訓読みをしっかり覚えよう！

|  |  |  |
|---|---|---|
| 尽 | つ-きる つ-くす つ-かす ジン | 水も食料も尽きた　家族のために尽くす<br>叔父の尽力で就職できた |
| 諦 | あきら-める テイ | 進学をきっぱりと諦める　諦めがつかない<br>諦観の境地 |
| 誓 | ちか-う セイ | 神に誓う　心に誓う　誓いを立てる<br>結婚の誓約をする |
| 悟 | さと-る ゴ | 死期を悟る　悟りを開く<br>死を覚悟する　覚悟を決める |
| 避 | さ-ける ヒ | 危険を避ける　人目を避ける　安全な場所へ避難する<br>責任を回避する　避暑地 |
| 耐 | た-える タイ | 苦しい練習に耐える　耐久性の高い材料<br>耐震構造　耐熱ガラス |
| 焦 | こ-げる こ-がす こ-がれる あせ-る ショウ | 魚が焦げる　タバコの火で服を焦がす<br>時間がなくて焦る　焦点を定める |
| 慌 | あわ-てる あわ-ただしい コウ | 突然の地震に慌てる　慌ただしい一日<br>大慌てで出かけた　世界恐慌 |

## 確認テスト　もっとも適当なものをa～dから一つ選びなさい。

1) 1年に2回、災害に備えて<u>避難</u>訓練を実施するのが望ましい。
　　a. ひなん　　b. びなん　　c. さなん　　d. かさい

2) 必ず夢を実現させると、神様に<u>誓った</u>。
　　a. ひかった　b. じかった　c. ちかった　d. いのった

3) 双眼鏡の<u>しょうてん</u>を小鳥に合わせてバードウォッチングを楽しんだ。
　　a. 商店　　　b. 焦点　　　c. 昇天　　　d. 章典

4) 苦労するのは<u>かくご</u>の上で、新しい仕事に臨んでいる。
　　a. 各語　　　b. 核誤　　　c. 覚悟　　　d. 角後

(P14の解答)　1) d　2) a　3) b　4) d

|  |  |  |
|---|---|---|
| 尋 | たず-ねる / ジン | 不明な点を尋ねる　行方を尋ねて回る　怪しい男を尋問する　尋常ではない行動 |
| 促 | うなが-す / ソク | 成長を促す　発言を促す　販売を促進する　支払いを催促する |
| 惑 | まど-う / ワク | 火事場で逃げ惑う　新しい仕事に戸惑う　他人に迷惑をかける　男性を誘惑する　惑星 |
| 譲 | ゆず-る / ジョウ | 席を譲る　道を譲る　親譲りの性格　相手に譲歩を求める　財産を譲渡する |
| 陥 | おちい-る / おとしい-れる / カン | 自己嫌悪に陥る　不幸に陥れる　商品に欠陥がある |
| 迫 | せま-る / ハク | 借金の返済期限が迫る　金を出せと脅迫される　迫害を受ける　胸を圧迫される |
| 遂 | と-げる / スイ | 当初の目的を遂げる　進歩を遂げる　与えられた任務を遂行する　自殺未遂 |
| 抽 | チュウ | 抽象画の画家　抽象的な表現　抽選で決める　データを抽出する |

1）昔、日本でも異教徒が<u>迫害</u>を受けたことがある。
　　　a．はくがい　　b．さこがい　　c．わかがい　　d．おいがい
2）朝、お年寄りに席を<u>譲る</u>と、その日一日を気持ちよく過ごせる。
　　　a．すわる　　b．ゆずる　　c．とらせる　　d．わたる
3）電車の中での携帯電話の使用は、他の人に<u>めいわく</u>をかける行為だ。
　　　a．銘沸　　b．名枠　　c．明或　　d．迷惑
4）彼は懸命に努力し、任務を<u>すいこう</u>した。
　　　a．遂行　　b．水耕　　c．推敲　　d．粋考

（P15の解答）　1）a　2）b　3）d　4）a

# 第1週 4日目

例文から意味を理解しよう

|  |  |  |
|---|---|---|
| 覆 | おお-う　くつがえ-る　くつがえ-す　フク | シートで車を覆う　空が厚い雲に覆われている　政権が覆る　覆面をした強盗　船が転覆する |
| 偽 | いつわ-る　にせ　ギ | 年齢を偽る　本心を偽る　偽物　お札を偽造する |
| 輝 | かがや-く　キ | 星が輝く　目がきらきらと輝いている　光輝を放つ |
| 控 | ひか-える　コウ | 主人の後ろに控える　ノートに控える　塩分を控える　控え室　医療費の控除 |
| 砕 | くだ-ける　くだ-く　サイ | 波が砕ける　当たって砕けろ　アイスピックで氷を砕く　敵を粉砕する |
| 削 | けず-る　サク | ナイフで鉛筆を削る　不要な部分を削り取る　予算を削減する　作文を添削する |
| 挟 | はさ-まる　はさ-む　キョウ | 電車のドアに荷物が挟まる　本にしおりを挟む　休憩を挟んで会議を再開する　口を挟む |
| 挿 | さ-す　ソウ | 花瓶に花を挿す　本の挿し絵　文書に図を挿入する |

### 確認テスト　もっとも適当なものをa〜dから一つ選びなさい。

1) 旅行先でブランドバッグを買ったが、<u>偽物</u>だとわかってがっかりしている。
　　a. ぎぶつ　　b. ぎもの　　c. にせぶつ　　d. にせもの

2) 温室効果ガスを<u>削減</u>する環境への取り組みが始まっている。
　　a. しょうげん　b. しょうがん　c. さくげん　　d. さくがん

3) <u>ひかえしつ</u>で待っている間、心臓の鼓動がなかなかおさまらなかった
　　a. 空え室　　b. 控え室　　c. 腔え室　　d. 窒え室

4) エクセルでセルや行を加える時はツールバーから<u>そうにゅう</u>を選ぶ。
　　a. 争入　　b. 総入　　c. 挿入　　d. 相入

(P16の解答)　1) a　2) c　3) b　4) c

|  |  |  |
|---|---|---|
| 及 | およ-ぶ およ-ぼす およ-び キュウ | 被害は全国に及ぶ　影響を及ぼす 学会が開催される　インターネットが普及する |
| 紛 | まぎ-れる まぎ-らす まぎ-らわす まぎ-らわしい フン | 気が紛れる　退屈を紛らす　悲しみを紛らわす　紛らわしい名前　書類が紛失する |
| 免 | まぬが-れる メン | 責任を免れる　車の免許を取る 一次試験を免除される　免税品 |
| 慎 | つつし-む シン | 暴飲暴食を慎む　言葉を慎む　慎み深い人 慎重に対応する |
| 併 | あわ-せる ヘイ | 両校を併せて三千人の学生がいる 肺炎を併発する　会社の合併 |
| 劣 | おと-る レツ | 性能が劣る　卑劣なやり方　劣悪な環境 劣等感　二人の能力に優劣はない |
| 隔 | へだ-たる へだ-てる カク | 二人の仲が隔たる　道路を隔てた向かいの家 間隔が狭い　隔週で会議を行う |
| 抹 | マツ | 名簿から名前を抹消する　事実を抹殺する 一抹の不安がよぎる　茶室で抹茶をいただく |

1）お客様のクレームに対しては、常に慎重な対応を心がけるべきである。
　　　a．しんちょう　b．ちんちょう　c．しんじゅう　d．ちんじゅう
2）インターネットが普及し、どこでも情報を収集できるようになった。
　　　a．しんきゅう　b．ふきゅう　c．こきゅう　d．はきゅう
3）日本では車のめんきょは18歳から取得できます。
　　　a．免許　　　b．免鏡　　　c．面教　　　d．面協
4）彼は風邪から肺炎をへいはつして入院してしまった。
　　　a．半発　　　b．平発　　　c．併発　　　d．兵発

(P17の解答)　1）a　　2）b　　3）d　　4）a

# 第1週 5日目

気持ちと関係が深い行為の漢字

|  |  |  |
|---|---|---|
| 惜 | お-しむ お-しい　セキ | 時間を惜しんで働く　惜しい人物を亡くす　わずか一点差で惜敗した |
| 嘆 | なげ-く なげ-かわしい　タン | 友の死を嘆く　嘆かわしい事件が起こる　作品の出来栄えに感嘆する　嘆願書 |
| 驚 | おどろ-く おどろ-かす　キョウ | 予想外の出来事に驚く　世間を驚かせたニュース　驚異的な記録を出す |
| 憩 | いこ-う いこ-い　ケイ | 木陰に憩う　憩いの場　しばらく休憩する |
| 粘 | ねば-る　ネン | もちが粘る　粘り強い性格　粘りのあるチーム　粘土　粘着テープ |
| 奮 | ふる-う　フン | 勇気を奮う　インフルエンザが猛威を奮う　興奮する　奮発して高級な肉を買う |
| 歓 | カン | 新入社員の歓迎会　ホームランに歓声が上がる　食後の歓談を楽しむ |
| 諭 | さと-す　ユ | 命の大切さについて諭す　小学校教諭 |

## 確認テスト　もっとも適当なものをa〜dから一つ選びなさい。

1) 彼は県のマラソン大会で、驚異的な記録を出して優勝した。
　　　a．きょいてき　b．おろろきてき　c．おどろきてき　d．きょういてき
2) 駒沢公園の池は、鴨がのんびり泳ぐ憩いの場となっている。
　　　a．こい　　　　b．いこい　　　　c．けい　　　　　d．ひこい
3) 4月の年度初めには、多くの部署でかんげいかいが行われる。
　　　a．歓迎会　　　b．観迎会　　　　c．勧迎会　　　　d．感迎会
4) 孫とのゲームにこうふんするおじいちゃんの顔は真っ赤だった。
　　　a．黄分　　　　b．高奮　　　　　c．興奮　　　　　d．紅粉

(P18の解答)　1) d　2) c　3) b　4) c

必修編

月　日　／8

|  |  |  |
|---|---|---|
| 忍 | しの-ぶ　しの-ばせる<br>ニン | 恥を忍ぶ　ポケットにナイフを忍ばせる<br>忍耐強い性格　忍者　残忍な犯行 |
| 狂 | くる-う　くる-おしい<br>キョウ | 気が狂う　よく狂う時計　予定が狂う<br>熱狂的なファン　合格の知らせに狂喜する |
| 奔 | ホン | 日本全国を奔走する　資金集めに東奔西走する<br>自由奔放な生活　故郷を出奔する |
| 貪 | むさぼ-る<br>ドン | 貪るように本を読む　貪欲に知識を吸収する<br>空腹のあまり料理を貪り食う |
| 侮 | あなど-る<br>ブ | 対戦相手を侮る<br>子供だと思って侮ってはいけない　侮蔑する |
| 辱 | はずかし-める<br>ジョク | 名門校の名を辱めないような試合をする<br>侮辱的な言動　試合に勝ち、雪辱を果たす |
| 褒 | ほ-める<br>ホウ | 子供を褒める　功績を褒めたたえる<br>子供に褒美をやる　褒章を授かる |
| 慰 | なぐさ-む　なぐさ-める<br>イ | 慰めの言葉をかける　友人を慰める<br>年に一度の慰安旅行 |

1) 子供は褒められることによって自信を持ち成長していくことができる。
　　　a．そめられる　b．はめられる　c．ほめられる　d．おめられる
2) 彼女は知識や経験を得ることに貪欲で、自分を磨く努力を怠らない。
　　　a．ひんよく　b．どんよく　c．しょくよく　d．びんよく
3) 前回は0対5で負けてしまったので、今回はせつじょくを果たしたい。
　　　a．雪辱　b．接如　c．説辱　d．節如
4) 彼は就職のための情報を求めて日々ほんそうしている。
　　　a．翻走　b．反送　c．本送　d．奔走

(P19の解答)　1) a　2) b　3) a　4) c

21

# 第2週 1日目

家族に関係する漢字

| 嫁 | とつ-ぐ　よめ　カ | 遠方に嫁ぐ　お嫁さん　美しい花嫁<br>責任を転嫁する |
| --- | --- | --- |
| 婿 | むこ　セイ | 娘に婿を取る　花婿　婿養子<br>女婿 |
| 縁 | ふち　エン | 皿の縁が欠ける　黒縁の眼鏡をかける<br>息子の縁談　縁起がいい　お金とは縁がない |
| 戚 | セキ | 親戚の結婚式に出席する　外戚 |
| 系 | ケイ | 優秀な家系　五番系統のバスに乗る<br>系列会社に出向する　文系・理系 |
| 姻 | イン | 婚姻届　姻戚関係 |
| 叔 | シュク | 父の弟である叔父<br>父の妹である叔母 |
| 伯 | ハク | 父の兄である伯父　父の姉である伯母　画伯<br>2チームの実力は伯仲している |

### 確認テスト　もっとも適当なものをa～dから一つ選びなさい。

1) 娘の縁談に、父は難しい顔をして腕組みをしている。
    a．こんだん　　b．えんだん　　c．りょくだん　　d．かんだん
2) 独身の叔父は、よく私にお小遣いをくれる。
    a．おじ　　b．おおじ　　c．おじさん　　d．おじいさん
3) 彼は政治家のかけいに生まれ、自身も議員を目指している。
    a．家刑　　b．家形　　c．家計　　d．家系
4) 課長は仕事の失敗を、部下に責任てんかした。
    a．転化　　b．転嫁　　c．天下　　d．添加

(P20の解答)　1) d　2) b　3) a　4) c

| 恩 | オン | 彼は命の恩人だ　10年ぶりに恩師に再会する<br>恩に着る　恩返しをする |
| --- | --- | --- |
| 涯 | ガイ | 祖父は生涯現役の医者だった |
| 継 | つ-ぐ<br>ケイ | 家業を継ぐ　仕事の引き継ぎをする<br>テレビ中継　討議を継続する |
| 婆 | バ | 老婆　老婆心ながら申し上げます |
| 紳 | シン | 立派な身なりの紳士　紳士的な態度 |
| 淑 | シュク | 淑女のような立ち居振る舞い　紳士淑女 |
| 嬢 | ジョウ | お嬢さん　お嬢様育ちの世間知らず<br>社長令嬢 |

1) 最近は<u>生涯</u>教育が盛んで、父も油絵講座に通っている。
　　　a．しょうがく　　b．しょうが　　c．しょうがけ　　d．しょうがい

2) 「<u>継続</u>は力なり」というが、ずっと続けて努力するのは難しい。
　　　a．けいぞく　　b．けえぞく　　c．けいじょく　　d．けえじょく

3) 人は世の中からいろいろな<u>おんけい</u>を受けて生きている。
　　　a．温慶　　b．音軽　　c．思敬　　d．恩恵

4) デパートの<u>しんし</u>服売り場で、父の日のネクタイを買った。
　　　a．新師　　b．真仕　　c．紳士　　d．伸氏

(P21の解答)　1) c　　2) b　　3) a　　4) d

# 第2週 2日目

上下関係や礼節などの漢字

|  |  |  |
|---|---|---|
| 貴 | とうと-ぶ たっと-ぶ／とうと-い たっと-い／キ | 生命を貴ぶ　真実を貴ぶ　貴い命／貴い身分の方　貴重な経験　貴重品 |
| 威 | イ | 彼はいつも威張っている　歴史学の権威／威力を発揮する　威圧的な物言い |
| 仰 | あお-ぐ おお-せ／ギョウ コウ | 夏の夜空を仰ぐ　天を仰ぐ　仰向けに寝る／仰せの通り　びっくり仰天　信仰の厚い人々 |
| 謹 | つつし-む／キン | 謹んで新年のお喜びを申し上げます／自宅で謹慎する |
| 賀 | ガ | ノーベル賞受賞の祝賀会　年賀状を書く／謹賀新年　賀正 |
| 奉 | たてまつ-る／ホウ ブ | 神に供え物を奉る　彼をとりあえず会長に奉る／老人施設での奉仕活動　奉仕品　江戸幕府の三奉行 |
| 忠 | チュウ | 先生の忠告に耳を傾ける　忠実な部下を持つ／原作に忠実な映画 |
| 孝 | コウ | 親孝行をする　孝行息子　親不孝な子供 |

**✏️ 確認テスト**　もっとも適当なものをa～dから一つ選びなさい。

1) 苦学生の彼にとってコンビニでのアルバイトは、<u>貴重</u>な収入源である。
　　a．ぎちょう　　b．きちょう　　c．どちょう　　d．とちょう

2) 鈴木先生はイタリア美術の<u>権威者</u>として国際的に認められている。
　　a．けんごしゃ　b．けんじしゃ　c．けんいしゃ　d．けんししゃ

3) 親の<u>ちゅうこく</u>をよく聞いておけば、こんな愚かな結果にはならなかったのに。
　　a．忠告　　　　b．中国　　　　c．注刻　　　　d．註國

4) 早く学校を卒業して、<u>おやこうこう</u>をしたいと思っている。
　　a．親公行　　　b．親航行　　　c．親考行　　　d．親孝行

(P22の解答)　1) b　2) a　3) d　4) b

|  |  |  |
|---|---|---|
| 貞 | テイ | 貞淑な妻　不貞を働く |
| 徳 | トク | 徳の高い人　道徳的な行動　人徳のある人　謙譲の美徳 |
| 称 | ショウ | キャラクターの名称を募集する　左右対称　敬称略　称賛に値する果敢な行動 |
| 郎 | ロウ | 新郎新婦　一郎さん |
| 俺 | おれ | 俺とお前 |
| 己 | おのれ／コ　キ | 己の責任を果たす　自己を見つめる　自己責任　利己主義　20年来の知己 |
| 弧 | コ | 戦争孤児　孤独な生活を送る　クラスで孤立する　孤軍奮闘 |
| 匿 | トク | 匿名の投書　隠匿罪　財産を秘匿する |

1) 言いにくいクレームは「匿名で」といえば、対処してくれる会社もある。
　　a. とくめい　　b. じょくめい　　c. わかめい　　d. いめい
2) 仲間と一緒にいても、ふと孤独感を覚えることがある。
　　a. しどくかん　b. こうどくかん　c. きどくかん　d. こどくかん
3) 人生において重要な能力は学力ではなく、勇気や正直、寛容などのびとくである。
　　a. 美得　　　　b. 美徳　　　　　c. 美特　　　　d. 美読
4) 最近のお笑い番組は制作者のじこ満足のものが多く、面白みに欠ける。
　　a. 自己　　　　b. 自記　　　　　c. 自子　　　　d. 自已

(P23の解答)　1) d　2) a　3) d　4) c

# 第2週 3日目

 葬式と食べ物の漢字

|  |  |  |
|---|---|---|
| 遺 | イ　ユイ | 遺失物　家族に遺言を残す<br>遺産を分ける　遺体の身元を確認する |
| 逝 | ゆ-く　い-く　セイ | 君逝きて3年　彼女は若くして逝った<br>有名歌手が急逝した　11月1日逝去 |
| 葬 | ほうむ-る　ソウ | 死者を葬る　墓に葬る　葬式<br>葬儀を執り行う　冠婚葬祭 |
| 忌 | い-む　い-まわしい　キ | クモを忌み嫌う　忌まわしい過去を忘れる<br>忌引きを取る　父の一周忌 |
| 棺 | カン | 棺桶　納棺の後お別れの言葉をかける |
| 墓 | はか　ボ | 墓参りをする　墓地　墓穴を掘る |
| 故 | ゆえ　コ | 貧乏故に味わう苦労　故郷を懐かしむ　交通事故<br>エアコンが故障する　故意に足を踏む |
| 魂 | たましい　コン | 死者の魂　魂が抜けたような姿<br>精魂込めた仕事　商魂たくましい |

### ✏ 確認テスト　もっとも適当なものをa～dから一つ選びなさい。

1) 故意にしたわけではないが、友人に怪我をさせてしまい、ひどく落ち込んでいる。
　　a．こうい　　b．こい　　c．ごい　　d．ごうい

2) 電車の中に忘れ物をしたときは、遺失物取扱所に行くと見つかる可能性が高い。
　　a．いしつぶつ　b．じしつぶつ　c．ゆいしつぶつ　d．くしつぶつ

3) 仕事のミスをごまかそうとして、かえってぼけつを掘ってしまった。
　　a．幕穴　　b．暮穴　　c．募穴　　d．墓穴

4) かんこんそうさいの付き合いは面倒くさいが、日本社会では大切なことだ。
　　a．冠婚葬祭　b．寇婚葬祭　c．観光葬祭　d．冠婚相殺

(P24の解答)　1) b　2) c　3) a　4) d

| | | |
|---|---|---|
| 桃 | もも<br>トウ | 桃色　白桃<br>ももいろ　はくとう |
| 柿 | かき | 庭の柿の木に実がなる　干し柿<br>にわ　かき　き　み　ほ　がき |
| 芋 | いも | じゃが芋　山芋　里芋　芋を洗うような人込み<br>いも　やまいも　さといも　いも　あら　ひとご |
| 栗 | くり | 甘栗をむく　桃栗三年柿八年<br>あまぐり　ももくり　かき |
| 腐 | くさ-る　くさ-れる<br>くさ-らす　フ | 食べ物が腐る　ふて腐れる　牛乳を腐らせる<br>た　もの　くさ　くさ　ぎゅうにゅう　くさ<br>政治の腐敗　陳腐な表現　豆腐<br>せいじ　ふはい　ちんぷ　ひょうげん　とうふ |
| 昆 | コン | 昆虫を観察する　昆布<br>こんちゅう　かんさつ　こんぶ |
| 漬 | つ-かる　つ-ける | 湯に漬かる　洗濯物を水に漬ける　塩に漬ける<br>ゆ　つ　せんたくもの　みず　つ　しお　つ<br>漬け物　お茶漬け　一夜漬けの試験勉強<br>つ　もの　ちゃづ　いちやづ　しけんべんきょう |
| 藻 | も<br>ソウ | 海底の藻　海藻を食べる<br>かいてい　も　かいそう　た |

1) 手塚治虫は子供のころ昆虫が大好きで、いつも観察していた。
　　　a．おさむ　　b．もんちゅう　　c．こんちゅう　　d．むし
2) 漬物は日本人に欠かせない食品だが、塩分の取りすぎに注意する必要がある。
　　　a．おしんこう　b．つかもの　　c．つめもの　　d．つけもの
3) ももくり三年かき八年の意味を辞書で調べてみた。
　　　a．桃栗、柿　b．桜栗、柿　　c．桜粟、柿　　d．桃粟、市
4) とうふは健康食品として注目され、いろいろな料理が開発されている。
　　　a．豆乳　　　b．豆腐　　　　c．亘府　　　　d．亘乳

(P25の解答)　1) a　　2) d　　3) b　　4) a

## 第2週 4日目

料理方法と建物の漢字

|  |  |  |
|---|---|---|
| 沸 | わ-く　わ-かす　フツ | 湯が沸く　風呂を沸かす　会場がどっと沸く　沸点 |
| 騰 | トウ | やかんの湯が沸騰する　地価が高騰する　株価が急騰する |
| 煮 | に-える　に-やす　に-る　シャ | 芋が煮える　業を煮やす　おでんを煮る　肉を軟らかく煮込む　煮物　煮沸消毒 |
| 炊 | た-く　スイ | ご飯を炊く　炊きたてのご飯　炊飯器　炊事　自炊する |
| 揚 | あ-がる　あ-げる　ヨウ | 旗が揚がる　天ぷらを揚げる　抑揚をつける　国旗を掲揚する |
| 炒 | いた-める　い-る | 肉と野菜を炒める　野菜炒め　大豆を炒る　炒りたてのコーヒー |
| 蒸 | む-れる　む-す　む-らす　ジョウ | 靴の中が蒸れる　タオルを蒸す　蒸し暑い　ご飯を蒸らす　蒸発する　水蒸気 |
| 鍋 | なべ | 鍋で芋を煮る　鍋料理 |

### 確認テスト　もっとも適当なものをa～dから一つ選びなさい。

1) 野菜の<u>煮物</u>は、若い人や外国人には人気がない。
　　a. しゃぶつ　b. にやもの　c. にえもの　d. にもの

2) 液体が<u>沸騰</u>する温度を沸点ということを、小学校の理科の時間に習った。
　　a. ふっとう　b. ぶってん　c. ぶってん　d. ぶっどう

3) 一人暮らしを始めるときは、せめて野菜<u>いため</u>が作れるようにしておくといい。
　　a. 砂め　b. 炒め　c. 焼め　d. 揚め

4) 冬になると、<u>なべ</u>料理が食卓にあがることが多い。
　　a. 過　b. 禍　c. 鍋　d. 渦

(P26の解答)　1) b　2) a　3) d　4) a

|  |  |  |
|---|---|---|
| 舎 | シャ | 小学校の校舎　公務員宿舎 |
| 塔 | トウ | 塔に登る　五重塔　テレビ塔 |
| 垣 | かき | 垣をめぐらす　垣根のある家　石垣 |
| 邸 | テイ | 大邸宅に住む　首相官邸　私邸　豪邸を建てる |
| 亭 | テイ | 料亭で接待を受ける　亭主関白 |
| 房 | ふさ／ボウ | ぶどうの房　一房　乳房　冷暖房　女房　文房具 |
| 棟 | むね　むな／トウ | 別棟に住む　棟瓦　上棟式　二棟のアパート　入院患者の病棟 |
| 倉 | くら／ソウ | 商品を倉に納める　倉庫にしまう |

1) 山田さんの家の垣根には四季折々の花が咲いていて、散歩する人の目を楽しませる。
　　　a．かきね　　b．いしがき　　c．かいね　　d．いけがき
2) エッフェル塔は、パリに行ったらぜひ見たいと思っている。
　　　a．どう　　b．と　　c．とう　　d．ど
3) 日本製のぶんぼうぐは機能的で使いやすく、世界中にファンが多い。
　　　a．文防具　　b．文紡具　　c．文坊具　　d．文房具
4) りょうていで接待を受けたことはないが、一度は食事をしてみたいものだ。
　　　a．量定　　b．料亭　　c．寮帝　　d．漁邸

(P27の解答)　1) c　2) d　3) a　4) b

# 第2週 5日目

家の中の設備の漢字

|  |  |  |
|---|---|---|
| 縄 | なわ／ジョウ | 縄で縛る　縄跳び　縄張り　沖縄県<br>縄文時代 |
| 綱 | つな／コウ | 綱を引く　綱渡り　頼みの綱　命綱<br>小学校の学習指導要綱 |
| 網 | あみ／モウ | 網で魚を捕る　網を張る　金網<br>通信網 |
| 絞 | し－まる　し－める／しぼ－る　コウ | ネクタイで首が絞まる　首を絞める<br>レモンを絞る　絞殺死体が発見される |
| 盆 | ボン | お茶をお盆に乗せる　お盆休み<br>盆踊り　盆地 |
| 鉢 | ハチ　ハツ | 鉢植え　植木鉢　小鉢　鉢巻　托鉢 |
| 刃 | は／ジン | 刃が鋭い　かみそりの刃　刃物<br>凶刃に倒れる |
| 栓 | セン | コルクの栓を抜く　瓶の口に栓をする<br>栓抜き　ガスの元栓を締める |

### 確認テスト　もっとも適当なものをa～dから一つ選びなさい。

1）バンジージャンプなどの危険を伴う遊びには、命綱が絶対必要だ。
　　a．いのちづな　b．いのみあみ　c．いのちずな　d．いのちこう

2）旅行に行く前には、ガスの元栓もしめるようにしている。
　　a．がんぜん　b．もとせん　c．がんせん　d．もとぜん

3）日本では、おぼんの季節に夏休みをとる会社が多い。
　　a．梵　b．紛　c．番　d．盆

4）仕事があるのはいいが、引き受けすぎると自分で自分の首をしめることになる。
　　a．染める　b．占める　c．締める　d．絞める

(P28の解答)　1）d　2）a　3）b　4）c

|  |  |  |
|---|---|---|
| 扉 | とびら<br>ヒ | 扉を開く　本の扉　鉄の門扉 |
| 棚 | たな | 棚に本を戻す　食器棚　戸棚にしまう<br>自分のことを棚に上げる |
| 卓 | タク | 家族で食卓を囲む　卓上の花　卓球<br>卓越した才能の持ち主 |
| 斎 | サイ | 斎場で葬式を行う　書斎 |
| 堀 | ほり | 城の周囲に堀をめぐらす　釣堀で魚を釣る<br>堀ごたつ |
| 炉 | ロ | 炉に火を入れる　炉端に集まる<br>暖炉の火　溶鉱炉 |
| 芳 | かんば-しい<br>ホウ | 芳しい香り　成績が芳しくない<br>芳香剤 |
| 臭 | くさ-い　にお-う<br>シュウ | 焦げ臭い　汗臭い　生ごみが臭う　悪臭を放つ<br>面倒臭い |

1) 入学試験に合格し、新しい人生の<u>扉</u>を開けることができた。
　　a．と　　b．もん　　c．まど　　d．とびら
2) 部長は自分のことは<u>棚</u>に上げて、机の周りを整理しろとうるさい。
　　a．だな　　b．たな　　c．おり　　d．うえ
3) 家族で温泉に行ったとき、<u>たっきゅう</u>をして楽しんだ。
　　a．宅球　　b．早球　　c．卓球　　d．庭球
4) トイレにジャスミンの<u>ほうこうざい</u>が置いてあり、さわやかなにおいがする。
　　a．芳香剤　　b．萌香剤　　c．方香剤　　d．労香剤

(P29の解答)　1) a　　2) c　　3) d　　4) b

# 第3週 1日目

人の性格や特徴を表す漢字

|  |  |  |
|---|---|---|
| 穏 | おだ-やか／オン | 穏やかな海　穏やかな表情　平穏な生活　不穏な空気　穏便に取り計らう |
| 暇 | ひま／カ | 暇な一日　暇をもてあます　休暇　余暇 |
| 滑 | すべ-る　なめ-らか／カツ　コツ | スキーで滑る　手が滑る　滑らかな口調　滑走路　会議が円滑に進む　滑稽なことを言う |
| 雰 | フン | 華やかな雰囲気　独特な雰囲気になじめない |
| 朗 | ほが-らか／ロウ | 朗らかな人　詩を朗読する　朗々と歌い上げる　明朗な人が好かれる　明朗活発 |
| 裕 | ユウ | 裕福な家庭　余裕がある　富裕層 |
| 乏 | とぼ-しい／ボウ | 経験が乏しい　資金が乏しい　貧乏な生活　ビタミンが欠乏する　窮乏から脱出する |
| 徴 | チョウ | 税金を徴収する　平和の象徴である白い鳩　特徴のある声 |

### 確認テスト　もっとも適当なものをa〜dから一つ選びなさい。

1) 就職試験の面接では、<u>明朗</u>な性格の人が好まれる傾向がある。
　　a. あかるい　b. めいのう　c. ほがらか　d. めいろう

2) 2時間も遅れていた飛行機がやっと<u>滑走路</u>に向けて動き出した。
　　a. かっそろ　b. かっそうろ　c. こっそろ　d. がっそうろ

3) 定年になった父は<u>ひま</u>をもてあまして、日がな一日テレビを見ている。
　　a. 暇　　b. 蝦　　c. 閑間　　d. 居間

4) 彼女は<u>とくちょう</u>のある声でドラえもんのまねをして、みんなを笑わせた。
　　a. 特微　　b. 特調　　c. 特徴　　d. 特兆

(P30の解答)　1) a　2) b　3) d　4) d

|  |  |  |
|---|---|---|
| 愚 | おろ-か / グ | 愚かな行い　愚問　愚劣な行為<br>そんな嘘を信じるなんて愚の骨頂だ |
| 稚 | チ | 幼稚な考え　幼稚園　川に稚魚を放流する |
| 猛 | モウ | 猛獣　猛然と戦う　今年は猛暑だった |
| 烈 | レツ | 猛烈に勉強する　強烈な印象<br>烈火のごとく怒る　熱烈に歓迎する |
| 卑 | いや-しむ　いや-しめる　いや-しい / ヒ | 卑しむべき行為　敵を卑しめる　卑しい行為<br>卑怯な手段　卑屈な態度 |
| 壮 | ソウ | 壮年　勇壮な男祭り　壮絶な戦い<br>壮行会　壮大なスケールの映画 |
| 陰 | かげ-る　かげ / イン | 日が陰る　日陰に入って休む　陰口をたたく<br>あの店は陰気臭い　陰険な目つき |
| 膨 | ふく-らむ　ふく-れる / ボウ | つぼみが膨らむ　希望に胸を膨らませる<br>水で腹が膨れる　人件費が膨大になる |

1) 「愚か者」という歌は、1980年代に流行った若者の歌だ。
　　a. ばか　　b. おろか　　c. ぐか　　d. おちか
2) 猛暑が続いたため、今年は例年に比べて救急車で運ばれた人が多かったそうだ。
　　a. もうしょ　b. おうしょ　c. こうしょ　d. たけしょ
3) 夏になると近所のようちえんのプールから歓声が聞こえる。
　　a. 幼好園　　b. 幼唯園　　c. 幼稚園　　d. 幼保園
4) そうだいなスケールの映画を、飛行機の小さな画面で見てしまい、残念だった。
　　a. 総大　　b. 杜大　　c. 荘大　　d. 壮大

(P31の解答)　1) d　　2) b　　3) c　　4) a

# 第3週 2日目

物の性質を表す漢字

| 奇 | キ | 奇抜な服装　奇跡が起こる　数奇な運命<br>奇数・偶数 |
| --- | --- | --- |
| 妙 | ミョウ | 彼とは妙に気が合う　絶妙な技<br>奇妙な現象が起こる |
| 微 | ビ | 微笑を浮かべる　成功するか否かは微妙だ<br>微力ながら精一杯務める |
| 魅 | ミ | 魅力のある女性　魅力的な仕事<br>観客を魅了する　魅惑的な眼差しで誘われた |
| 凡 | ボン　ハン | 平凡な人生を送る　彼の理論は凡人にはわからない<br>辞典の使い方を凡例で見る |
| 甲 | コウ　カン | 手の甲　甲板に出る　甲高い声で話す |
| 乙 | オツ | 乙な味がする　甲乙つけがたい<br>乙女 |
| 恒 | コウ | 恒例の行事　恒久の平和を祈る　恒星・惑星 |

### 確認テスト　　もっとも適当なものをa〜dから一つ選びなさい。

1) 築百年の祖母の家は知らない人が入ってくると、<u>奇妙</u>な音がする。
　　　a. きみ　　b. きみょう　　c. きばつ　　d. すうき

2) <u>平凡</u>でいいから、元気にすくすくと育ってほしいと願う親は多い。
　　　a. へいじん　b. へいはん　c. へいわ　　d. へいぼん

3) 私の上司は、仕事もできるし人間的<u>みりょく</u>も備えている。
　　　a. 魅力　　b. 鬼力　　　c. 美力　　　d. 見力

4) 弁論大会の出場者のスピーチはどれもすばらしく、<u>こうおつ</u>つけがたかった。
　　　a. 甲乙　　b. 項乙　　　c. 乙項　　　d. 乙甲

(P32の解答)　1) d　2) b　3) a　4) c

|  |  |  |
|---|---|---|
| 至 | いた-る / シ | 目的地に至る　死に至る病気　至る所に防犯カメラがある<br>大至急来てください　夏至・冬至 |
| 瞬 | またた-く / シュン | 星が瞬いている　瞬く間に時間が経った<br>一瞬のできごと　立った瞬間目まいがした |
| 旬 | ジュン　シュン | 上旬・中旬・下旬　初旬　旬の野菜 |
| 頃 | ころ | 近頃　子供の頃　日頃の行いがよい<br>手頃な値段 |
| 徐 | ジョ | 徐々に上達する　徐行運転 |
| 頻 | ヒン | 友人を頻繁に訪ねる　頻度が高い<br>事件が頻発する |
| 逐 | チク | 逐一報告する　逐次通訳 |
| 斉 | セイ | チャイムが鳴り、全員一斉に立った<br>校歌斉唱 |

1) 一回の<u>一斉</u>テストで、1年間のクラスを決定するなんて妥当性が疑われる。
　　　a．いっさい　　b．いっせい　　c．いっしょう　　d．いっそう
2) 最近は黄砂がひどく、マスクをつけて外出する<u>頻度</u>が増えた。
　　　a．しんど　　b．ほんど　　c．いんど　　d．ひんど
3) 3月<u>ちゅうじゅん</u>になると年度末整理のため、どこの会社でもたいへん忙しくなる。
　　　a．中旬　　b．中順　　c．中準　　d．中純
4) 20年来の友人と再会したその<u>しゅんかん</u>、二人は大粒の涙を流した。
　　　a．舜間　　b．峻間　　c．瞬間　　d．駿間

(P33の解答)　1) b　　2) a　　3) c　　4) d

## 第3週 3日目

気分や気持ちを表す漢字

| 唯 | ユイ イ | 唯一の希望　唯物論　唯々諾々と従う |
| 疎 | うと-む　うと-い　ソ | 上司に疎まれる　お金の計算に疎い　過疎の村<br>最近彼とは疎遠だ　疎外感を持つ |
| 剰 | ジョウ | 子供に過剰な期待をかける　生産過剰<br>彼は自信過剰だ　人員に余剰がでる |
| 緩 | ゆる-む　ゆる-める<br>ゆる-い　ゆる-やか<br>カン | ロープが緩む　ベルトを緩める　スカートが緩い<br>緩やかなカーブ　規制緩和　緩慢な動作 |
| 衡 | コウ | 収支の均衡を保つ<br>片足立ちをして平衡感覚を養う |
| 殊 | こと　シュ | この景色はすばらしいが、殊に夕暮れがいい<br>殊の外、美しい　特殊な能力　特殊加工の部品 |
| 偏 | かたよ-る　ヘン | あの人の考えは偏っている<br>栄養が偏らないようにする　偏見を持つ　偏差値 |
| 宜 | ギ | 便宜をはかる　便宜上、記号を用いる<br>調味料を適宜入れる |

### 確認テスト　もっとも適当なものをa〜dから一つ選びなさい。

1) 規制が<u>緩和</u>され、もともと異業種だった企業がこの業界に参入してきた。
　　a. だんわ　　b. たんわ　　c. えんわ　　d. かんわ

2) <u>特殊</u>な能力は必要ないが、協調性と明朗さが求められる職場だ。
　　a. とくべつ　　b. とくじゅ　　c. とくしゅ　　d. とくじょ

3) 栄養が<u>かたよら</u>ないように、野菜や乳製品も毎日摂取している。
　　a. 偏らない　　b. 編らない　　c. 篇らない　　d. 遍らない

4) 自信か<u>じょう</u>な彼は、重要な役職を与えられないといつもぼやいている。
　　a. 過場　　b. 過剰　　c. 過状　　d. 過情

(P34の解答)　1) b　2) d　3) a　4) a

|  |  |  |
|---|---|---|
| 慈 | いつく-しむ / ジ | 子を慈しむ　慈愛の心<br>慈善事業 |
| 慕 | した-う / ボ | 亡き母を慕う　母を慕って泣く<br>同級生に淡い慕情を抱く |
| 悦 | エツ | 一人悦に入る　喜悦の表情を浮かべる<br>社長がご満悦だった |
| 愉 | ユ | 愉快な人　愉悦のひとときを過ごす |
| 哀 | あわ-れむ　あわ-れ / アイ | 捨てられた子犬を哀れむ　人生の悲哀を感じる<br>哀悼の意を表する　喜怒哀楽 |
| 惰 | ダ | 怠惰な生活を送る　惰性で働く |
| 閑 | カン | 閑静な住宅地　商店街が閑散としている<br>閑古鳥が鳴く　農閑期　安閑として暮らす |
| 慮 | リョ | 出席を遠慮する　熟慮して結論を下す<br>事故で不慮の死を遂げる |

1) 彼は仕事を辞めてから、ずっと<u>怠惰</u>な生活を送っている。
　　a．だいじょう　b．たいじょう　c．たいだ　d．だいだ
2) ここはいろいろな設備があり、スタッフも多く、<u>配慮</u>が行き届いた施設だ。
　　a．はいりょ　b．はいりょう　c．はいし　d．くばりょ
3) 彼は<u>じぜん</u>団体の一員として、様々な支援活動に参加している。
　　a．事前　b．慈善　c．次善　d．慈膳
4) 彼は高校時代の先輩を<u>したって</u>、一人で上京してきた。
　　a．下って　b．親って　c．伝って　d．慕って

(P35 の解答) 1) b　2) d　3) a　4) c

## 第3週 4日目

感情や人の性格を表す漢字

|  |  |  |
|---|---|---|
| 愁 | うれ-える うれ-い シュウ | 過ぎ行く季節を愁える<br>この度はご愁傷様でございます |
| 憂 | うれ-える うれ-い う-い ユウ | 国の将来を憂える　憂いに満ちた表情<br>将来を憂慮している |
| 憤 | いきどお-る フン | 友の裏切りに憤る<br>憤然とした態度 |
| 慨 | ガイ | 感慨深い思い出話　感慨無量<br>政治の腐敗に慨嘆する |
| 惨 | みじ-め サン ザン | 惨めな生活を送る<br>大惨事　無残な最期 |
| 寂 | さび-れる さび-しい さび ジャク セキ | 寂れた商店街　古い家屋に寂を感じる<br>静寂な森の中 |
| 剛 | ゴウ | 剛胆な振る舞いをする<br>柔よく剛を制す |
| 敢 | あ-えて カン | 言いにくいことを敢えて言う<br>勇敢な少年　果敢に挑戦する |

### 確認テスト　もっとも適当なものをa〜dから一つ選びなさい。

1) 彼の身勝手な行動に<u>憤慨</u>し、絶交を決意した。
　　a．ふんがい　b．ふんかい　c．ぶんかい　d．ぶんがい

2) 銀閣寺は、周りの雰囲気とは違い、中に入ると<u>静寂</u>な空気に包まれている。
　　a．しずせき　b．しずじゃく　c．せいせき　d．せいじゃく

3) 彼女は、サッカーの試合の結果に<u>いっきいちゆう</u>している。
　　a．一機一憂　b．一気一優　c．一喜一憂　d．一憂一喜

4) この店は漏電が原因で火事を引き起こし、大<u>さんじ</u>になった。
　　a．参事　b．惨事　c．散時　d．惨地

(P36の解答)　1) d　2) c　3) a　4) b

|  |  |  |
|---|---|---|
| 俊 | シュン | 彼は俊才と言われている　俊足の持ち主 |
| 敏 | ビン | 機敏に行動する敏捷性　敏腕な弁護士　乾燥に敏感な肌 |
| 迅 | ジン | 迅速な行動をとる　獅子奮迅の活躍 |
| 豪 | ゴウ | 明治の文豪、夏目漱石　豪快に笑う　富豪　豪雨に見舞われる |
| 巧 | たく-み / コウ | 巧みな演技　技巧を凝らす　精巧な作り　巧妙な手口 |
| 粋 | いき / スイ | 粋な着こなし　技術の粋を集める　純粋な水　純粋な気持ち　大事な部分を抜粋する |
| 粗 | あら-い / ソ | 目の粗い網　仕事が粗い　小説の粗筋を話す　粗挽き　物を粗末にする　粗品　粗大ごみ |
| 丈 | たけ / ジョウ | 丈の短いスカート　背丈が伸びる　丈夫な靴　頑丈な机　大丈夫 |

1) 最近、巧妙な手口で人をだます事件が多発している。
　　a. こみょう　b. こうみょう　c. ごうみょう　d. こうめい
2) 三宮には流行に敏感な女性がよく訪れるカフェがある。
　　a. かびん　b. どんかん　c. びんかん　d. べんかん
3) この度はじんそくに対応していただき、ありがとうございます。
　　a. 迅速　b. 訊即　c. 迅即　d. 迅足
4) 彼は幼い頃からしゅんさいといわれ、後に世界でも活躍した。
　　a. 収才　b. 秀才　c. 優才　d. 俊才

(P37の解答)　1) c　2) a　3) b　4) d

39

# 第3週 5日目

心の中の思いを表す漢字

|  |  |  |
|---|---|---|
| 懐 | なつ-く なつ-ける<br>なつ-かしむ なつ-かしい<br>ふところ カイ | 昔を懐かしむ 子供の頃が懐かしい<br>懐に手を入れる 懐疑心を持つ 懐中時計 |
| 悔 | く-いる く-やむ<br>くや-しい カイ | 過去の過ちを悔いる あとで悔やんでも遅い<br>試合に負けて悔しい 後悔先に立たず |
| 怪 | あや-しむ あや-しい<br>カイ | 警官に怪しまれる 怪談 怪奇現象<br>オペラ座の怪人 |
| 妄 | モウ ボウ | 妄想にふける 被害妄想を抱く<br>人の噂を妄信する 妄言を吐く |
| 恨 | うら-む うら-めしい<br>コン | 息子を奪った戦争を恨む 逆恨みされる<br>痛恨の極み 悔恨の涙を流す |
| 羨 | うらや-む<br>うらや-ましい セン | 私の両親は人も羨む仲だ<br>羨望の的となる |
| 煩 | わずら-う わずら-わす<br>ハン ボン | 将来を思い煩う 心を煩わす<br>煩雑な手続き 煩悩を断つ 子煩悩な父親 |
| 憧 | あこが-れる<br>ショウ | 都会に憧れる<br>外国に憧憬を抱く |

## 確認テスト　　もっとも適当なものをa〜dから一つ選びなさい。

1) 彼女は被害妄想に陥って、自分を傷つけた。
　　a. ぼうそう　b. ぼんぞう　c. もうじょう　d. もうそう

2) あの二人はみんなが羨むほど仲がいい夫婦だ。
　　a. うらむ　b. うらやむ　c. うまやう　d. うやらむ

3) 彼は起こしてしまった事件について、かいこんの涙を流しながら謝罪した。
　　a. 悔恨　b. 解恨　c. 悔退　d. 痛恨

4) こうかいしないために、今できることをしようと思う。
　　a. 公開　b. 後悔　c. 航海　d. 後海

(P38の解答)　1) a　2) d　3) c　4) b

|  |  |  |
|---|---|---|
| 飽 | あ-きる、あ-かす / ホウ | 飽きっぽい性格　この歌は聞き飽きた<br>飽食の時代　都市の人口が飽和状態になる |
| 錯 | サク | 試行錯誤を繰り返す　目の錯覚<br>期待と不安が交錯する |
| 瞭 | リョウ | 明瞭な発音　違いは一目瞭然だ |
| 寛 | カン | 寛容な心の持ち主　寛大な処置 |
| 悠 | ユウ | 悠久不変の自然　悠長に構える<br>悠々自適な生活を送る |
| 醜 | みにく-い / シュウ | 足に醜い傷が残る　心が醜い人<br>あの政治家は醜聞が絶えない |
| 麗 | うるわ-しい / レイ | 麗しい女性<br>彼女は容姿端麗だ |

1) 父は定年後、母と共に海外へ移住し、<u>悠々自適</u>な生活を送っている。
　　a. ゆうゆう　b. ゆうきゅう　c. ようよう　d. ゆうよう
2) 遺産をめぐる兄弟の<u>醜い</u>争いが起こった。
　　a. きにくい　b. みにくい　c. いにくい　d. しにくい
3) 花火大会の日、会場のまわりの交通は<u>ほうわ</u>状態になる。
　　a. 豊和　　b. 放和　　c. 胞和　　d. 飽和
4) 部下のミスに対し、部長は<u>かんだい</u>な処置をとることにした。
　　a. 関大　　b. 寛代　　c. 館大　　d. 寛大

(P39の解答)　1) b　2) c　3) a　4) d

## 第4週 1日目

動植物の漢字

|  |  |  |
|---|---|---|
| 幹 | みき / カン | 木の幹　幹線道路を建設する<br>幹部社員　宴会の幹事を引き受ける　新幹線 |
| 茎 | くき / ケイ | 植物の茎　地下茎　歯茎が腫れる |
| 芽 | め / ガ | 木の芽が出る　木々が芽吹く季節<br>子供に自立心の萌芽が見られる |
| 苗 | なえ　なわ / ビョウ | 花の苗を植える<br>苗代で苗を育てる　種苗 |
| 芝 | しば | 庭に芝を植える　グランドに人工芝を敷く<br>芝生の手入れをする　芝居を観に行く |
| 茂 | しげ-る / モ | 若葉が青々と茂る<br>雑草が繁茂する |
| 郊 | コウ | 郊外に一軒家を買う　東京近郊に引っ越す |
| 樹 | ジュ | 樹木がない高地　街路樹を植える<br>果樹園　富士の樹海　樹氷　新政権を樹立する |

### 確認テスト　もっとも適当なものをa〜dから一つ選びなさい。

1) 今年は例年より暖かい気候で、草木が早く芽生えた。
　　a. がはえた　b. がいえた　c. めばえた　d. めいえた

2) 彼は前回のオリンピックの陸上部門で、新記録を樹立した。
　　a. じゅりつ　b. しゅりつ　c. じゅうりつ　d. きだち

3) 田中君は次のかんぶ候補生として、社長から期待されている。
　　a. 恵部　　b. 感部　　c. 幹不　　d. 幹部

4) 結婚したら、東京のこうがいに家を購入したいと思っている。
　　a. 校外　　b. 郊外　　c. 郊害　　d. 公害

(P40の解答)　1) d　2) b　3) a　4) b

|  |  |  |
|---|---|---|
| 獲 | え-る<br>カク | 魚を獲る　ライオンが獲物を追う<br>漁獲高　獲得した権利 |
| 尾 | お<br>ビ | 動物の尾　尾を引く　尾根伝いに歩く<br>首尾一貫した文章　語尾を濁す |
| 雄 | おす　お<br>ユウ | 雄の犬　雄しべ　雄大な富士山の姿<br>英雄　雄弁な政治家　現実が雄弁に物語っている |
| 雌 | めす　め<br>シ | 雄・雌　雌しべ　動物の雌雄<br>雌雄を決する戦い |
| 滅 | ほろ-びる　ほろ-ぼす<br>メツ | 文明が滅びる　敵を滅ぼす　人類を滅亡する<br>仏滅　信号が点滅する　支離滅裂 |
| 獣 | けもの<br>ジュウ | 山で獣の足跡を見つけた　獣道　猛獣<br>獣医を目指す |
| 狩 | か-る　か-り<br>シュ | 獲物を狩る　ぶどう狩りに行く<br>紅葉狩り　狩人　狩猟 |
| 猟 | リョウ | 猟に出る　狩猟の免許を取得する<br>猟犬　猟奇的殺人 |

1) 毎年2月頃になると、家族でいちご狩りを楽しむ。
　　a．かり　　b．とり　　c．どり　　d．がり
2) 幼い頃から動物が好きだったあの子は、現在獣医として働いている。
　　a．じゅい　b．じゅうい　c．じょうい　d．じょい
3) 彼はスポーツの世界で様々な実績を残し、今では国民的えいゆうとなった。
　　a．栄雄　　b．英雄　　c．英勇　　d．栄有
4) 主人はしゅりょうが趣味で、毎年この時期になると、山に出かける。
　　a．狩猟　　b．趣猟　　c．狩漁　　d．取猟

(P41の解答)　1) a　　2) b　　3) d　　4) d

## 第4週 2日目

化学・地学の漢字

|  |  |  |
|---|---|---|
| 窒 | チツ | 窒息死する |
| 素 | ソ ス | 素材を生かした料理　窒素<br>素顔をさらす　素手で触れる |
| 亜 | ア | 亜熱帯気候　彼の絵はゴッホの亜流だ<br>亜細亜 |
| 鉛 | なまり エン | 鉛は人体に有害な物質だ　鉛色の空<br>鉛筆を削る　亜鉛を多く含む食品 |
| 硫 | リュウ | 温泉で硫黄の匂いがした |
| 酸 | す-い サン | 酸っぱいみかん　口酸っぱく注意する<br>酸性　炭酸飲料　硫酸 |
| 磁 | ジ | 磁石　磁気カード　電磁波　青磁の大皿 |
| 晶 | ショウ | 雪の結晶　努力の結晶　水晶を使って占う |

### 確認テスト　もっとも適当なものをa～dから一つ選びなさい。

1) 先日起きた事件の被害者の死の原因は、窒息死だそうだ。
　　a. ちつそく　b. ちっそく　c. ちついき　d. ちつしょう

2) ここは温泉街なので、辺り一面硫黄のにおいがたちこめている。
　　a. きおう　b. りゅうおう　c. いき　d. いおう

3) 昨日、雪のけっしょうの形をしたピアスを彼からプレゼントされた。
　　a. 決勝　b. 血晶　c. 結晶　d. 結商

4) この試験はマークシート形式なので、えんぴつを持参しなければならない。
　　a. 円筆　b. 鉛筆　c. 沿筆　d. 鉛泌

(P42の解答)　1) c　2) a　3) d　4) b

|  |  |  |
|---|---|---|
| 潮 | しお / チョウ | 潮が満ちる　潮風　満潮・干潮　世の中の風潮　頰を紅潮させる |
| 浦 | うら | 津々浦々に広まる　浦島太郎 |
| 沿 | そ-う / エン | 川に沿って歩く　会社の方針に沿う　電車の沿線　学校の沿革 |
| 溝 | みぞ / コウ | 溝を掘る　両国間の溝が深まる　排水溝から水が溢れる　海溝 |
| 漂 | ただよ-う / ヒョウ | 海面に漂う小舟　和やかな雰囲気が漂う　船が岸に漂着する　漂流船　シャツを漂白する |
| 没 | ボツ | 太陽が水平線に没する　船が沈没する　没落した貴族　没後名声が高まる |
| 濁 | にご-る　にご-す / ダク | 台風で川の水が濁る　お茶を濁す　立つ鳥跡を濁さず　濁流にのまれる　濁音 |
| 澄 | す-む　す-ます / チョウ | 川の水が澄んでいる　澄んだ空気　高原の清澄な空気 |

1）最近は他人のことに関心を持たない風潮があるようだ。
　　　a．ふうちょう　b．かぜしお　c．かぜちょう　d．ふうかぜ
2）先週の台風の影響で、川の水が濁った。
　　　a．しめった　b．むしった　c．ぬめった　d．にごった
3）静かな森の中で耳をすますと、鳥の声が聞こえる。
　　　a．済ます　b．澄ます　c．住ます　d．清ます
4）しょうゆのしみがなかなか落ちないので、ひょうはくした。
　　　a．漂泊　b．表白　c．漂白　d．標白

（P43の解答）　1）d　2）b　3）b　4）a

# 第4週 3日目

天候と小動物の漢字

|  |  |  |
|---|---|---|
| 霧 | きり<br>ム | 霧が濃い　霧雨が降る　濃霧注意報<br>霧吹き　長年の計画が雲散霧消した |
| 霜 | しも<br>ソウ | 霜が降りる　霜柱が立つ　霜焼けで手がかゆい<br>野菜が霜害で全滅した |
| 露 | つゆ<br>ロ　ロウ | 草が露で濡れている<br>暴露　結婚披露宴 |
| 曇 | くも-る<br>ドン | どんよりと空が曇る　ガラスが曇る<br>不安で顔が曇る　晴れ時々曇り　曇天 |
| 虹 | にじ | 雨上がりに虹が見えた |
| 圏 | ケン | 首都圏　優勝圏内に入る<br>地下鉄で携帯電話が圏外になった　大気圏 |
| 緯 | イ | これまでの経緯を説明する　緯度・経度<br>北緯・南緯 |

## 確認テスト　もっとも適当なものをa～dから一つ選びなさい。

1) 雨がやんで、空にきれいな虹がかかった。
   a. にし　　b. こう　　c. にんじ　　d. にじ

2) 彼女からの知らせを聞いて、突然彼の顔が曇った。
   a. ぐもった　b. くもった　c. しめった　d. じめった

3) この商品が開発されたけいいを説明するために、資料を作成した。
   a. 経緯　　b. 敬意　　c. 計緯　　d. 経意

4) 景気低迷により、しゅとけん全域で地価が下落した。
   a. 主都圏　b. 首都県　c. 首都圏　d. 首都件

(P44の解答)　1) b　2) d　3) c　4) b

|  |  |  |
|---|---|---|
| 蝶 | チョウ | 蝶を捕まえる　胡蝶蘭を部屋に飾る<br>蝶ネクタイ |
| 蚊 | か | 蚊に刺される　蚊帳の中で寝る<br>一人蚊帳の外に置かれる |
| 蜂 | はち<br>ホウ | 蜂に刺される　女王蜂　養蜂家<br>民衆が悪政に対して蜂起する |
| 蜜 | ミツ | 蜜蜂　パンに蜂蜜を塗る　二国間の蜜月時代 |
| 蛍 | ほたる<br>ケイ | 川辺に無数の蛍が光っている<br>蛍光灯　蛍光ペン |
| 亀 | かめ<br>キ | 亀の産卵　海亀　良好だった関係に亀裂が入る |
| 蛇 | へび<br>ジャ　ダ | 毒蛇にかまれる　水道の蛇口をひねる<br>蛇行運転 |
| 餌 | えさ　え<br>ジ | 魚の餌　ライオンの餌食になる<br>悪党商法の餌食になる　好餌に釣られる |

1) 先月オープンしたあの飲食店は、まだ開店前なのに長蛇の列ができている。
　　　a．ながへび　b．ちょうへび　c．ちょうだ　d．ながだ
2) パンには、ジャムでなく蜂蜜を塗って食べるのが好きだ。
　　　a．はちみつ　b．ばちみつ　c．はっちむす　d．はつむす
3) けいこう灯が切れたので、新しいものを買いに行かなければならない。
　　　a．経光　　b．景光　　c．軽光　　d．蛍光
4) 公園で鳩にえさをやっている親子の姿がほほえましい。
　　　a．飼　　　b．餌　　　c．飯　　　d．食

(P45の解答)　1) a　2) d　3) b　4) c

# 第4週 4日目

鳥・動物の漢字

| 雀 | すずめ<br>ジャク | 雀が鳴いている　孔雀<br>雀の涙ほどのボーナス |
| --- | --- | --- |
| 鳩 | はと<br>キュウ | 鳩に餌をやる　鳩時計が3時を告げる<br>伝書鳩　鳩舎 |
| 鴨 | かも | 鴨の親子　鴨鍋　詐欺師の鴨になる |
| 烏 | からす<br>ウ | 烏がゴミをあさる　政界の若手三羽烏<br>烏合の衆 |
| 鶴 | つる | 鶴は千年、亀は万年　千羽鶴を折る<br>鶴の一声でプロジェクトが急に中止になった |
| 鶏 | にわとり<br>ケイ | 早朝に鶏が鳴く　鶏卵<br>養鶏場を営む　闘鶏 |
| 翼 | つばさ<br>ヨク | 翼の大きな鳥　航空機の尾翼　右翼手 |
| 牙 | きば<br>ガ　ゲ | ライオンの牙　象牙細工　敵の牙城にせまる<br>歯牙にも掛けない　悪徳業者の毒牙にかかる |

### 確認テスト　もっとも適当なものをa～dから一つ選びなさい。

1) ゴミ置き場にたくさんの烏が集まっている。
　　a. がらす　b. からす　c. とり　d. はと

2) 今朝は雀の鳴き声で目が覚めて、気持ちがいい。
　　a. すすめ　b. すずめ　c. つつめ　d. つづめ

3) 動物保護の流れの中で、ぞうげはあまり使われなくなった。
　　a. 増毛　b. 送迎　c. 造花　d. 象牙

4) つるの一声で、周到に準備していた計画が変更されることがある。
　　a. 鶴　b. 烏　c. 翼　d. 鴨

(P46の解答)　1) d　2) b　3) a　4) c

|  |  |  |
|---|---|---|
| 猿 | さる / エン | 猿も木から落ちる<br>犬猿の仲だ |
| 狼 | おおかみ / ロウ | 狼が遠吠えする<br>不意の質問に狼狽する |
| 猪 | いのしし い / チョ | 人里に猪が現れ、畑を荒らした<br>若さにまかせて猪突猛進する　お猪口 |
| 熊 | くま | 山に熊が出没する　熊手で落ち葉を集める |
| 虎 | とら / コ | 虎が茂みに潜んでいる　虎の威を借る狐<br>虎口を脱する　虎視眈々とチャンスをうかがう |
| 鯨 | くじら / ゲイ | 鯨が潮を吹く　捕鯨 |
| 竜 | たつ / リュウ | 竜巻が起こる　竜が天に昇る　恐竜<br>竜頭蛇尾に終わる |
| 龍 | たつ / リュウ | ※「竜」に準ずる |

1) あの二人は昔から<u>犬猿</u>の仲で、会うたびに喧嘩をしている。
　　a．いぬざる　b．いぬえん　c．けんえん　d．けんさる
2) 彼の<u>猪突猛進</u>する若さがうらやましい。
　　a．ちょとつ　b．しゃとつ　c．じょとつ　d．じゃとつ
3) 彼はどの会社にも所属せず、一匹<u>おおかみ</u>と呼ばれている。
　　a．鯨　　　b．猪　　　c．狼　　　d．熊
4) <u>たつまき</u>の影響で、3000万世帯が避難を余儀なくされた。
　　a．竜巻　　b．立巻　　c．達巻　　d．辰巻

(P47の解答)　1) c　2) a　3) d　4) b

## 第4週 5日目

地形などの漢字

|  |  |  |
|---|---|---|
| 繭 | まゆ / ケン | 繭から生糸をとる　繭糸 |
| 蚕 | かいこ / サン | 蚕が繭玉を作る　養蚕業を営む　蚕糸 |
| 桑 | くわ / ソウ | 蚕が桑の葉を食べる　桑畑／桑園面積が減っている |
| 柳 | やなぎ / リュウ | 柳の枝がしなる　柳に風と受け流す／川柳を詠む |
| 峰 | みね / ホウ | 富士の峰に雪がかぶる　包丁の峰で肉をたたく／日本文学の最高峰に輝く　立山連峰 |
| 岳 | たけ / ガク | 八ヶ岳　山岳部に入る　岳父は健在だ |
| 峠 | とうげ | 一日中歩いてやっと峠を越した／暑さも今が峠だ |
| 漠 | バク | 砂漠の緑化を進める　広漠たる大地／将来のことを漠然と考える |

### 確認テスト　もっとも適当なものをa～dから一つ選びなさい。

1）将来のことは、まだ漠然としか考えていない。
　　a．ばくぜん　b．はくぜん　c．ぱくぜん　d．ばくねん

2）この辺りは絹織物が盛んで、蚕を飼っている家も多い。
　　a．ほたる　b．かいこ　c．まゆ　　d．むし

3）山のみねから太陽が昇ると、あたりの雪が一斉に輝きだした。
　　a．峠　　　b．岬　　　c．峰　　　d．岳

4）自分が投稿したせんりゅうが、雑誌に掲載された。
　　a．仙柳　　b．千柳　　c．先柳　　d．川柳

(P48の解答)　1）b　2）b　3）d　4）a

|  |  |  |
|---|---|---|
| 堤 | つつみ / テイ | 堤防沿いを散策する / 防波堤 |
| 隆 | リュウ | 地面が隆起する / 隆盛をきわめた王朝 |
| 峡 | キョウ | 船で海峡を渡る |
| 岬 | みさき | 岬の灯台 |
| 渓 | ケイ | 渓流で釣りをする　渓谷で川下りを楽しむ |
| 渦 | うず / カ | 水が渦を巻いて流れていく / 疑惑の渦中にある人物 |
| 潤 | うるお-う　うるお-す　うるむ　ジュン | 涙で潤んだ目 / 豊潤な土地　利潤を追求する　潤沢な資金 |
| 郡 | グン | 郡は行政区画の一つ　埼玉県秩父郡 |

1）ロープウエイから眼下の渓谷を眺めることができる。
　　　a．きょうこく　b．けいたに　c．けいこく　d．けいや
2）海外への投資で、十分なりじゅんを上げることができた。
　　　a．利潤　　　b．利順　　　c．利準　　　d．利旬
3）船でかいきょうを渡って、北海道へ行った。
　　　a．海教　　　b．解峡　　　c．階峡　　　d．海峡
4）昭和新山は、1943年に麦畑が突然りゅうきしてできた火山だ。
　　　a．硫奇　　　b．隆起　　　c．流儀　　　d．留軌

（P49の解答）　1）c　　2）a　　3）c　　4）a

51

## 第5週 1日目

運輸・農業の漢字

|  |  |  |
|---|---|---|
| 汽 | キ | 汽車に乗る　汽笛を鳴らす |
| 舶 | ハク | 船舶　舶来の品 |
| 搬 | ハン | トラックで資材を運搬する<br>患者を病院に搬入する　搬出する |
| 巡 | めぐ-る／ジュン | 観光地を巡る　紅葉の季節が巡ってくる<br>運命の人に巡り会う　町を巡回する |
| 貢 | みつ-ぐ／コウ　ク | 恋人に金品を貢ぐ<br>貢ぎ物をする　年貢を納める |
| 献 | ケン　コン | 医学に貢献する　献身的に看病する　献血<br>文献を読む　夕食の献立を仕上げる |
| 繁 | ハン | 町が繁栄する　店が繁盛する<br>繁忙期　繁華街 |
| 拓 | タク | 荒れ地を開拓する　市場を開拓する<br>湖の干拓事業 |

### 確認テスト　もっとも適当なものをa〜dから一つ選びなさい。

1) 東京から大阪までトラックで資材を運搬する。
　　a．うんはん　　b．うんぱん　　c．うんそう　　d．うんばん

2) 来週から国際会議が開かれるため、警察官が街を巡回している。
　　a．しゅんかい　b．てんかい　　c．じゅんがい　d．じゅんかい

3) 環境分野における新規の市場をかいたくする。
　　a．開拓　　　　b．回拓　　　　c．解拓　　　　d．開宅

4) 彼は論文を書くために、毎晩遅くまでぶんけんを読んでいる。
　　a．文権　　　　b．文敵　　　　c．文献　　　　d．文研

(P50の解答)　1) a　2) b　3) c　4) d

| 刈 | か-る | 草を刈る　羊の毛を刈る |
|---|---|---|
| 稲 | いね　いな<br>トウ | 稲を刈る　稲作農家　稲妻が走る<br>水稲耕作 |
| 穂 | ほ<br>スイ | 穂が出る　麦の穂　稲穂　筆の穂先<br>出穂 |
| 耕 | たがや-す<br>コウ | 田畑を耕す　農耕民族　晴耕雨読 |
| 穫 | カク | 米を収穫する　収穫量<br>海外留学で収穫を得る |
| 穀 | コク | 米や麦などの穀類　穀物 |
| 栽 | サイ | 野菜を栽培する　盆栽の手入れをする |
| 培 | つちか-う<br>バイ | 友情を培う　ベランダでトマトを栽培する<br>細菌を培養する |

1) 庭の芝生が伸びてきたので、<u>刈る</u>ことにした。
　　a. おる　　　b. いる　　　c. かる　　　d. こる
2) 畑でキャベツとトマトを<u>収穫</u>した。
　　a. しゅうかく　b. しゅかく　c. しゅうさい　d. しゅうがく
3) 田畑を<u>たがやして</u>、農作物の種や苗を植える。
　　a. 乾して　　b. 耕して　　c. 栽して　　d. 田耕して
4) 庭でハーブの<u>さいばい</u>を始めた。
　　a. 培栽　　　b. 菜培　　　c. 栽倍　　　d. 栽培

（P51の解答）　1) c　2) a　3) d　4) b

53

## 第5週 2日目

仕事のやりとりの漢字

|  |  |  |
|---|---|---|
| 渉 | ショウ | 交渉がまとまる　他人に干渉する<br>渉外担当 |
| 提 | さ-げる<br>テイ | かばんを肩から提げる　書類を提出する<br>具体策を提案する　問題提起　業務提携 |
| 摘 | つ-む<br>テキ | 花を摘む　問題点を指摘する　脱税を摘発する<br>ガンの摘出手術を受ける |
| 択 | タク | 職業を選択する　取捨選択する<br>決議を採択する |
| 把 | ハ | 状況を把握する　政権を把握する<br>ほうれん草を一把買う |
| 妥 | ダ | 妥協する　双方の妥協点を探る　妥当な判断<br>妥当性に欠ける　賃上げ交渉が円満に妥結する |
| 佐 | サ | 部長を補佐する　大統領補佐官　佐藤さん |
| 請 | こ-う　う-ける<br>セイ　シン | 許しを請う　工事を請ける　仕事を請け負う<br>代金の支払いを請求する　普請 |

### 確認テスト　もっとも適当なものをa～dから一つ選びなさい。

1) 自分の意見を押し通すだけでなく、<u>妥協</u>点を探ることも必要だ。
　　a. じょきょう　b. あいきょう　c. だきょう　d. とうきょう

2) お客様のニーズを<u>把握</u>し、質の高いサービスを提供する。
　　a. よくあつ　b. はあつ　c. はあく　d. はれつ

3) A社とB社が統合に向け、<u>こうしょう</u>を開始した。
　　a. 交渉　　b. 公証　　c. 厚相　　d. 交証

4) 国会で可決された法案について、メディアが問題点を<u>してき</u>している。
　　a. 指的　　b. 指適　　c. 指敵　　d. 指摘

(P52の解答)　1) b　2) d　3) a　4) c

必修編

|  |  |  |
|---|---|---|
| 派 | ハ | 派閥　党派　特派員としてパリへ行く<br>立派な行い　派手な服装　派出所 |
| 遣 | つか-う　つか-わす<br>ケン | 気を遣う　金遣いが荒い　使者を遣わす<br>大使を派遣する　人材派遣 |
| 宣 | セン | 商品を宣伝する　独立を宣言する<br>病名を宣告される |
| 卸 | おろ-す　おろし | 問屋に商品を卸す　そうは問屋が卸さない<br>卸値 |
| 属 | ゾク | 政党に属する　サークルに所属する<br>大学の付属病院　金属アレルギー　貴金属 |
| 軸 | ジク | 車輪の軸　投手の軸足　政策の軸足がぶれる<br>床の間の掛け軸 |
| 軌 | キ | 人工衛星が軌道に乗る　計画が軌道に乗る<br>軌跡をたどる　常軌を逸した行動 |
| 還 | カン | 無事に生還する　領土を返還する<br>利益を社会に還元する　密航者を強制送還する |

1) 与野党の議員が<u>党派</u>を越えて、少子化対策の勉強会を行った。
　　　a. とうは　　b. とうば　　c. とうひ　　d. どうは
2) この市場では<u>卸値</u>で商品を買うことができる。
　　　a. おろすね　b. おろしね　c. おろすち　d. おろしち
3) 会議で新しい商品の<u>せんでん</u>方法を検討する。
　　　a. 先伝　　　b. 宣電　　　c. 亘伝　　　d. 宣伝
4) 彼は<u>はけん</u>会社に登録して、仕事を紹介してもらった。
　　　a. 派献　　　b. 派件　　　c. 派遣　　　d. 波遣

(P53の解答)　1) c　　2) a　　3) b　　4) d

## 第5週 3日目

会社と学校でよく使われる漢字

|  |  |  |
|---|---|---|
| 遇 | グウ | 待遇の改善を要求する　恵まれた境遇 |
| 蓄 | たくわ-える / チク | 食料を蓄える　知識を蓄える　老後の蓄え<br>貯蓄に励む　疲労が蓄積する |
| 勘 | カン | 勘がいい　勘違いする　勘定を済ませる<br>勘弁してください |
| 託 | タク | 業務を委託する　信託銀行<br>子供を託児所に預ける |
| 障 | さわ-る / ショウ | 働きすぎは体に障る　気に障る　耳障りな音<br>老後の生活を保障する　障害を乗り越える |
| 祉 | シ | 福祉関係の仕事に就く　社会福祉 |
| 概 | ガイ | 事件の概略を述べる　政治学概論 |
| 顧 | かえり-みる / コ | 過去を顧みる　家族を顧みない　会社の顧問<br>店の顧客　学生時代を回顧する |

### 確認テスト　もっとも適当なものをa～dから一つ選びなさい。

1) 彼女は福祉関係の仕事に就職が決まった。
　　a. ふくしょく　b. ふくさ　c. すくし　d. ふくし
2) 会社の一部の業務を外部に委託することで、人件費を削減する。
　　a. いいたく　b. しゅたく　c. いたく　d. じゅたく
3) 彼の何気ない一言が彼女の気にさわったらしい。
　　a. 触った　b. 障った　c. 澤った　d. 佐和った
4) 大学で経済学がいろんを履修している。
　　a. 概論　b. 外論　c. 概倫　d. 概愉

(P54の解答)　1) c　2) c　3) a　4) d

|  |  |  |
|---|---|---|
| 礎 | いしずえ / ソ | 会社の礎を築く　学力の基礎を固める　建物の礎石 |
| 践 | セン | 新しい理論を実践する　実践的な研究 |
| 模 | モ ボ | 規模の大きい会社　飛行機の模型を作る　水玉模様の服　方法を模索する |
| 範 | ハン | 模範を示す　模範解答　社会の規範に従う　範囲を指定する |
| 釈 | シャク | 英語の原文を解釈する　漢詩に注釈を加える　釈明を求める　講釈を垂れる |
| 拠 | キョ コ | 根拠をもって判断する　貿易の拠点　犯人だという証拠を示す |
| 克 | コク | 病を克服する　事件の様子を克明に書き記す |
| 擬 | ギ | 模擬試験を受ける　擬音語　擬態語　擬人化する |

1) A社は生産の拠点を日本から海外に移した。
　　a. きょでん　b. きょうでん　c. きょてん　d. きょうてん
2) 記事には事件の様子が克明に書かれている。
　　a. こくめい　b. こつめい　c. かつみょう　d. こくみょう
3) 親は子供に対して、もはんとなる態度を示すべきだ。
　　a. 模反　　b. 藻範　　c. 摸範　　d. 模範
4) 口でいろいろ言うより、まずはじっせんに移すことが大事だ。
　　a. 実銭　　b. 実践　　c. 事践　　d. 地践

(P55の解答)　1) a　2) b　3) d　4) c

## 第5週 4日目

大学でよく使われる漢字

|  |  |  |
|---|---|---|
| 哲 | テツ | 哲学を専攻する<br>独自の人生哲学を語る |
| 倫 | リン | 倫理に反する行為　企業倫理が問われる<br>倫理的に許されない |
| 志 | こころざ-す　こころざし<br>シ | 政治家を志す　志を遂げて医者になる<br>意志が強い　志望校を決める　ブランド志向 |
| 功 | コウ　ク | 大陸横断に成功する　功績を残す　功労者<br>年功序列　功徳を積む |
| 佳 | カ | 佳人　佳作に選ばれる　話が佳境に入る |
| 秀 | ひい-でる<br>シュウ | 優秀な成績で卒業する　クラスで一番の秀才<br>一芸に秀でる |
| 推 | お-す<br>スイ | 佐藤氏を次期社長に推す　緑化運動を推進する<br>犯人を推理する　漁獲量の推移を調べる |
| 薦 | すす-める<br>セン | 先生に薦められて買った辞書　推薦で入学する<br>自薦 |

### ✏️ 確認テスト　もっとも適当なものをa～dから一つ選びなさい。

1) <u>倫理学</u>の授業で、脳死について討論した。
　　a. ろんりがく　b. りんりがく　c. りんいがく　d. ろんぎがく

2) この奨学金は、自薦・<u>他薦</u>を問わず応募できる。
　　a. ほかせん　b. じすい　c. たすい　d. たせん

3) 彼は医者になるという<u>こころざし</u>を立て、医学部入学を目指している。
　　a. 心差し　b. 心指し　c. 志指し　d. 志

4) クラス一の<u>しゅうさい</u>だった彼は、大手企業の社長として活躍している。
　　a. 秀才　b. 収才　c. 秀成　d. 修正

(P56の解答)　1) d　2) c　3) b　4) a

|  |  |  |
|---|---|---|
| 訂 | テイ | 誤りを訂正する　改訂版を出す |
| 項 | コウ | 問題点を三つの項目に分類する<br>検討事項を挙げる　募集要項 |
| 索 | サク | 犯人を捜索する　索引をひく<br>五十音順索引 |
| 稿 | コウ | スピーチの原稿を書く　雑誌に俳句を投稿する<br>新聞に寄稿された追悼文を読む |
| 翻 | ひるがえ-る<br>ひるがえ-す　ホン | 旗が風に翻る　前言を翻す<br>スペイン語を日本語に翻訳する |
| 欄 | ラン | 橋の欄干で写真を撮る　解答欄に記入する<br>欄外にメモをする　新聞のテレビ欄を見る |
| 載 | の-る　の-せる<br>サイ | 新聞に会社の広告が載る　荷物を網棚に載せる<br>雑誌に論文が掲載される　経歴を記載する |
| 啓 | ケイ | 専門家の意見に啓発される　自己啓発<br>啓蒙書を読む |

1) レポート作成のために必要な資料をインターネットで<u>検索</u>した。
　　a. げんさ　　b. けんさ　　c. けんさく　　d. せんさく
2) 趣味で作っている俳句を雑誌に<u>投稿</u>し、優秀賞に選ばれた。
　　a. とうきょう　b. どうこう　c. とうし　　d. とうこう
3) 警察は、今もなお先週のひき逃げ事件の犯人を<u>そうさく</u>中だ。
　　a. 捜索　　b. 捜作　　c. 創作　　d. 検索
4)「<u>はいけい</u>」は手紙の冒頭に使うあいさつ表現だ。
　　a. 背景　　b. 拝啓　　c. 配形　　d. 敗計

(P57 の解答)　1) c　　2) a　　3) d　　4) b

## 第5週 5日目

勉強の仕方と関係のある漢字

|  |  |  |
|---|---|---|
| 監 | カン | 国境を監視する　監視の目を光らせる<br>会計を監査する　教科書を監修する |
| 督 | トク | 現場を監督する　野球チームの監督になる<br>映画監督　滞納した家賃を督促される |
| 矛 | ほこ / ム | 相手に矛を向ける<br>彼に非難の矛先を向ける |
| 盾 | たて / ジュン | 矛と盾　彼の話は矛盾している<br>有力者を後ろ盾にする |
| 浸 | ひた-る　ひた-す / シン | 肩まで湯に浸る　お湯に浸す<br>大雨で床下まで浸水する |
| 透 | す-く　す-かす　す-ける / トウ | 川底が透けて見える　紙幣を透かす　肌が透ける<br>透明なガラス |
| 諸 | ショ | 欧米諸国　伊豆諸島　諸悪の根源を断つ<br>この地名の由来には諸説がある　その他諸々 |
| 班 | ハン | 班を作る　班長　救護班 |

### 確認テスト　もっとも適当なものをa〜dから一つ選びなさい。

1) 首相は来月から欧米諸国を歴訪する予定だ。
 a. しょうくに　b. しょうこく　c. しょくに　d. しょこく
2) 大臣に非難の矛先が向けられた。
 a. ほこさき　b. ほこせん　c. むせん　d. もとさき
3) 経営の理念や目的を組織にしんとうさせるため、社長がスピーチを行った。
 a. 信透　b. 浸透　c. 浸誘　d. 深透
4) 佐藤氏が私達のチームのかんとくに就任した。
 a. 館督　b. 棺特　c. 監督　d. 間得

(P58の解答)　1) b　2) d　3) d　4) a

|  |  |  |
|---|---|---|
| 怠 | おこた-る なま-ける タイ | 努力を怠り試験に落ちる 仕事を怠ける 怠け物 勤怠管理 倦怠期を迎えた夫婦 |
| 誠 | まこと セイ | うそから出た誠 誠実な人 誠意ある対応 忠誠を誓う 誠に申し訳ございません |
| 誇 | ほこ-る コ | 才能を誇る 富士山は日本一の高さを誇る 事実を誇張して話す 権力を誇示する |
| 懸 | か-ける か-かる ケン ケ | 命を懸ける 優勝が懸かった試合 一生懸命に努力する 懸賞に当たる 懸念 |
| 繰 | く-る | 毛糸を繰る 本のページを繰る 残額を来月分に繰り越す |
| 析 | セキ | 原因を分析する データを解析する |
| 熟 | う-れる ジュク | 熟れたトマトを収穫する 成熟した社会 熟睡する 未熟児 熟語 |
| 揮 | キ | オーケストラの指揮者 大会の運営を指揮する 実力を発揮する |

1) パイロットは<u>熟練</u>した技術を要する職業だ。
　　 a．じゅくれん　b．じゅくらん　c．じゅんれん　d．じゅんらん
2) 事故調査委員会は故障の原因を<u>分析</u>している。
　　 a．ぷんせき　b．ぶんおり　c．ぶんせき　d．ふんせき
3) 彼は新型エンジンの開発総責任者として、プロジェクトを<u>しき</u>した。
　　 a．敷き　b．志木　c．四季　d．指揮
4) 彼は一生<u>けんめい</u>に努力し、日本企業への就職という目標を達成した。
　　 a．賢明　b．懸命　c．懸迷　d．賢名

(P59の解答) 1) c　2) d　3) a　4) b

## 第6週 1日目

芸術の漢字

|  |  |  |
|---|---|---|
| 庶 | ショ | 庶民の生活　庶民的な政治家　会社の庶務課 |
| 娯 | ゴ | 娯楽施設　たまには娯楽も必要だ |
| 興 | おこ-る　おこ-す　コウ　キョウ | 新しい国が興る　事業を興す<br>災害から復興する　興味がある |
| 趣 | おもむき　シュ | 異国の趣がある町　趣味をもつ<br>募金の趣旨に賛同する　演技に趣向を凝らす |
| 釣 | つ-る　チョウ | 川で魚を釣る　釣銭が足りない<br>甘い言葉で客を釣る　お釣り　釣果を競う |
| 撮 | と-る　サツ | 子供の写真を撮る　映画を撮影する<br>記念撮影 |
| 彫 | ほ-る　チョウ | 仏像を彫る　木に彫刻された像<br>彫刻のように美しい女性 |
| 創 | つく-る　ソウ | 新しい料理を創作する　会社を創る<br>天地創造　創造性に富んだ作品　独創的な発想 |

### 確認テスト　もっとも適当なものをa〜dから一つ選びなさい。

1）この建物は明治時代の趣を残しており、重要文化財に指定されている。
　　　a．しょう　　b．おもむき　　c．しゅ　　d．いしずえ

2）私が住んでいる町は娯楽施設が少なく、不満が高まっている。
　　　a．うらく　　b．ごがく　　c．ごらく　　d．にょがく

3）家の近くの公園でドラマのさつえいをしていたので、しばらく見物した。
　　　a．撮影　　b．最映　　c．刷映　　d．薩英

4）イタリアの美術館で見たルネサンス期のちょうこくはすばらしかった。
　　　a．釣石　　b．跳躍　　c．忠告　　d．彫刻

(P60の解答)　1) d　2) a　3) b　4) c

|  |  |  |
|---|---|---|
| 俗 | ゾク | 江戸時代の風俗　世俗的なものの考え方<br>低俗な雑誌　俗語 |
| 描 | えが-く　か-く<br>ビョウ | 幸せな生活を心に描く　地図を描く<br>細かい部分まで正確に描写する |
| 肖 | ショウ | 肖像画を集める　肖像権を守る<br>不肖ながら司会を務めさせていただきます |
| 漫 | マン | 天真爛漫　アジア諸国を漫遊する<br>本屋に並んだ漫画　注意力が散漫だ |
| 陶 | トウ | 陶器の花びんを買う　陶磁器の展覧会<br>アイドルに陶酔する　自己陶酔 |
| 墨 | すみ<br>ボク | 筆と墨を使って名前を書く<br>水墨画 |
| 朱 | シュ | 朱色　朱塗りの盆　朱肉 |
| 淡 | あわ-い<br>タン | 淡いピンクの服　淡い期待を抱く<br>色の濃淡　淡水の湖　冷淡な態度であしらう |

1) 先日受賞したこの作家は、人間の心理描写が抜群にうまい。
　　　a．みょうしゃ　b．えがしゃ　c．ぎょうしゃ　d．びょうしゃ
2) 彼女は大学院で江戸時代の風俗を研究しており、浮世絵に詳しい。
　　　a．ふぞく　　b．ふうぞく　c．ぶうそく　d．ぶぞく
3) 美術館に展示されたすいぼくが を鑑賞した。
　　　a．水木画　　b．素朴画　　c．粋黙画　　d．水墨画
4) 彼女は濃い色よりあわい色の服がよく似合うと思う。
　　　a．淡い　　　b．蒼い　　　c．紅い　　　d．浅い

(P61の解答)　1) a　2) c　3) d　4) b

## 第6週 2日目 — 音楽と宗教の漢字

|  |  |  |
|---|---|---|
| 琴 | こと / キン | 琴を弾く／恩師の言葉が心の琴線に触れる |
| 弦 | つる / ゲン | 弓の弦を張る／バイオリンの弦がきれる　弦楽器　上弦の月 |
| 鼓 | つづみ / コ | 鼓を打つ　おいしい寿司に舌鼓を打つ／太鼓をたたく　心臓の鼓動　士気を鼓舞する |
| 笛 | ふえ / テキ | レフェリーが試合終了の笛を吹く　口笛を吹く／電車が警笛を鳴らしてホームに入る　船の汽笛 |
| 雅 | ガ | 高級マンションで優雅に暮らす／雅楽を聴く |
| 奏 | かな-でる / ソウ | メロディーを奏でる／バイオリンの演奏会　宣伝が功を奏した |
| 譜 | フ | 譜を読む　楽譜を見ないで歌う／一族の系譜をたどる |
| 鑑 | かんが-みる / カン | 過去の事例を鑑みる　彼は医者の鑑だ／印鑑　歌舞伎を鑑賞する　古美術を鑑定する |

### 確認テスト　もっとも適当なものをa～dから一つ選びなさい。

1) 市民楽団の定期演奏会が開かれ、成功を収めた。
　　a. いんしょう　b. いんぞう　c. えんそう　d. えんちょう

2) 何年も練習したので、この曲は楽譜を見なくても弾くことができる。
　　a. らくほ　　b. がくぶ　　c. らくぷ　　d. がくふ

3) 遠くからお祭りのたいこの音が聞こえ、郷愁がかきたてられた。
　　a. 太古　　b. 太鼓　　c. 大鼓　　d. 大語

4) 定年退職した父は、母とゆうがな旅を楽しんでいる。
　　a. 優雅　　b. 有価　　c. 有暇　　d. 愉快

(P62の解答)　1) b　2) c　3) a　4) d

必修編

月　日　／8

|  |  |  |
|---|---|---|
| 仁 | ジン　ニ | マザーテレサは仁愛の心で人々を救済した<br>仁義を重んじる　仁王立ちになる |
| 僧 | ソウ | 出家して僧になる　修行を重ね高僧となる<br>いたずら小僧 |
| 尼 | あま　ニ | 彼女は仏門に入り尼となる<br>修道院の尼僧 |
| 尚 | ショウ | 高尚な趣味を持つ<br>結論を出すには時期尚早だ |
| 禅 | ゼン | 座禅を組んで心を鎮める |
| 鐘 | かね　ショウ | 教会の鐘がなる　大晦日に寺で鐘をつく<br>除夜の鐘　警鐘を鳴らす |
| 典 | テン | 古典文学を読む　引用文の出典を示す<br>会員だけの特典　典型的な風邪の症状 |

1）大晦日には、近所の寺で除夜の鐘を打ってから、神社に詣でる。
　　　a．どう　　b．とう　　c．かね　　d．そば
2）野党は、この法律の施行は時期尚早であると主張し、採決に反対した。
　　　a．ややはや　b．しょうそう　c．じょそう　d．しょっそう
3）寺でざぜんを組むと、心が鎮まってくるのがわかる。
　　　a．坐僧　　b．座弾　　c．座禅　　d．坐善
4）この患者にはインフルエンザのてんけい的な症状が見られる。
　　　a．典型　　b．天恵　　c．天啓　　d．点形

（P63の解答）　1）d　2）b　3）d　4）a

## 第6週 3日目 — 昔の戦いと王族の漢字

|  |  |  |
|---|---|---|
| 弓 | ゆみ / キュウ | 的に向かって弓を引く　バイオリンの弓／竹を弓なりに曲げる　弓道 |
| 矢 | や / シ | 矢が的に命中する　非難の矢面に立たされる／矢の催促　一矢を報いる　光陰矢のごとし |
| 鋼 | はがね / コウ | 鋼で刃物を製造する　鉄鋼業 |
| 剣 | つるぎ / ケン | 剣を振りかざす　剣道の道場に通う／真剣な表情で聞き入る |
| 刀 | かたな / トウ | 腰に刀を差した武士　日本刀　手術の執刀医／単刀直入な質問　竹刀 |
| 鎖 | くさり / サ | 猛獣を鎖につなぐ　工場を閉鎖する／信用不安の連鎖で株価が下がる　食物連鎖 |
| 侍 | さむらい / ジ | 日本には侍の時代があった／侍従として天皇に仕える |
| 騎 | キ | 競馬の騎手　騎馬戦　与野党党首の一騎打ち |

### 確認テスト　もっとも適当なものをa〜dから一つ選びなさい。

1) 市長選挙はA氏とB氏の<u>一騎打ち</u>となり、接戦の末、A氏が選ばれた。
　　a．ひときうち　b．いちきだち　c．いっきうち　d．ついきもち

2) クレームの<u>矢面</u>に立たされたが、なんとか対応することができた。
　　a．しめん　　b．やおもて　c．やづら　　d．しおも

3) 政府は景気対策に<u>しんけん</u>に取り組む意向を表明した。
　　a．真剣　　b．深険　　c．親権　　d．新券

4) 高校生の時から<u>きゅうどう</u>を習っているので、集中力には自信がある。
　　a．急動　　b．弓道　　c．求道　　d．旧道

(P64の解答)　1) c　2) d　3) b　4) a

|  |  |  |
|---|---|---|
| 宮 | みや / キュウ・グウ・ク | お宮参り　ヴェルサイユ宮殿<br>明治神宮に初もうでに行く　神社の宮司　宮内庁 |
| 廷 | テイ | 法廷で白黒を争う　証人として出廷を求められる<br>宮廷で晩さん会が開かれる　朝廷 |
| 皇 | コウ・オウ | 皇居　皇太子　天皇<br>天皇が出家し法皇となる |
| 帝 | テイ | 皇帝の位につく　ローマ帝国 |
| 后 | コウ | 皇后　皇太后 |
| 陛 | ヘイ | 天皇陛下　皇后陛下 |
| 妃 | ヒ | 皇太子妃　妃殿下 |
| 姫 | ひめ | 王家に姫が生まれた　かぐや姫<br>世界の歌姫として名声をあげる　一姫二太郎 |

1）明治神宮へ初詣に行ったが、あまりの人の多さに閉口した。
　　　a．じんぐう　　b．しんきゅう　　c．かみみや　　d．がみぐ
2）子供が女子・男子の順に生まれる「一姫二太郎」が子育てしやすいそうだ。
　　　a．いっぴめ　　b．いひめ　　c．いちひめ　　d．ひとひめ
3）天皇へいかが新年のおことばを述べられた。
　　　a．階下　　b．陛下　　c．陸下　　d．睦下
4）フランス革命後にクーデターを起こしたナポレオンがこうていになった。
　　　a．公邸　　b．校庭　　c．肯定　　d．皇帝

（P65の解答）　1）c　　2）b　　3）c　　4）a

## 第6週 4日目

名誉と幻想の漢字

|  |  |  |
|---|---|---|
| 奨 | ショウ | 医者が患者に禁煙を奨励する　奨学金をもらう<br>書店推奨の本　奨励金 |
| 彰 | ショウ | 人命救助で表彰される　表彰状を授与する |
| 傑 | ケツ | 政界で傑出した人物<br>後世に残るゴッホの傑作　傑作な話 |
| 賜 | たまわ-る<br>シ | 国王から褒美を賜る　成功は努力の賜物だ<br>賜杯を手にする |
| 勲 | クン | 新薬開発の功績により勲章を賜る　文化勲章<br>叙勲者が発表される |
| 誉 | ほま-れ<br>ヨ | 美しい自然は国の誉れだ　名選手として誉れ高い<br>文化勲章を頂くという名誉　栄誉に輝く |
| 呈 | テイ | 会社の内部事情が露呈する<br>友人に自著を進呈する　花束を贈呈する |
| 冠 | かんむり<br>カン | 国王の冠　王冠を頭に戴く　栄冠を勝ち取る<br>日本語には冠詞がない　冠婚葬祭 |

### 確認テスト　もっとも適当なものをa～dから一つ選びなさい。

1) 長年のご愛顧を賜り、感謝申し上げます。
　　a. たまわり　　b. あずかり　c. こうむり　d. さえずり
2) 激闘の末、イタリア代表が栄冠を勝ち取った。
　　a. さかえかんむり　b. えいかん　c. はんかん　d. えかんむり
3) 彼は人命救助に尽力し、警察からひょうしょうされた。
　　a. 表象　　　b. 標章　　c. 氷床　　d. 表彰
4) 今月から1年間、しょうがくきんがもらえることになった。
　　a. 少額金　　　b. 小額金　　c. 奨学金　　d. 笙楽琴

(P66の解答)　1) c　2) b　3) a　4) b

|  |  |  |
|---|---|---|
| 幻 | まぼろし / ゲン | 亡くなった父の幻を見た　幻の世界記録<br>幻想を抱く　幻想的な世界　幻覚症状 |
| 仙 | セン | 世間離れした仙人　水仙の花 |
| 聖 | セイ | 聖母マリア像　聖書を読む<br>オリンピックの聖火 |
| 魔 | マ | 悪魔　メール魔　魔が差す　魔法を使う<br>考え事の邪魔をされる　睡魔に襲われる |
| 吉 | キチ　キツ | おみくじをひいたら吉が出た<br>不吉な予感　合格の吉報が届く |
| 凶 | キョウ | おみくじで凶をひいた<br>フロンガスが温暖化の元凶　連続殺人の凶悪犯 |
| 厄 | ヤク | 厄年を迎える　神社で厄を払う<br>厄介なことに巻き込まれる　厄除けのお守り |
| 鬼 | おに / キ | 心を鬼にして子を叱る　仕事の鬼<br>鬼に金棒　鬼門 |

1）彼はトラックの運転中に<u>睡魔</u>に襲われ、事故を起こしてしまった。
　　　a．ずいむ　　b．すいま　　c．すうば　　d．ずうら
2）この絵には<u>幻想的</u>な雰囲気があると評判だ。
　　　a．げんそう　b．けっそ　　c．けんぞ　　d．がんぞう
3）神社でおみくじを引いたら、うれしいことに<u>きち</u>が出た。
　　　a．凶　　　　b．既知　　　c．吉　　　　d．土
4）上司の鈴木さんはいつも<u>やっかい</u>な仕事をわたしに押しつけてくる。
　　　a．己界　　　b．厄介　　　c．愉快　　　d．包貝

（P67の解答）　1）a　　2）c　　3）b　　4）d

## 第6週 5日目 — 歴史の漢字

|  |  |  |
|---|---|---|
| 幕 | マク／バク | 舞台の幕が上がる　プロ野球が開幕する<br>江戸幕府は約260年続いた |
| 藩 | ハン | 藩に仕える　藩主　幕藩体制 |
| 紀 | キ | 21世紀　紀元前200年ごろの住居跡<br>紀行文を書く　風紀を乱す |
| 暦 | こよみ／レキ | 暦をめくる　暦の上ではもう春だ<br>西暦2000年　還暦を迎える |
| 崇 | スウ | 崇高な精神　自然を崇拝する<br>崇拝する人物 |
| 祥 | ショウ | 古代文明発祥の地　社員が不祥事を起こす |

### 確認テスト　もっとも適当なものをa～dから一つ選びなさい。

1) 暦の上ではもう春になったが、まだ少し肌寒い。
　　　a. こよみ　b. ねき　c. でき　d. れき

2) イギリスで産業革命が起こったのは18世紀のことだった。
　　　a. よぎ　b. しいち　c. せいき　d. せぎい

3) オリンピックはっしょうの地ギリシャを旅行して、歴史の重さを体感した。
　　　a. 発祥　b. 初様　c. 八勝　d. 派生

4) 春になり、いよいよプロ野球がかいまくする。
　　　a. 貝巻　b. 海漠　c. 開幕　d. 回墓

(P68の解答)　1) a　2) b　3) d　4) c

|  |  |  |
|---|---|---|
| 碑 | ヒ | 記念碑を建てる　石碑<br>墓碑に祖先の名が記してある |
| 墳 | フン | 古墳が発見される |
| 郷 | キョウ　ゴウ | 郷里に帰る　郷土料理を研究する<br>第二の故郷　桃源郷　郷に入っては郷に従え |
| 旗 | はた<br>キ | 母国の旗を振る　味方チームの旗色が悪い<br>国旗を掲げる　開会式で旗手を務める |
| 搭 | トウ | 搭乗手続きを済ませる<br>新型エンジンを搭載した車 |
| 織 | お-る<br>シキ　ショク | 布を織る　会社の組織図　労働組合を組織する<br>細胞の組織　織機で作られた布 |
| 染 | そ-まる　そ-める<br>し-みる　しみ　セン | 髪を茶色に染める　山が夕日に染まる<br>シャツに汗が染みる　ウィルスに感染する |

1) あまり注目されていなかった<u>古墳</u>から、王の刀や鏡が大量に発見された。
　　a. ごふん　　b. ごぷん　　c. こふん　　d. こぶん
2) この公園の奥には小さな<u>石碑</u>が建てられている。
　　a. いしび　　b. ぜきぴ　　c. こくび　　d. せきひ
3) 彼女は日本各地の<u>きょうど</u>料理を研究して本を出版した。
　　a. 京都　　b. 郷土　　c. 共同　　d. 挙動
4) 急いでいるのに、飛行機の<u>とうじょう</u>手続きがなかなか進まない。
　　a. 搭乗　　b. 塔上　　c. 途上　　d. 東上

(P69 の解答)　1) b　2) a　3) c　4) b

# 第7週 1日目

体の漢字もよく使う

|  |  |  |
|---|---|---|
| 瞳 | ひとみ / ドウ | 瞳を閉じる　瞳孔が開く |
| 眉 | まゆ / ビ ミ | 眉毛　眉をひそめる<br>眉目　眉間にしわを寄せる |
| 頬 | ほお | 頬を赤らめる　頬をふくらます　頬がゆるむ<br>頬っぺたが落ちそうなくらいおいしい |
| 唇 | くちびる / シン | 唇が乾く　唇をかむ　唇をとがらす<br>口唇ヘルペス |
| 爪 | つめ　つま | 足の爪を切る　爪先立ちをする<br>台風の爪跡が残る |
| 喉 | のど / コウ | 喉が渇く　喉仏　喉元すぎれば熱さを忘れる<br>喉頭ガン |
| 掌 | ショウ | お墓の前で合掌する　車掌が笛を吹く<br>政治の実権を掌握する |
| 癖 | くせ / ヘキ | 爪をかむ癖　髪に癖がつく　口癖<br>甘いものが癖になる　悪い習癖を直す　潔癖性 |

## 確認テスト　もっとも適当なものをa〜dから一つ選びなさい。

1) 電車の中で傍若無人な態度をとる若者に、だれもが眉をひそめた。
   a. まゆ　b. び　c. もく　d. ひとみ

2) あの赤ちゃんはりんごのような赤い頬をしている。
   a. きょう　b. あご　c. かお　d. ほお

3) ゲームに熱中しすぎて、いつも夜中の3時に寝るくせがついてしまった。
   a. 癖　b. 苦節　c. 習性　d. 屈折

4) 権力闘争の末、彼はついに党の実権をしょうあくした。
   a. 昇格　b. 性悪　c. 掌握　d. 上洛

(P70の解答)　1) a　2) c　3) a　4) c

|  |  |  |
|---|---|---|
| 裸 | はだか / ラ | 裸になる　裸体画を描く　全裸<br>裸眼視力を測る　赤裸々に告白する |
| 膚 | フ | 皮膚が赤く腫れる　皮膚科 |
| 肢 | シ | 下肢に麻痺が残る　美しい肢体<br>選択肢 |
| 膝 | ひざ | 膝を曲げる　膝小僧　膝枕　膝を打つ<br>膝を交えて話す　将軍のお膝元 |
| 肘 | ひじ | 肘をついて食事をするのは失礼だ　肘をつつく<br>肘鉄砲をくらわす　肘掛けいす |
| 胴 | ドウ | 胴が長い　胴回りを測る　監督を胴上げする<br>飛行機が胴体着陸した |
| 脇 | わき | 本を脇に抱えて歩く　話が脇にそれる<br>脇見運転をする　脇道に入る　脇役 |
| 尻 | しり | 転んで尻を打つ　尻に敷かれる<br>目尻を下げる　帳尻を合わせる |

1) 夫は脇見運転で電柱にぶつかり、賠償金を請求された。
　　a．きょうけん　b．わきみ　c．きょうみ　d．きょうげん
2) 彼は手にやけどを負い、皮膚科で治療してもらった。
　　a．ぴぷか　b．びぶが　c．ひふか　d．ひぶか
3) ひじをつきながら食事をするのはマナー違反だ。
　　a．肘　b．膝　c．胴　d．脇
4) 以下のせんたくしの中から正しい物を一つ選びなさい。
　　a．選択肢　b．泉沢池　c．開拓使　d．洗濯士

(P71の解答)　1) c　2) d　3) b　4) a

# 第7週 2日目

内臓の漢字

| 肺 | ハイ | 肺ガンになる　肺炎　肺活量が多い |
| 腸 | チョウ | 胃腸が弱い　大腸 |
| 肝 | きも / カン | 肝を冷やす　肝に銘ずる　肝臓を悪くする<br>本人の気持ちが肝心だ　諦めないことが肝要だ |
| 胆 | タン | 胆石の手術で取り除く　大胆不敵な行動<br>落胆のあまり寝込む　何か魂胆があるに違いない |
| 膜 | マク | 鼓膜が破れる　横隔膜<br>牛乳を温めると膜ができる |
| 腎 | ジン | 腎臓 |
| 尿 | ニョウ | 尿検査　糖尿病　子供の夜尿症<br>尿素入りハンドクリーム |
| 盲 | モウ | 盲人用信号機　盲導犬　盲点を突かれる<br>盲腸の手術をする　恋は盲目 |

### 確認テスト　もっとも適当なものをa～dから一つ選びなさい。

1) 食べ過ぎたのなら胃腸薬を飲めばいいのに、彼はやせ我慢をする。
　　　a. いじょうよく　b. いゆらく　c. いとうがく　d. いちょうやく

2) いろいろと話したのに、肝腎なことを伝えるのを忘れていた。
　　　a. かんじん　b. ひげん　c. きもすい　d. ほしけん

3) 彼女はもうどう犬を訓練する職に就いてから、毎日いきいきとしている。
　　　a. 毛頭　B. 獰猛　c. 盲導　d. 妄動

4) 若手社員のだいたんな発想が発端となって、新商品が開発された。
　　　a. 大胆　b. 元旦　c. 対談　d. 代担

(P72の解答)　1) a　2) d　3) a　4) c

| 慢 | マン | 職務怠慢で解雇される　愛車を自慢する<br>傲慢な態度　我慢強い性格　緩慢な動作　慢性病 |
| --- | --- | --- |
| 疾 | シツ | 胸部に疾患がある　疾病<br>車が疾走する　疾風のごとく走った |
| 疫 | エキ　ヤク | 疫病がはやる　適度な運動で免疫力を高める<br>あの人は疫病神だ |
| 痢 | リ | 下痢止めの薬を飲む　疫痢は子供に多い伝染病だ |
| 循 | ジュン | 市内を循環するバス　悪循環を断ち切る<br>循環器科 |
| 胎 | タイ | 超音波で胎児を見る　胎教<br>民族自立の胎動が高まる |
| 矯 | た-める　キョウ | 角を矯めて牛を殺す　歯並びを矯正する<br>発音を矯正する |
| 耗 | モウ　コウ | 消耗品　体力を消耗する<br>摩耗したタイヤを交換する　心神耗弱 |

1）祖母は呼吸器に疾患があるため、月に一回病院に通っている。
　　a．しいがん　　b．しっぺい　　c．しっかん　　d．しかん
2）娘は、歯並びの矯正は格好悪いといつも言っている。
　　a．きゅうぜい　b．きょうしょう　c．こうじょう　d．きょうせい
3）京都市内を走るじゅんかんバスは、観光地を回るのに便利だ。
　　a．循環　　　　b．瞬間　　　　c．旬間　　　　d．巡回
4）私の長所はがまん強いところだと自負している。
　　a．漫画　　　　b．我慢　　　　c．緩慢　　　　d．干満

(P73の解答)　1）b　2）c　3）a　4）a

**第7週 3日目** 体の変化の漢字と、政治交渉の漢字

|  |  |  |
|---|---|---|
| 鍛 | きた-える / タン | 体を鍛える　新人を鍛える<br>鍛造業　鍛冶屋 |
| 錬 | レン | 金属を精錬する　心身を鍛錬する　錬金術 |
| 殖 | ふ-える　ふ-やす / ショク | 貯金が殖える　子孫を殖やす　ねずみが繁殖する<br>魚を養殖する |
| 摂 | セツ | 栄養を摂取する　健康のために摂生を心がける<br>水は摂氏零度で凍る　自然の摂理 |
| 肥 | こ-える　こ-やす<br>こ-やし　こえ　ヒ | よく肥えた豚　目が肥える　肥溜め　畑を肥やす<br>畑に肥やしをまく　化学肥料　肥満体 |
| 凝 | こ-る　こ-らす / ギョウ | ゴルフに凝る　肩が凝る　目を凝らす<br>工夫を凝らす　相手を凝視する　血液が凝固する |
| 衰 | おとろ-える / スイ | 体力が衰える　台風の勢力が衰える<br>病気で衰弱する　死因は老衰だ　産業が衰退する |

✎ **確認テスト**　もっとも適当なものをa〜dから一つ選びなさい。

1) 彼は会社帰りにジムに通って、体を<u>鍛え</u>ている。
　　a. こえて　b. ふとって　c. おとろえて　d. きたえて
2) この地方は温暖で水質もよいため、うなぎの<u>養殖</u>が盛んだ。
　　a. よそく　b. やじょく　c. よんち　d. ようしょく
3) 夫はゴルフに<u>こって</u>いて、またクラブを買い換えた。
　　a. 凝って　b. 買って　c. 来って　d. 請って
4) 運動不足のせいか、最近、体力が急に<u>おとろえて</u>きたように感じる。
　　a. 衰て　b. 衰えて　c. 衰ろえて　d. 衰とろえて

(P74の解答)　1) d　2) a　3) c　4) a

**必修編**

月　日　/8

|  |  |  |
|---|---|---|
| 秘 | ひ-める / ヒ | 希望を胸に秘める　社長の秘書　極秘情報<br>大自然の神秘を探る　黙秘権を行使する |
| 密 | ミツ | 秘密をもらす　人家が密集した地域<br>両国の密接な関係　麻薬の密輸　厳密な審査 |
| 摩 | マ | 摩擦で靴底がすり減る　貿易摩擦が解消される |
| 擦 | す-れる　す-る / サツ | マッチを擦る　賭け事でお金を擦る　擦り傷<br>ズボンの裾が擦れる　靴擦れ　擦過傷 |
| 締 | し-まる　し-める / テイ | びんのふたが締まらない　犯罪を取り締まる<br>手綱をきつく締める　条約を締結する |
| 施 | ほどこ-す / シ　セ | 改善策を施す　手術を施す　公共施設<br>試験を実施する　ビルの施工　布施を包む |
| 衝 | ショウ | 車が壁に衝突する　意見が衝突する<br>爆発の衝撃　叫びたい衝動に駆られる |

1) 1960年代に入って、日本とアメリカの間に<u>貿易摩擦</u>が起こった。
　　a. まさい　　b. てずれ　　c. まざい　　d. まさつ
2) 裁判員制度は2009年に<u>施行</u>されたが、多くの問題が指摘されている。
　　a. せぎょう　b. しっこう　c. しこう　　d. じっこう
3) 内緒だと言ったのに、彼女は私の<u>ひみつ</u>をほかの人に話してしまった。
　　a. 秘密　　　b. 蜂蜜　　　c. 必光　　　d. 泌水
4) 昨夜、繁華街で車同士の<u>しょうとつ</u>事故を目撃した。
　　a. 衝突　　　b. 衝突　　　c. 術突　　　d. 衛突

(P75の解答)　1) c　　2) d　　3) a　　4) b

## 第7週 4日目

裁判でよく使われる漢字

|  |  |  |
|---|---|---|
| 弁 | ベン | 被告人を弁護する　弁論大会で熱弁を振るう<br>弁解の余地はない　大阪弁を話す　弁当 |
| 訴 | うった-える / ソ | 騒音の被害を訴える　武力に訴える<br>著作権違反で告訴する　容疑者を起訴する |
| 訟 | ショウ | 訴訟を起こす　民事訴訟　刑事訴訟 |
| 審 | シン | 国会で法案を審議する　書類審査で落ちる<br>国民の審判を受ける　試合の審判　挙動不審な男 |
| 償 | つぐな-う / ショウ | 犯した罪を償う　弁償する<br>損害賠償請求をおこす　資金を無償で貸与する |
| 執 | と-る / シツ　シュウ | 現場の指揮を執る　刑を執行する<br>執筆を依頼する　親子の確執　執念深い性格 |
| 是 | ゼ | 税制改革の是非を問う　不均衡を是正する<br>是が非でも　是非とも参加させてください |
| 憲 | ケン | 日本国憲法　憲法記念日　違憲判決を下す<br>国連憲章 |

### 確認テスト　もっとも適当なものをa〜dから一つ選びなさい。

1) 彼女は企業を相手に損害賠償の<u>訴訟</u>を起こして多額の賠償金を得た。
　　a．しょうそ　　b．そじょう　　c．こうそ　　d．そしょう

2) 志望する企業の書類<u>審査</u>に合格し、面接に進んだ。
　　a．しんさ　　b．ばんざ　　c．じんそ　　d．ばんぞ

3) 日本の<u>けんぽう</u>を改正するための条件は非常に厳しい。
　　a．憲法　　b．権謀　　c．拳法　　d．減俸

4) この作家は現在歴史小説を<u>しっぴつ</u>している。
　　a．試筆　　b．執筆　　c．自筆　　d．失筆

(P76の解答)　1) d　2) d　3) a　4) b

|  |  |  |
|---|---|---|
| 廃 | すた-る すた-れる／ハイ | 一門の名が廃る　故郷の町が廃れる<br>国土が荒廃する　時代遅れの規則を廃止する |
| 棄 | キ | 生ごみを廃棄する　産業廃棄物　契約を破棄する<br>試合を棄権する　責任を放棄する |
| 却 | キャク | 借用した資料を返却する　ごみの焼却施設<br>提案を上司に却下される　忘却のかなた |
| 陳 | チン | 商品を棚に陳列する　事故の被害者に陳謝する<br>政治家に陳情にあがる　体の新陳代謝を良くする |
| 貫 | つらぬ-く／カン | 鋭い痛みが全身を貫く　信念を貫く<br>弾丸が体を貫通する　貫禄がある　初志貫徹 |
| 賠 | バイ | 事故の加害者に損害賠償を請求する<br>賠償金を払う |

1) 借りた本を図書館に<u>返却</u>しに行ったら、閉館日だった。
　　a．はんぎゃく　b．ほんきょく　c．へんきゃく　d．ばんじゃく
2) 企業側から雇用契約を一方的に<u>破棄</u>され、失業してしまった。
　　a．はいき　b．はっき　c．はき　d．ほうき
3) 区役所のロビーにあった喫煙室が<u>はいし</u>された。
　　a．配置　b．祭祀　c．廃止　d．開始
4) この政治家は、最後まで自分の信念を<u>つらぬいた</u>。
　　a．面抜いた　b．貫いた　c．噴いた　d．閃いた

(P77 の解答)　1) d　2) c　3) a　4) b

## 第7週 5日目

犯罪・刑罰の漢字

|  |  |  |
|---|---|---|
| 犠 | ギ | 戦争の犠牲になる |
| 牲 | セイ | 交通事故の犠牲者　犠牲を払う |
| 脅 | おびや-かす　おど-す　おど-かす　キョウ | 平和を脅かす　刃物で人を脅す　友人を背後から脅かす　核の脅威に怯える |
| 襲 | おそ-う　シュウ | 銀行を襲う　熊に襲われる　背後から襲撃される　逆襲に転じる　前例を踏襲する |
| 逮 | タイ | 犯人を逮捕する　逮捕状 |
| 闘 | たたか-う　トウ | 病気と闘う　闘病の末、帰らぬ人となった　闘争心の強い人　強敵を相手に奮闘する |
| 詐 | サ | 経歴を詐称する　金品を詐取する |
| 欺 | あざむ-く　ギ | 敵を欺く　詐欺にあう　詐欺師　詐欺罪で告発される |

### 確認テスト　もっとも適当なものをa～dから一つ選びなさい。

1) 警察庁の統計によると、子供が<u>犠</u>牲になる事件が増えてきている。
　　a．ぎしょう　b．ぎせい　c．ぎじょう　d．ぎぜい

2) 彼は熊に<u>襲われて</u>、全治3週間のけがを負った。
　　a．うたわれて　b．わらわれて　c．おそわれて　d．あらわれて

3) <u>さぎ</u>の主犯が警察に連行されたが、共犯者はまだ逃げている。
　　a．左記　b．詐偽　c．作為　d．詐欺

4) 母は長い<u>とうびょう</u>生活を終え、今は通院の必要もなくなった。
　　a．痘苗　b．闘病　c．投票　d．統合

(P78の解答)　1) d　2) a　3) a　4) b

|  |  |  |
|---|---|---|
| 邦 | ホウ | アメリカ合衆国の連邦政府　邦人　邦楽　邦画　本邦初公開の映画 |
| 陣 | ジン | 陣地　敵陣を攻める　陣頭に立って指揮する　報道陣　陣痛 |
| 轄 | カツ | 国の管轄　管轄区域　政府が直轄する機関　管轄外の問題 |
| 拘 | コウ | 身柄を拘束する　拘束時間の長い仕事　取調べのため拘留する　拘置所 |
| 偵 | テイ | 敵地を偵察する　私立探偵　探偵小説 |
| 阻 | はば-む / ソ | 成長を阻む　行く手を阻む　マンション建設を阻止する　経済発展を阻害する |
| 斥 | セキ | 輸入品を排斥する　排斥運動 |

1) この辺りは渋谷警察署の<u>管轄</u>となっている。
　　　a. かんがい　b. がんが　c. かんかつ　d. げんげつ
2) 海外で飛行機が墜落し、<u>邦人</u>一名の安否が未だ不明だ。
　　　a. くにびと　b. くにひと　c. ほうにん　d. ほうじん
3) 社長自らが<u>じんとう</u>に立って、現場を指揮している。
　　　a. 心棟　b. 陣頭　c. 陳頭　d. 近東
4) ライバルチームの有力選手を<u>ていさつ</u>したが、弱点が見つからない。
　　　a. 偵察　b. 体裁　c. 定撮　d. 大切

(P79の解答)　1) c　2) c　3) c　4) b

## 第8週 1日目

熟達編も読めるようにがんばろう！

|  |  |  |
|---|---|---|
| 儀 | ギ | 礼儀正しい学生　行儀がいい子供　律儀な人<br>地球儀　儀式を執り行う |
| 寧 | ネイ | 社会の安寧を保つ　丁寧な言葉遣い<br>字を丁寧に書く |
| 挨 | アイ | 挨拶 |
| 拶 | サツ | 時候の挨拶を述べる　挨拶状をしたためる |
| 謙 | ケン | 謙虚な人　過ちを謙虚に認める<br>尊敬語と謙譲語 |
| 遜 | ソン | 謙遜してものを言う　他と比べて遜色がない<br>不遜な態度を取る |
| 汰 | タ | 環境不適の生物は自然淘汰される<br>余剰人員を淘汰する　ご無沙汰しております |
| 畏 | おそ-れる<br>イ | 大自然の力を畏れる　畏敬の念を抱く<br>恩師の前ではいつも畏縮してしまう |
| 寿 | ことぶき<br>ジュ | 結婚祝いののし袋に寿と書く　寿命が延びる<br>平均寿命　長寿を保つ |
| 恭 | うやうや-しい<br>キョウ | 恭しく頭を下げる　恭順の意を表する<br>恭賀新年 |
| 慶 | ケイ | 結婚、出産と慶事が続く<br>この度の受章、慶賀に堪えません |
| 弔 | とむら-う<br>チョウ | 友人の死を弔う　弔辞を述べる<br>大勢の弔問を受ける　慶弔のマナー |
| 旦 | タン　ダン | 一年の計は元旦にあり　作業を一旦中止する<br>旦那 |
| 詣 | もう-でる<br>ケイ | 元旦は神社に詣でる　初詣に出かける<br>参詣の人でにぎわう神社 |
| 訃 | フ | 旧友の訃報　訃報に接し絶句する |

(P80の解答)　1) b　2) c　3) d　4) b

|  |  |  |
|---|---|---|
| 喪 | も / ソウ | 喪に服する 喪服を着る<br>記憶喪失 自信を喪失する |
| 繊 | セン | 繊細な指 繊細な心の持ち主 |
| 維 | イ | 天然繊維と合成繊維 豆は食物繊維が豊富だ<br>体力を維持する |
| 麻 | あさ / マ | 麻のジャケットを羽織る 麻薬所持は犯罪だ<br>手術前に麻酔をする 胡麻油 |
| 絹 | きぬ / ケン | 絹のスカーフ 絹糸 正絹の織物 |
| 紡 | つむ-ぐ / ボウ | 糸を紡ぐ 紡績 化学繊維の混紡 |
| 縫 | ぬ-う / ホウ | 服を縫う 縫い目がほどける 裁縫<br>傷を縫合する |
| 繕 | つくろ-う / ゼン | 服の破れを繕う 体裁を繕う<br>失敗を取り繕う 建物を修繕する |
| 呉 | ゴ | 呉服売り場 呉越同舟 |
| 紋 | モン | 家の紋章 家紋 指紋 |
| 珠 | シュ | 真珠のネックレス 珠玉の名曲を集める<br>数珠 |
| 扇 | おうぎ / セン | 扇であおぐ 扇子 換気扇を掃除する<br>扇風機 |
| 巾 | キン | 三角巾で骨折した腕をつる 雑巾を縫う<br>布巾で食器を拭く |
| 寸 | スン | 一寸 寸法を測る ゴール寸前で追い抜かれた |
| 尺 | シャク | 巻き尺 尺度を測る 地図の縮尺 |

(P81の解答) 1) c  2) d  3) b  4) a

## 第8週 1日目

|  |  |  |
|---|---|---|
| 藤 | ふじ / トウ | 藤の花　藤色 |
| 藍 | あい / ラン | 藍色の肌　茶褐色の髪 |
| 漆 | うるし / シツ | 漆を塗る　漆器のお椀　漆黒の髪 |
| 褐 | カツ | 褐色の肌　茶褐色の髪 |
| 丹 | タン | 丹念に調べる　丹精を込めた贈り物<br>丹精して盆栽を育てる　丹砂 |
| 錦 | にしき / キン | 錦の着物　故郷の錦を飾る　錦衣をまとう |
| 鈴 | すず / レイ　リン | ドアの呼び鈴　風鈴の音を楽しむ<br>予鈴が鳴る |
| 唐 | から / トウ | 唐草模様のふろしき　中国の唐の時代<br>唐突な発言　唐辛子 |
| 袖 | そで / シュウ | 半袖のシャツ<br>袖口が汚れる　長袖 |
| 裾 | すそ | 着物の裾が濡れる<br>富士山の裾野 |
| 襟 | えり / キン | 服の襟<br>襟を正す　胸襟を開く |
| 芯 | シン | 鉛筆の芯<br>襟に芯を入れる　体の芯まで冷える |
| 履 | は-く / リ | 靴を履く　履き物　履歴書　契約を履行する<br>専門科目の履修登録　草履 |
| 駄 | ダ | 時間の無駄　お金の無駄遣い　無駄口をたたく<br>駄作　そのやり方では駄目だ　下駄を履く |
| 紐 | ひも | 靴の紐を結ぶ　財布の紐を締める |
| 縛 | しば-る / バク | 紐で縛る　規則に縛られる　自由を束縛される |

熟達編

月 日 ／9

## ●コーヒーブレイク①

【1】 □ から漢字を選び、熟語を作ってください。
（ ）に読み方も書いてください。

①疲れたので、 温[　] に入って、体を休めたい。（　　　）

②応援しているチームがついに首位に、[　]上 した。（　　　）

③学校で [　]災 訓練を行った。（　　　）

④首相が欧米諸国との [　]約 に署名をした。（　　　）

⑤ [　]集 を買って、毎日読んでいる。（　　　）

⑥駅の入り口で [　]発 があったので、避難した。（　　　）

```
洗  泉  妨  防  浮  負
詩  誌  暴  爆  条  情
```

【2】下の意味になる熟語を漢字1字を入れて作ってください。

①単語のもとのかたちや意味のこと。・・・・・ 語[　]

②職場での地位などがあがること。・・・・・ [　]進

③国民が必ずしなければならないこと。・・・・ [　]務

解答は89ページ

# 第8週 2日目

役所は難しいことばを多く使う

|  |  |  |
|---|---|---|
| 累 | ルイ | 累積赤字を抱える　イエローカード累積三枚<br>累計三億円　将来に累を及ぼす |
| 幣 | ヘイ | 貨幣の価値が下がる　紙幣を発行する　造幣局 |
| 俸 | ホウ | 国家公務員に俸給を支給する　年俸二千万円<br>減俸される |
| 酬 | シュウ | 報酬のいい仕事　無報酬で協力する<br>議会は非難の応酬となった |
| 倹 | ケン | 貯金のために倹約する　倹約家 |
| 廉 | レン | 清廉潔白　廉価な商品　電化製品を廉売する |
| 租 | ソ | 租税を徴収する　地租を納める<br>イギリスは香港を租借していた |
| 賦 | フ | 賦課が重くなる　月三万円の月賦で車を買う<br>画家として天賦の才がある |
| 采 | サイ | 采配を振る　風采が上がらない |
| 逸 | イツ | 好機を逸する　話が逸脱する　逸話の多い人<br>数多くある中の逸品　秀逸な作品 |
| 赴 | おもむ-く／フ | 任地に赴く　足の赴くままに散歩する<br>海外支店に赴任する　単身赴任 |
| 諾 | ダク | 部下の申し出を承諾する　快諾を得る<br>社長就任を受諾する |
| 唆 | そそのか-す／サ | 仲間を唆して金品を盗ませる<br>問題点を示唆する　示唆に富んだ話 |
| 捗 | チョク | 仕事の進捗状況　交渉が進捗する |

熟達編

|  |  |  |
|---|---|---|
| 粛 | シュク | 営業を自粛する　厳粛な雰囲気　綱紀粛正<br>式典が粛々と執り行われる　静粛に願います |
| 憾 | カン | 遺憾の意を表する　遺憾に堪えない |
| 該 | ガイ | 該当する項目にチェックする　条件に該当する人<br>当該事項 |
| 旋 | セン | 飛行機が上空を旋回する　堂々と凱旋する<br>仕事を斡旋する　旋風を巻き起こす　美しい旋律 |
| 扶 | フ | 三人の子供を扶養する<br>扶養控除が減額される |
| 媒 | バイ | 媒酌人を頼む　宣伝のために媒体を増やす<br>マラリアは蚊を媒介して感染する |
| 嘱 | ショク | 嘱託として勤務する　仕事を委嘱される<br>将来を嘱望する |
| 懇 | ねんご-ろ<br>コン | 懇ろなもてなしを受ける　切羽詰まって懇願する<br>懇談会を開く　懇切丁寧な説明 |
| 弊 | ヘイ | 心身ともに疲弊する　改革の弊害が生じる<br>語弊がある言い方　弊社 |
| 綻 | ほころ-びる<br>タン | 服の縫い目が綻びる　袖口の綻びを縫う<br>経営体制に綻びがみえる　経営破綻 |
| 措 | ソ | 適切な措置を講じる<br>軽微な犯罪にも厳しい措置をとる |
| 准 | ジュン | 条約を批准する　准教授 |
| 款 | カン | 契約時に約款を熟読する<br>会社の定款を変更する　落款を入れる |
| 遵 | ジュン | 法律を遵守する　遵守事項 |

87

## 第8週 2日目

|  |  |  |
|---|---|---|
| 頒 | ハン | カタログを無料で頒布する／会員限定のワインの頒布会 |
| 閲 | エツ | 出版物の検閲　図書室で新聞を閲覧する／原稿を校閲する |
| 抄 | ショウ | 戸籍抄本　『竹取物語』を抄訳する |
| 謄 | トウ | 戸籍謄本 |
| 枢 | スウ | 組織の枢軸となって働く　枢要な産業／国会議事堂は日本の政治の中枢である |
| 閥 | バツ | 党内に複数の派閥がある　学閥意識　財閥 |
| 宰 | サイ | 一国の宰相　委員会を主宰する |
| 吏 | リ | 官吏の登用試験　官吏に就く　能吏 |
| 迭 | テツ | 大臣を更迭する／成績不振で監督が更迭される |
| 諮 | はか-る、シ | 委員会に諮る　政府の諮問に応じる　諮問機関 |
| 遷 | セン | 地方に左遷される　時代の変遷をたどる／平城京への遷都は710年だ |
| 罷 | ヒ | 裁判官を罷免する／汚職が発覚し大臣を罷免される |

熟達編

月　日　／9

## ●コーヒーブレイク②

【1】＿＿＿の言葉の反対の意味の言葉を書いてください。

1．会社の規模を [　　][　　] する。　⇔　会社の規模を縮小する。

2．新人を採用する。　⇔　成績不振の社員を [　　][　　] する。

3．3Dテレビを販売する。　⇔　新しいテレビを [　　][　　] した。

4．結婚しない若い人が [　　][　　] している。　⇔　子どもの減少が問題になっている。

5．株価が暴落して大きく [　　] をしてしまった。　⇔　福引があたって得をした。

【2】＿＿＿の言葉の読み方を書いてください。

1．北海道へ旅行に行き、きれいな景色を写真に撮った。
　　　　　　　　　　　　　　（　　　　）

2．準備は大変だったが、自分で納得できる結果が出せた。
　　　　　　　　　　　　　　（　　　　）

3．財布がない。どうやら家に忘れてきてしまったらしい。
　（　　　　）

4．馬を見るのがすきで、休日になると、競馬を見に行っている。
　　　　　　　　　　　　　　　　　　（　　　　）

解答は105ページ

P85の解答　【1】①泉・おんせん　②浮・ふじょう　③防・ぼうさい
　　　　　　　　④条・じょうやく　⑤詩・ししゅう　⑥爆・ばくはつ
　　　　　【2】①源　②昇　③義

## 第8週 3日目

数学・接続詞と日本文化の漢字

|  |  |  |
|---|---|---|
| 睦 | ボク | 親睦を深める　親睦会　睦月<br>敵対していた隣国と和睦を結ぶ　仲睦まじい夫婦 |
| 如 | ジョ　ニョ | 如才がない　如来像<br>写真が被害の大きさを如実に物語る　如月 |
| 弥 | や | 弥生 |
| 暁 | あかつき　ギョウ | 暁の空　成功した暁には乾杯しよう<br>春暁 |
| 宵 | よい　ショウ | 宵の口　宵の明星　宵寝朝起き<br>徹宵友と語り合う |
| 暫 | ザン | 暫時の猶予を願う　暫定政権<br>暫定的に契約を結ぶ |
| 漸 | ゼン | 景気を漸次回復しつつある　漸進的に発達する |
| 刹 | サツ　セツ | 名刹を訪れる　刹那的な生き方 |
| 零 | レイ | 零点　零細企業 |
| 壱 | イチ | 壱萬円　壱意専心 |
| 弐 | ニ | 弐萬円也 |
| 桁 | けた | 三桁の計算をする　桁違いの安さ<br>桁外れに強い力士　井桁に組む　橋桁 |
| 幾 | いく　キ | 雨が幾日も続く　幾多の試練を乗り越える<br>残された時間は幾許もない　幾何学を学ぶ |
| 箇 | カ | 二箇所　原稿の修正箇所　箇条書きにする |

|  |  |  |
|---|---|---|
| 括 | カツ | 問題を一括して検討する　今期の総括<br>部門を統括する　包括的な見解を述べる　一括払い |
| 孤 | コ | 矢が弧を描いて飛ぶ　括弧でくくる |
| 凹 | オウ | 凹レンズ |
| 凸 | トツ | 凸レンズ　凹凸がある　凸凹した道 |
| 垂 | た-れる　た-らす<br>スイ | よだれが垂れる　木からロープを垂らす<br>雨垂れ　地面を垂直に棒を立てる　胃下垂 |
| 塊 | かたまり<br>カイ | 雪の塊　牛肉を塊で買う<br>ひと塊になって走る　金塊 |
| 径 | ケイ | 庭園内の径路を散策する　円の直径を測る<br>半径10メートル |
| 岐 | キ | 二股に分岐した道　多岐にわたる活動<br>あの決断が生涯の分岐点だった　人生の岐路に立つ |
| 又 | また | 又の機会にしましょう　本の又貸し |
| 既 | すで-に<br>キ | 既に手遅れの状態　既婚　既製服<br>既成の事実 |
| 且 | か-つ | 二十歳以上且つ条件を満たす人に限る |
| 但 | ただ-し | 申込は今月中、但し、定員になり次第締切。 |
| 謡 | うた-う　うたい<br>ヨウ | 歌謡曲を歌う　子供の好きな童謡<br>各地方に伝わる民謡　謡は能で謡われる歌詞とその曲 |

# 第8週 3日目

|  |  |  |
|---|---|---|
| 唄 | うた | 子守唄　民謡を集めた唄の本 |
| 吟 | ギン | 詩を吟じる　内容を吟味する　詩吟 |
| 詠 | よ-む／エイ | 和歌を詠む　素晴らしい景色に詠嘆する／詠嘆の声をあげる |
| 叙 | ジョ | 事件の様子を叙述する　叙事詩／自叙伝を書く　叙情的な文章 |
| 随 | ズイ | 随筆を書く　随筆家　他の追随を許す／社長の視察に随行する　随時 |
| 韻 | イン | 音韻　韻を踏む　韻文と散文 |
| 諧 | カイ | 俳諧 |
| 碁 | ゴ | 碁を打つ　囲碁　碁石 |
| 棋 | キ | 将棋を指す　棋士 |
| 駒 | こま | 将棋の駒 |
| 玩 | ガン | 玩具売り場　愛玩動物 |
| 戯 | たわむ-れる／ギ | 子供が犬と戯れる　戯曲／子供のお遊戯会を見る　子供の悪戯 |
| 楷 | カイ | 楷書・行書・草書 |

|  |  |  |
|---|---|---|
| 稽 | ケイ | 稽古に励む　滑稽な話　荒唐無稽 |
| 架 | カ / か-かる　か-ける | 虹が架かる　橋を架ける　架空の人物 |
| 謎 | なぞ | 謎を解く　謎に包まれた事件　宇宙の謎<br>謎々で遊ぶ |
| 幽 | ユウ | 幽閉　幽体離脱 |
| 霊 | レイ　リョウ / たま | 御霊をまつる　言葉には言霊が宿る<br>幽霊　公園のような霊園　悪霊 |
| 獄 | ゴク | 天国と地獄　監獄からの脱獄を企てる<br>獄中からの手紙 |
| 冥 | メイ　ミョウ | 冥王星　冥土（途）　冥想　教師冥利に尽きる |
| 妖 | ヨウ / あや-しい | 妖しい魅力　妖精　妖怪 |
| 闇 | やみ | 暗闇　闇に閉ざされた世界　一寸先は闇<br>犯人の心の闇を探る |
| 旨 | シ / むね | その旨を伝える　論文の要旨をまとめる<br>旨い料理に舌鼓を打つ　旨い話にだまされる |
| 匠 | ショウ | 師匠と弟子　意匠を凝らす<br>匠の技 |
| 伎 | キ | 歌舞伎 |
| 儒 | ジュ | 儒教は中国の孔子の教え　儒学を研究する |

# 第8週 4日目

> 今日はあまりよくない意味の漢字が多いね

|  |  |  |
|---|---|---|
| 賄 | まかな-う / ワイ | 両親からの送金で生活費を賄う／贈賄　企業のトップが収賄で逮捕された |
| 賂 | ロ | 賄賂を受け取る |
| 痴 | チ | 愚痴をこぼす　痴漢にあう　音痴 |
| 窃 | セツ | 窃盗をはたらく　窃盗犯を検挙する |
| 拐 | カイ | 子供を誘拐する　未解決の誘拐事件 |
| 虐 | しいた-げる / ギャク | 動物を虐げる　子供を虐待する　残虐な行為／戦争で虐殺が行われる　自虐的なギャグ |
| 喝 | カツ | 騒がしい学生を一喝する　恐喝に遭う／拍手喝采を浴びる |
| 賭 | か-ける / ト | トランプに大金を賭ける　賭け事／マージャン賭博で捕まる |
| 拉 | ラ | 何者かに拉致される |
| 拷 | ゴウ | 拷問にかける |
| 搾 | しぼ-る / サク | 牛の乳を搾る　税金を搾り取る／利益を搾取する |
| 謀 | はか-る / ボウ・ム | 大統領暗殺を謀る　無謀な計画　陰謀を企てる／謀反を起こす　謀略を巡らす |

## 熟達編

| 嚇 | カク | 犬が牙をむいて威嚇する　威嚇射撃 |
|---|---|---|
| 酷 | コク | 残酷な刑罰　冷酷な人　体を酷使する　酷暑<br>過酷なトレーニング　有名画家に酷似した作品 |
| 征 | セイ | 試合で外国へ遠征する　隣国を征服する |
| 覇 | ハ | 覇者　春のリーグ戦を制覇する |
| 懲 | こ-りる　こ-らす<br>こ-らしめる　チョウ | 失敗に懲りる　悪人を懲らす<br>うそをつく子を懲らしめる　懲役３年の刑 |
| 戒 | いまし-める<br>カイ | 彼の不注意を戒める　懲戒免職<br>津波を警戒する　厳重に戒告する |
| 猶 | ユウ | ３日間の猶予を与える　一刻の猶予も許されない<br>執行猶予１年の判決を受ける |
| 陪 | バイ | 陪審制度　祝賀の宴に陪席する |
| 糾 | キュウ | 大統領を糾弾する　事態が紛糾する |
| 劾 | ガイ | 政府高官の不正を弾劾する　弾劾裁判 |
| 勃 | ボツ | 内乱が勃発する |
| 賊 | ゾク | 船が海賊に襲われる　盗賊を捕まえる<br>逆賊の汚名を着せられる　海賊版ＣＤ |

第８週

95

## 第8週 4日目

|  |  |  |
|---|---|---|
| 邪 | ジャ | 邪悪な心　無邪気な人　勉強の邪魔をする<br>（じゃあく　こころ　むじゃき　べんきょう　じゃま）<br>風邪をひく　お邪魔します<br>（かぜ　じゃま） |
| 虚 | キョ、コ | 空虚な日々　虚偽の証言　虚弱体質<br>（くうきょ　ひび　きょぎ　しょうげん　きょじゃくたいしつ）<br>虚空を掴む<br>（こくう　つか） |
| 禍 | カ | 禍根を残す　舌禍　人生の禍福<br>（かこん　のこ　ぜっか　かふく） |
| 堕 | ダ | 堕落した生活　政治の堕落<br>（だらく　せいかつ　せいじ　だらく） |
| 虜 | リョ | 捕虜になる　捕虜収容所<br>（ほりょ　ほりょしゅうようじょ）<br>恋の虜になる<br>（こい　とりこ） |
| 殉 | ジュン | 殉職　殉教者<br>（じゅんしょく　じゅんきょうしゃ） |
| 踪 | ソウ | 事件後に失踪する　失踪者<br>（じけんご　しっそう　しっそうもの） |
| 奴 | ド | 奴隷<br>（どれい）<br>嫌な奴　冷奴<br>（いや　やつ　ひややっこ） |
| 隷 | レイ | 奴隷　大国に隷属する<br>（どれい　れいぞく） |
| 囚 | シュウ | 囚人　死刑囚<br>（しゅうじん　しけいしゅう） |
| 屯 | トン | 軍隊が駐屯する　駐屯地<br>（ぐんたい　ちゅうとん　ちゅうとんち） |
| 桟 | サン | 障子の桟<br>（しょうじ　さん） |

|  |  |  |
|---|---|---|
| 壇 | ダン タン | 壇に上がる　花壇に花を植える　教壇に立つ<br>土壇場で逆転する |
| 塀 | ヘイ | 塀を建てる　板塀 |
| 坪 | つぼ | 一坪　坪当たりの地価 |
| 陵 | みささぎ リョウ | 陵は天皇や皇后の墓のことをいう<br>御陵に参拝する　なだらかな丘陵が続く |
| 郭 | カク | 城郭を巡らす　輪郭を描く |
| 楼 | ロウ | 砂上の楼閣　ニューヨークの摩天楼 |
| 朽 | く-ちる キュウ | 木が朽ちる　老朽化した建物<br>不朽の名作 |
| 舗 | ホ | 道路を舗装する　店舗を構える<br>五代続く老舗 |
| 隙 | すき ゲキ | 隙間風が入る　心に隙がある<br>間隙を縫う |
| 柵 | サク | 花壇の柵を作る　鉄柵 |
| 瓦 | かわら ガ | 屋根の瓦　瓦礫の山 |
| 硝 | ショウ | 硝煙が立ちこめる<br>硝子 |

## 第8週 5日目

身の回りの物や、様子を表す漢字

|  |  |  |
|---|---|---|
| 箸 | はし | 竹で作られた箸　割り箸　菜箸 |
| 椀 | ワン | 茶碗とお椀　お椀にみそ汁をよそう |
| 串 | くし | 鶏肉を串に刺す　串焼き |
| 椅 | イ | 椅子に腰掛ける　大臣の椅子を狙う<br>車椅子の生活を余儀なくされる |
| 鞄 | かばん | 鞄を抱える |
| 籠 | かご　こも-る　ロウ | 鳥籠　灯籠に明かりを灯す<br>書斎に籠もって執筆する |
| 箋 | セン | 付箋にメモを書く<br>便箋 |
| 銭 | ぜに　セン | 小銭　一銭　金銭感覚がおかしい人 |
| 醸 | かも-す　ジョウ | 物議を醸す　楽しい雰囲気を醸し出す |
| 酵 | コウ | 酵母は醸造やパンの製造に使う<br>みそや納豆などの発酵食品　酵素 |
| 薫 | かお-る　クン | 風薫る5月　魚を燻製にする<br>教授の薫陶を受ける |
| 殻 | から　カク | 卵の殻　殻に閉じこもる　貝殻<br>地殻の変動　エビやカニなどの甲殻類 |
| 俵 | たわら　ヒョウ | 米俵　米一俵　相撲の土俵 |
| 斗 | ト | 一斗　北斗七星 |

熟達編

|  |  |  |
|---|---|---|
| 升 | ます / ショウ | 升で量る　酒を一升飲む<br>一升瓶　相撲の升席 |
| 斤 | キン | 一斤　パンを一斤買う |
| 麺 | メン | うどんやラーメンなどの麺類　製麺業を営む |
| 煎 | い-る / セン | ごまを煎る　煎茶　薬を煎じて飲む |
| 餅 | もち / ヘイ | 鏡餅を割る　煎餅　月餅　餅肌の美人 |
| 釜 | かま | 釜で米を炊く　釜飯 |
| 蓋 | ふた / ガイ | 鍋の蓋　蓋を開ける　頭蓋骨 |
| 酎 | チュウ | 焼酎を飲む |
| 膳 | ゼン | 御膳　食膳をにぎわす　ホテルの配膳係<br>一膳 |
| 衷 | チュウ | 衷心から感謝する　苦衷を察する<br>和洋折衷の家　折衷案を出す |
| 枕 | まくら | 膝枕で寝る　氷枕　短歌の枕詞 |
| 鍵 | かぎ / ケン | ドアに鍵を掛ける　合鍵を作る<br>ピアノの鍵盤 |
| 錠 | ジョウ | 扉に錠を下ろす　ロッカーを施錠する<br>手錠を掛ける　朝晩二錠ずつ錠剤を飲む |
| 呂 | ロ | 風呂が沸く　風呂敷で包む<br>語呂合わせ |

第8週

## 第8週 5日目

|  |  |  |
|---|---|---|
| 頓 | トン | 部屋を整頓する　無頓着な人<br>事業が頓挫する |
| 槽 | ソウ | 熱帯魚の水槽　浴槽に湯を張る |
| 糧 | かて／リョウ・ロウ | 一日分の食糧<br>食糧不足　兵糧攻めにする |
| 窯 | かま／ヨウ | 粘土を窯で焼く<br>陶磁器などを作る窯業 |
| 朴 | ボク | 素朴な疑問を抱く |
| 艶 | つや／エン | 髪に艶がある　艶やかな肌　妖艶な女性 |
| 淫 | みだら／イン | 淫らな生活を送る　淫行に及ぶ　淫乱 |
| 爽 | さわ-やか／ソウ | 爽やかな秋の空気　爽やかな笑顔<br>気分爽快 |
| 蛮 | バン | 野蛮な土地　野蛮な行為 |
| 摯 | シ | 真摯な態度で取り組む　真摯に受け止める |
| 傲 | ゴウ | 傲慢な口調　傲り高ぶった態度 |
| 臆 | オク | 臆病な人　臆面もなく上司の悪口を言う<br>臆することなく意見を述べる |
| 緻 | チ | 緻密に織られた布　緻密な仕事ぶり<br>精緻を極めた細工 |
| 遍 | ヘン | 生物に共通する普遍的な性質　諸国を遍歴する<br>何遍言ったらわかるんだ |

熟達編

|  |  |  |
|---|---|---|
| 曖 | アイ | 曖昧な返事（あいまい　へんじ） |
| 昧 | マイ | 曖昧な態度をとる（あいまい　たいど） |
| 恣 | シ | 恣意的な解釈（しいてき　かいしゃく） |
| 苛 | カ | 苛酷な条件を突きつけられた（かこく　じょうけん　つ）<br>戦闘は苛烈を極めた（せんとう　かれつ　きわ） |
| 庸 | ヨウ | 中庸の立場をとる　凡庸な人（ちゅうよう　たちば　ぼんよう　ひと） |
| 拙 | つたな-い<br>セツ | 稚拙な文章　彼女は話し方が拙い（ちせつ　ぶんしょう　かのじょ　はな　かた　つたな）<br>拙い芸（つたな　げい） |
| 顕 | ケン | 努力の跡が顕著に見られる　問題点が顕在化する（どりょく　あと　けんちょ　み　もんだいてん　けんざいか）<br>自己顕示欲が強い人　顕微鏡で観察する（じこけんじよく　つよ　ひと　けんびきょう　かんさつ） |
| 泰 | タイ | 泰然とした態度　国家安泰を祈願する（たいぜん　たいど　こっかあんたい　きがん）<br>彼はいつも泰然自若としている（かれ　たいぜんじじゃく） |
| 璧 | ヘキ | 完璧な演技　完璧に仕上げる（かんぺき　えんぎ　かんぺき　しあ）<br>二人は日本文学の双璧だ（ふたり　にほんぶんがく　そうへき） |
| 凄 | セイ | 凄惨な事故現場を目の当たりにする（せいさん　じこげんば　め　あ）<br>凄い剣幕で怒鳴られた　凄腕（すご　けんまく　どな　すごうで） |
| 甚 | はなは-だ　はなは-だしい<br>ジン | 甚だ不愉快だ　勘違いも甚だしい（はなは　ふゆかい　かんちが　はなは）<br>今回の地震は甚大な被害をもたらした（こんかい　じしん　じんだい　ひがい） |
| 僅 | わず-か<br>キン | 僅かな変化も見逃さない　僅か一秒の出来事（わず　へんか　みのが　わず　いちびょう　できごと）<br>試合に僅差で負ける（しあい　きんさ　ま） |
| 旺 | オウ | 食欲が旺盛だ（しょくよく　おうせい）<br>好奇心旺盛（こうきしん　おうせい） |
| 寡 | カ | 大手企業による寡占　寡作な画家（おおてきぎょう　かせん　かさく　がか）<br>寡黙な人（かもく　ひと） |

## 第9週 1日目

動詞の訓読みを再確認しよう！

|  |  |  |
|---|---|---|
| 貼 | は-る / チョウ | 切手を貼る　証明書に写真を貼付する |
| 剥 | は-がれる　は-げる / は-がす　は-ぐ　ハク | 爪が剥がれる　ペンキが剥げる　剥奪される／化けの皮を剥がす　木の皮を剥ぐ　虎の剥製 |
| 据 | す-わる　す-える | 赤ちゃんの首が据わる　腰を据えて話し合う／机を据える　目を据えてよく観察する |
| 斬 | き-る / ザン | 日本刀で相手を斬る　世相を斬る／斬新なアイディア |
| 蹴 | け-る / シュウ | ボールを蹴る　ライバルを蹴落とす／挑戦者を一蹴する　蹴球 |
| 狙 | ねら-う / ソ | 獲物を狙う　優勝に狙いを定める／今が狙い目だ　作者の狙いを読み取る　狙撃する |
| 冒 | おか-す / ボウ | 危険を冒す　病に冒される　総合感冒薬／会議が冒頭から荒れる　冒険心に富む |
| 臨 | のぞ-む / リン | 海を臨む家　試合に臨む　臨海地域に住む／臨場感あふれる映画　臨時休業　臨機応変　ご臨終 |
| 傍 | かたわ-ら / ボウ | 辞書を傍らに置く　いじめを傍観する／傍線を引く　裁判を傍聴する　傍若無人な振る舞い |
| 鎮 | しず-まる　しず-める / チン | 痛みが鎮まる　内乱を鎮める　心を鎮める／デモを鎮圧する　山火事が鎮火した　政界の重鎮 |
| 窮 | きわ-まる　きわ-める / キュウ | 横領が発覚して進退窮まった　退屈窮まる／困難を窮める　窮屈な服　窮地に陥る |
| 堪 | た-える / カン | 首相の任に堪える　聞くに堪えない悪口／憤慨に堪えない　堪忍袋の緒が切れる |
| 撤 | テツ | 放置自転車を撤去する　前言を撤回する／指揮官が撤収を指示した　海外市場から撤退する |

|  |  |  |
|---|---|---|
| 喚 | カン | 注意を喚起する　証人を喚問する |
| 享 | キョウ | 自然に恵みを享受する　享楽的な生活<br>祖父は享年八十であった |
| 嗅 | か-ぐ<br>キュウ | 花の香りを嗅ぐ　嗅ぎタバコ<br>犬は嗅覚が優れている |
| 匂 | にお-う | バラの花が匂う　朝日に匂う山桜<br>生活に匂いがしない部屋 |
| 乞 | こ-う | 通行人に金品を乞う　教えを乞う　近日上映<br>乞うご期待 |
| 倣 | なら-う<br>ホウ | 前例に倣う　集合！前に倣え！<br>人の作品を模倣する |
| 漏 | も-る　も-れる<br>も-らす　ロウ | 天井から雨が漏る　雨漏りがひどい　ガスが漏れる<br>ため息を漏らす　個人情報の漏洩を防ぐ |
| 擁 | ヨウ | 子供を抱擁する　人権を擁護する<br>新人候補を擁立する　強力なエースを擁するチーム |
| 詮 | セン | 詮ずる所、責任は自分にある　所詮かなわぬ夢<br>プライベートを根掘り葉掘り詮索する |
| 遡 | さかのぼ-る<br>ソ | 鮭が川を遡る　人類の歴史を遡る<br>遡及適用する |
| 惧 | グ | 将来を危惧する　絶滅危惧種 |
| 悼 | いた-む<br>トウ | 友の死を悼む　哀悼の意を表する<br>追悼の辞を述べる |
| 捉 | とら-える<br>ソク | 文章の要点を捉える　純愛映画が女性の心を捉えた<br>レーダーが機影を捕捉する |

# 第9週 1日目

|  |  |  |
|---|---|---|
| 銘 | メイ | 教えを心に銘記する　感銘を受ける<br>座右の銘　この絵は正真正銘本物だ　銘菓 |
| 葛 | くず<br>カツ | 葛は秋の七草の一つ　葛湯を飲む<br>進学か就職かの葛藤に苦しむ　東京都葛飾区 |
| 萎 | な－える<br>イ | 青葉が萎える　気持ちが萎える<br>上司の前だと萎縮してしまう |
| 嫉 | ジツ | 嫉妬深い人 |
| 妬 | ねた－む<br>ト | 人の才能を妬む　彼女の人気が妬ましい<br>妬み嫉み　他人の出世を嫉妬する |
| 嘲 | あざけ－る<br>チョウ | 人の失敗を嘲る<br>彼の失態は世間の嘲笑をかった　自嘲気味に話す |
| 怨 | エン　オン | 怨恨による犯行　怨念を晴らす<br>世の中を怨みながら死んでいった |
| 呪 | のろ－う<br>ジュ | 人を呪う　呪われた運命<br>我が身の不幸を呪う　呪縛から解き放たれる |
| 蔑 | さげす－む<br>ベツ | 相手を蔑む　蔑むような目つき<br>周囲からの蔑視に耐える　軽蔑した態度で接する |
| 罵 | ののし－る<br>バ | 口汚く罵る　役に立たない部下を罵倒する<br>罵声を浴びせる　罵詈雑言 |
| 潰 | つぶ－れる　つぶ－す<br>カイ | 会社が潰れる　空き缶を潰す　声を潰す<br>上司の顔を潰す　暇潰しにゲームをする　胃潰瘍 |

## ●コーヒーブレイク③

【1】 □□□ から言葉を選んで、「御」がつく言葉と読み方を書いてください。

例）（ 御校 ）→ 「 おんこう 」
例）（ 御家族 ）→ 「 ごかぞく 」

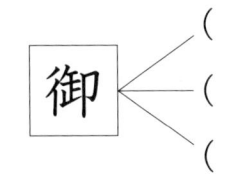

御 ←（　　）→ 「　　　　」
　　（　　）→ 「　　　　」
　　（　　）→ 「　　　　」

家族
学校
会社
意見
祝い
先生

【2】（　）の中にカタカナの読み方をする漢字を書いてください。

1．ユウ
　①子供を（　　）園地に連れて行く。
　②犯人は子供を（　　）拐し、身代金を要求してきた。

2．キョウ
　①駅や公園などの公（　　）の場ではマナーを守ることが大切だ。
　②クラス全員が（　　）力して運動会の準備をしている。

3．ショウ
　①卒業式に先生が涙を流したことがとても印（　　）に残っている。
　②これからも努力を続けて（　　）進します。

4．セキ
　①頼まれた仕事は最後まで（　　）任を持ってやるべきだ。
　②日本人と結婚して日本国（　　）を取得する人もいる。

解答は113ページ

P89の解答 【1】 1．拡大　2．解雇　3．購入　4．増加　5．損
　　　　　【2】 1．けしき　2．なっとく　3．さいふ　4．けいば

# 第9週 2日目

海や山と人との関わりも深い

|  |  |  |
|---|---|---|
| 氾 | ハン | 台風で川が氾濫する |
| 濫 | ラン | 職権を濫用する |
| 礁 | ショウ | 船が座礁する　捜査が暗礁に乗り上げる　サンゴ礁 |
| 溺 | おぼ-れる／デキ | 海で溺れる　溺れる者は藁をも掴む／溺死する　我が子を溺愛する |
| 浪 | ロウ | 波浪注意報　放浪の旅に出る　流浪の民／受験に失敗して浪人する　時間の浪費 |
| 潜 | もぐ-る　ひそ-む／セン | 水の中に潜る　犯人が物陰に潜む　潜入捜査／潜在的な力　インフルエンザの潜伏期間 |
| 帆 | ほ／ハン | 風が出てきたので帆をあげた　帆船／ヨットが帆走する　順風満帆な人生 |
| 隻 | セキ | 一隻の船 |
| 艦 | カン | 軍艦　連合艦隊　潜水艦 |
| 艇 | テイ | 救命艇　競艇 |
| 羅 | ラ | 数字を羅列する　全分野を網羅する |
| 盤 | バン | 大雨で地盤が緩む　地盤沈下　船の羅針盤／農村を地盤とする候補者　生活の基盤 |
| 遭 | あ-う／ソウ | 盗難に遭う　事件現場に遭遇する／困難な問題に遭遇する　冬山で遭難する |
| 墜 | ツイ | 飛行機が墜落する　会社の信用が失墜する／ミサイルを撃墜する |
| 飢 | う-える／キ | 食糧がなくて飢える　愛情に飢える／大飢饉が起こる |

|  |  |  |
|---|---|---|
| 餓 | ガ | 飢饉で多数の農民が餓死した　飢餓に苦しむ<br>餓鬼大将 |
| 湧 | わく<br>ユウ | 温泉が湧く　湧き水　虫が湧く<br>先生の一言で勇気が湧いた　原油が湧出する |
| 崖 | がけ<br>ガイ | 裏庭の崖が崩れた　崖っ縁に立たされる<br>断崖絶壁 |
| 麓 | ふもと<br>ロク | 山の麓の村　富士山麓に広がる湖 |
| 窟 | クツ | 洞窟 |
| 坑 | コウ | 炭坑内の事故　坑道 |
| 勾 | コウ | 屋根の勾配が急だ |
| 畔 | ハン | 湖畔の宿<br>畔道をのんびり歩く |
| 堆 | タイ | 土砂が堆積する　堆積岩　花に堆肥をやる |
| 伐 | バツ | 杉の木を伐採する　森林伐採<br>反乱軍を討伐する |
| 壌 | ジョウ | 荒れた土壌<br>優秀な学者を輩出する土壌がある |
| 墾 | コン | 荒れ地を開墾する　未墾の土地 |
| 薪 | たきぎ<br>シン | 薪を拾って燃料にする<br>臥薪嘗胆の末に、司法試験に合格した |
| 斧 | おの | 斧で薪を割る |
| 酪 | ラク | 酪農家 |

## 第9週 2日目

|  |  |  |
|---|---|---|
| 貌 | ボウ | 堂々たる風貌　美貌の持ち主<br>めざましい変貌を遂げた国 |
| 痩 | や-せる<br>ソウ | ダイエットをして5kg痩せた<br>そばは痩せた土地でも育つ　痩身グッズ |
| 泌 | ヒツ　ヒ | ホルモンの分泌　泌尿器科 |
| 髄 | ズイ | 骨髄移植　骨の髄まで腐った人<br>文学の神髄を究める |
| 脊 | セキ | 脊髄　脊柱 |
| 椎 | ツイ | 脊椎動物　椎間板ヘルニア<br>椎茸 |
| 胞 | ホウ | きのこの胞子　同胞同士の争い |
| 孔 | コウ | 鼻孔を膨らませる　葉は気孔で呼吸する |
| 顎 | あご<br>ガク | 顎のラインがきれいな女性　顎関節症 |
| 咽 | イン | 咽喉　咽頭ガン |
| 唾 | つば<br>ダ | 唾を飲み込む　唾液　その情報は眉唾物だ |
| 拳 | こぶし<br>ケン | 握り拳　拳法を習う　拳銃を所持する<br>太極拳 |
| 股 | また<br>コ | 大股で歩く　股割り　二股をかける<br>世界を股にかけて活躍する　股関節が痛い |
| 腺 | セン | 前立腺　涙腺が弱い　汗腺 |
| 癒 | い-える　い-やす<br>ユ | 心の傷が癒える　ペットに癒やされる<br>病気が治癒する　政界と業界の癒着 |

## 熟達編

月　　日

|  |  |  |
|---|---|---|
| 篤 | トク | 温厚篤実な人柄　危篤状態<br><small>おんこうとくじつ　ひとがら　きとくじょうたい</small> |
| 剖 | ボウ | 変死体を解剖する<br><small>へんしたい　かいぼう</small> |
| 醒 | セイ | 昏睡状態から覚醒する　覚醒剤<br><small>こんすいじょうたい　かくせい　かくせいざい</small> |
| 骸 | ガイ | 死骸　事故車の残骸　形骸化している制度<br><small>しがい　じこしゃ　ざんがい　けいがいか　せいど</small> |
| 痕 | あと<br>コン | やけどの痕が消えない<br><small>あと　き</small><br>事件現場に血痕が残っている　人が通った痕跡<br><small>じけんげんば　けっこん　のこ　ひと　とお　こんせき</small> |
| 痘 | トウ | 水痘　天然痘<br><small>すいとう　てんねんとう</small> |
| 梗 | コウ | 脳梗塞　心筋梗塞<br><small>のうこうそく　しんきんこうそく</small> |
| 塞 | ふさ-がる　ふさ-ぐ<br>サイ　ソク | 道が落石で塞がる　悲しみで胸が塞がる<br><small>みち　らくせき　ふさ　かな　むね　ふさ</small><br>両手で耳を塞ぐ　両親を亡くして塞ぎ込む　要塞　閉塞<br><small>りょうて　みみ　ふさ　りょうしん　な　ふさ　こ　ようさい　へいそく</small> |
| 臼 | うす<br>キュウ | 臼と杵で餅をつく　臼歯　肩を脱臼する<br><small>うす　きね　もち　きゅうし　かた　だっきゅう</small> |
| 撲 | ボク | 打撲傷を負う　ガンを撲滅する　麻薬撲滅運動<br><small>だぼくしょう　お　ぼくめつ　まやくぼくめつうんどう</small><br>相撲<br><small>すもう</small> |
| 捻 | ネン | 新しいアイディアを捻出する　資金を捻出する<br><small>あたら　ねんしゅつ　しきん　ねんしゅつ</small><br>腸捻転<br><small>ちょうねんてん</small> |
| 挫 | ザ | 挫折　足首を捻挫する<br><small>ざせつ　あしくび　ねんざ</small><br>不況で事業計画が頓挫する<br><small>ふきょう　じぎょうけいかく　とんざ</small> |
| 腫 | は-れる　は-らす<br>シュ | 喉が腫れる　泣き腫らす<br><small>のど　は　な　は</small><br>骨肉腫<br><small>こつにくしゅ</small> |
| 瘍 | ヨウ | 脳に腫瘍ができる<br><small>のう　しゅよう</small> |

第1週　第2週　第3週　第4週　第5週　第6週　第7週　第8週　第9週

# 第9週 3日目

限定された場面で使われる漢字

|  |  |  |
|---|---|---|
| 鎌 | かま | 鎌で草を刈る　鎌をかけて本心を聞き出す<br>神奈川県鎌倉市 |
| 潟 | かた | 潮が引き干潟が現れる<br>新潟県 |
| 畿 | キ | 近畿地方 |
| 滋 | ジ | 滋養のある食べ物　滋賀県 |
| 那 | ナ | 沖縄県那覇市 |
| 須 | ス | 試験には受験票が必須だ<br>栃木県那須市 |
| 曽 | ソウ・ゾ | 曽祖父母　未曽有の大地震<br>長野県を流れる木曽川　木曽路は山の中にある |
| 汎 | ハン | 汎用性のあるシステム　広汎にわたる活動 |
| 沙 | サ | 沙汰を待つ　彼から近ごろ音沙汰もない<br>会社の不祥事が表沙汰になる |
| 塁 | ルイ | 一塁ベース　二塁打を放つ |
| 韓 | カン | 大韓民国　韓国 |
| 厘 | リン | 三割二分六厘の打率 |

|  |  |  |
|---|---|---|
| 附 | フ | 巻末に参考資料を附記する |
| 彙 | イ | 語彙 |
| 遞 | テイ | 逓信省は通信、交通を総括する中央省庁だった |
| 某 | ボウ | 某氏の発言　都内某所で会う |
| 羞 | シュウ | 羞恥心を持つ |
| 赦 | シャ | 容赦なく照りつける太陽　恩赦 |
| 丙 | ヘイ | 甲乙丙丁 |
| 喩 | ユ | 比喩表現を使う |
| 哺 | ホ | 哺乳類　哺乳瓶 |
| 侶 | リョ | 人生の伴侶を得る　出家して僧侶になる |
| 戴 | タイ | 戴冠式　謹んで、頂戴いたします |
| 賓 | ヒン | 来賓の挨拶　賓客をもてなす　国賓　主賓 |

## 第9週 3日目

|  |  |  |
|---|---|---|
| 帥 | スイ | 財閥の総帥（ざいばつ そうすい） |
| 曹 | ソウ | 法曹　社長の御曹司　重曹で掃除する（ほうそう　おんぞうし　じゅうそう　そうじ） |
| 尉 | イ | 少尉・中尉・大尉（しょうい　ちゅうい　たいい） |
| 翁 | オウ | 老翁（ろうおう） |
| 嫡 | チャク | 嫡男　嫡子（ちゃくなん　ちゃくし） |
| 爵 | シャク | 公爵　伯爵　子爵　男爵芋でコロッケを作る（こうしゃく　はくしゃく　ししゃく　だんしゃくいも　つく） |
| 侯 | コウ | 侯爵（こうしゃく） |
| 勅 | チョク | 勅語は天皇が国民に対して発した公務上の言葉（ちょくご　てんのう　こくみん　たい　はっ　こうむじょう　ことば）<br>勅使が派遣された（ちょくし　はけん） |
| 詔 | みことのり／ショウ | 詔 は天皇が発する公務上の文書（みことのり　てんのう　はっ　こうむじょう　ぶんしょ）<br>詔書を賜る（しょうしょ　たまわ） |
| 謁 | エツ | 国王に謁見する　謁見の間（こくおう　えっけん　えっけん） <br>皇帝に拝謁する（こうてい　はいえつ） |
| 朕 | チン | 朕は天子の自称（ちん　てんし　じしょう） |

## ●コーヒーブレイク④

関東地方の地図を見て、□に正しい県名を書いてください。

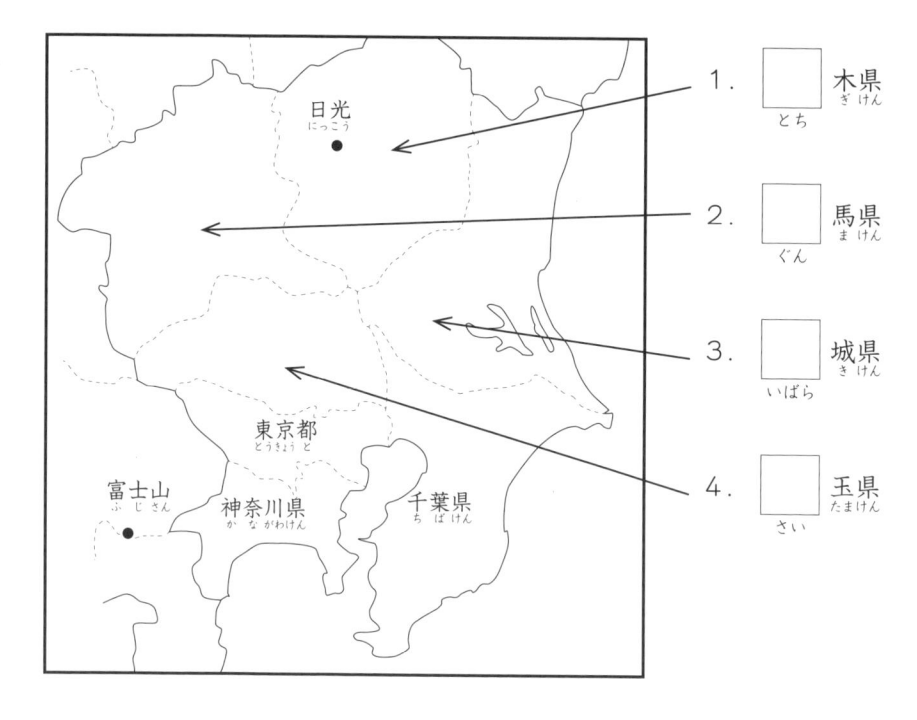

1. □木県（とち・けん）
2. □馬県（ぐん・まけん）
3. □城県（いばら・きけん）
4. □玉県（さい・たまけん）

解答は118ページ

P105の解答　【1】　御社・おんしゃ　　御意見・ごいけん　　御祝い・おいわい
　　　　　　　【2】　1. 遊・誘　　2. 共・協　　3. 象・精　　4. 責・籍

## 第9週 4日目

難読の字も念のため見ておこう！

|  |  |  |
|---|---|---|
| 填 | テン | ガスの充填(じゅうてん)　赤字を補填(ほてん)する |
| 斑 | ハン | 斑点(はんてん)　蒙古斑(もうこはん)　斑模様(まだらもよう) |
| 慄 | リツ | 残虐(ざんぎゃく)な事件(じけん)に戦慄(せんりつ)を覚(おぼ)える |
| 弄 | もてあそーぶ／ロウ | 他人(たにん)の気持(きも)ちを弄(もてあそ)ぶ　弱者(じゃくしゃ)を愚弄(ぐろう)する　運命(うんめい)に翻弄(ほんろう)される |
| 憬 | ケイ | 憧憬(しょうけい)を抱(いだ)く |
| 毀 | キ | 名誉棄損(めいよきそん) |
| 蔽 | ヘイ | 証拠隠蔽(しょうこいんぺい) |
| 鬱 | ウツ | 鬱蒼(うっそう)とした森(もり)　憂鬱(ゆううつ)　鬱陶(うっとう)しい |
| 沃 | ヨク | 肥沃(ひよく)な土地(とち) |
| 辣 | ラツ | 辛辣(しんらつ)な意見(いけん)　辣腕(らつわん)を振(ふ)るう |
| 舷 | ゲン | 船(ふね)の右舷左舷(うげんさげん)に灯(あか)りをともす　舷灯(げんとう)を掲(かか)げる |

|  |  |  |
|---|---|---|
| 冶 | ヤ | 人格を陶冶する<br><sub>じんかく とうや</sub> |
| 瑠 | ル | 浄瑠璃<br><sub>じょうるり</sub> |
| 璃 | リ | 瑠璃色の着物<br><sub>るりいろ きもの</sub> |
| 錮 | コ | 禁錮刑に処す<br><sub>きんこけい しょ</sub> |
| 璽 | ジ | 国家を表す印のことを国璽という<br><sub>こっか あらわ いん こくじ</sub> |
| 鋳 | い-る<br>チュウ | 像を青銅で鋳る　鋳物　鋳型<br><sub>ぞう せいどう い いもの いがた</sub><br>貨幣を鋳造する<br><sub>かへい ちゅうぞう</sub> |
| 塑 | ソ | 粘土で作られた塑像<br><sub>ねんど つく そぞう</sub> |
| 虞 | おそれ | 将来に対し漠たる虞を抱く<br><sub>しょうらい たい ばく おそれ いだ</sub><br>虞美人草<br><sub>ぐびじんそう</sub> |
| 嗣 | シ | 君主の後継者のことを嗣君という　嗣子<br><sub>くんしゅ こうけいしゃ しくん しし</sub> |
| 畝 | うね | 畑の畝を作る<br><sub>はたけ うね つく</sub> |

# 第9週 5日目 チャレンジ

今までの総仕上げ！

【1】 次の文の下線をつけた言葉の読み方を1～4の中から選び、番号を書いてください。

1. 寝不足で頭の働きが<u>鈍る</u>。
   ① にぶる　② しぶる　③ こおる　④ とどこおる

2. 新しい路線が開通して、<u>更に</u>地下鉄が複雑になった。
   ① ことに　② とくに　③ へんに　④ さらに

3. あの取引先を相手に交渉成立させるなんて、田中さんも<u>隅に</u>おけない人だ。
   ① すみに　② ぐうに　③ はしに　④ たてに

4. 裁判では、人は公正に<u>裁かれ</u>なければならない。
   ① つかれ　② さばかれ　③ なげかれ　④ まねかれ

5. 警察は犯人の「仲間を刑務所から釈放しろ」という要求を<u>拒んだ</u>。
   ① えらんだ　② はげんだ　③ かんだ　④ こばんだ

| 1 | 2 | 3 | 4 | 5 |
|---|---|---|---|---|
|   |   |   |   |   |

【2】 次の文の下線をつけた言葉の書き方を1～4の中から選び、番号を書いてください。

1. 昨日はお酒を飲みすぎて、どうやって家まで帰ったか<u>きおく</u>がない。
   ① 記録　② 記億　③ 記臆　④ 記憶

2. 人は<u>かたい</u>物を食べなくなると、あごが弱くなる。
   ① 堅い　② 固い　③ 硬い　④ 難い

3. 部長から<u>いただいた</u>コーヒーカップを毎日使っている。
   ① 頃いた　② 頑いた　③ 頂いた　④ 預いた

4. いくら家の近所を<u>さがして</u>も、ペットの猫は見つからなかった。
   ① 捜して　② 携して　③ 深して　④ 指して

5. 日本では都市化や高度経済成長とともに<u>かくかぞく</u>化が進行した。
   ① 各家族　② 核家族　③ 格家族　④ 隔家族

| 1 | 2 | 3 | 4 | 5 |
|---|---|---|---|---|
|   |   |   |   |   |

# チャレンジ

月　日　／40

【3】 1〜30までの漢字または読み方を書いてください。

　先週の三連休に、①ぼくは会社の②同僚である彼女をデートに誘って、③栃木へドライブへ行った。行きにひどい④渋滞に巻き込まれ、現地の⑤ぼくじょうに着いたころにはすっかり疲れていたが、⑥放牧されている⑦ひつじや⑧ぶたなどと触れ合っているうちに、だんだん元気を取り戻した。

　牧場のすぐ近くにある⑨滝を見に行った。滝の近くにはさまざまな花が⑩鮮やかに⑪さいていた。滝の水で⑫かみがぬれてしまったが、とても⑬すずしくて気持ちがよかった。

　そのあと、昔、⑭殿様が住んでいたという城の⑮跡を見に行った。ここには大金が⑯うめられているといううわさがある。

　ドライブの帰りに、大学のときにお世話になった教授のお宅に寄った。⑰おかの上にある閑静な⑱住宅街の中の、⑲かべの白いきれいなお宅だった。

　学生時代に論文の書き方を⑳厳しく指導され、㉑怖い思いをしたことも今となっては懐かしい。帰り際、お土産に㉒おかしを㉓頂いた。家に帰ったら、お礼状と一緒に㉔お歳暮に㉕めずらしいジャムの㉖瓶詰めを贈ろうと思った。

　ここまではよかったのに、ドライブからの帰り道、㉗あらしにあい、車が㉘こわれて散々なデートになってしまった。あの日以来、彼女の㉙携帯電話に連絡しても、着信㉚きょひされてしまう。どうしたらいいんだろう…。

| ① | ② | ③ | ④ | ⑤ |
| ⑥ | ⑦ | ⑧ | ⑨ | ⑩ |
| ⑪ | ⑫ | ⑬ | ⑭ | ⑮ |
| ⑯ | ⑰ | ⑱ | ⑲ | ⑳ |
| ㉑ | ㉒ | ㉓ | ㉔ | ㉕ |
| ㉖ | ㉗ | ㉘ | ㉙ | ㉚ |

P113の解答【1】 1. 栃　2. 群　3. 茨　4. 埼

# ●チャレンジの解答

【1】

| 1 | 2 | 3 | 4 | 5 |
|---|---|---|---|---|
| ① | ④ | ① | ② | ④ |

【2】

| 1 | 2 | 3 | 4 | 5 |
|---|---|---|---|---|
| ④ | ③ | ③ | ① | ② |

【3】

| ①僕 | ②どうりょう | ③とちぎ | ④じゅうたい | ⑤牧場 |
|---|---|---|---|---|
| ⑥ほうぼく | ⑦羊 | ⑧豚 | ⑨たき | ⑩あざやか |
| ⑪咲いて | ⑫髪 | ⑬涼しくて | ⑭とのさま | ⑮あと |
| ⑯埋められて | ⑰丘 | ⑱じゅうたくがい | ⑲壁 | ⑳きびしく |
| ㉑こわい | ㉒お菓子 | ㉓いただいた | ㉔おせいぼ | ㉕珍しい |
| ㉖びんづめ | ㉗嵐 | ㉘壊れて | ㉙けいたいでんわ | ㉚拒否 |

# 語彙
ごい

## 第1週 1日目　名詞　人・人生

### 間柄（あいだがら）
師弟の間柄　親しい間柄

歌舞伎の世界では親子が師弟の間柄になるのは珍しくない。
In the world of Kabuki, it's not unusual for a father and his son to enter a relationship of master and pupil.
在歌舞伎界父子成为师徒关系并不罕见。

### 後継ぎ／跡継ぎ（あとつぎ）
店の後継ぎ　跡継ぎがいない

町で唯一のクリニックは後継ぎがいなくて閉鎖された。
The only clinic in town was closed because there were no successors.
城里唯一一家诊所因后继无人而关闭了。

### 過ち（あやまち）
過ちを犯す　過ちを改める

人間は過ちを認め、改めてこそ成長するものだ。
Humans improve themselves by recognizing and correcting their mistakes.
人只有承认错误才可以改正并成长。

### 歩み（あゆみ）
一年の歩み　歩みを振り返る

20世紀後半の人類の歩みを振り返ると、産業と技術の成長の歴史であった。
Looking back at the second half of the 20th century, the progress of humanity was marked by industrial and technological development.
回顾20世纪后半叶人类的发展，就能看出那是一部产业和技术的发展历史。

### 一変（いっぺん）
事態が一変する　一変させる出来事

父の会社の倒産は家族の生活を一変させる出来事だった。
The bankruptcy of my father's business was an event that completely changed my family's everyday life.
父亲公司的倒闭使家里的生活完全改变了。

> 語彙（ex.「間柄」）だけでなく、例（ex.「師弟の間柄、親しい間柄」）で覚えていくぞ！

## 生まれつき　　生まれつきの美人　短気なのは生まれつきだ

あの人は生まれつきのピアノの天才で、5歳でショパンを弾いたらしい。
This person was born a piano genius, and played Chopin at the age of five.
那个人天生就是弹钢琴的天才，听说5岁就会弹肖邦了。

## おふくろ　　おふくろに会う　おふくろの味

田舎からおふくろが会いに来るから、今日は早く帰ろうと思う。
My mother is coming to visit from the countryside, so I would like to go home early today.
因为妈妈从老家来看我，今天我想早点儿回家。

## おやじ　　おやじの背中　がんこおやじ

自転車屋のおじさんはがんこおやじで、自転車の修理を頼むと使い方が乱暴だからだといつも叱られた。
The bicycle shop owner is a stubborn old man. Every time I bring my bicycle in for repairs, he scolds me for using it carelessly.
自行车店的大叔是个顽固的人，每次去修自行车时都被他责备，说是因为我骑法粗暴而造成的。

## がんじがらめ　　がんじがらめの人生　がんじがらめになる

この学校の生徒は規則でがんじがらめになっていて、自由な行動や発想ができなくなっている。
The students at this school are bound by so many regulations, they're unable to act or think freely.
这所学校的学生被校规束缚，不能有自由的行动及思想。

## この世　　この世の人　この世⇔あの世

この世の人とは思えないほどの美女に出会った。
I met a woman so beautiful, she seemed to come from another world.
我遇见了仿佛不是来自这个世界的美女。

## 兆し（きざ）

春の兆し　回復の兆し
はる きざ　かいふく きざ

彼は長い間病気で入院していたが、回復の兆しが現れて家族も喜んでいる。
かれ ながい あいだ びょうき にゅういん　　かいふく きざ あらわ かぞく よろこ
His illness has kept him in hospital for a long time, but his family is happy that he's showing signs of recovery.
他因病住了很长时间的院，有了恢复的迹象，家里人都很高兴。

## 玄人（くろうと）

演技の玄人　玄人っぽい人
えんぎ くろうと　くろうと ひと

彼はまるで玄人のように演技がうまい。
かれ くろうと えんぎ
His acting is so good that he looks like a real professional.
他的演技精湛得就像内行人一样。

## 後世（こうせい）

後世の人達　後世に伝える
こうせい ひとたち　こうせい つた

この曲は後世まで歌い継がれる素晴らしい歌だ。
きょく こうせい うた つ すば うた
This song is so magnificent it will be sung for generations to come.
这是一首能流传后世的好歌。

## 侍（さむらい）

昔の侍　侍の刀
むかし さむらい　さむらい かたな

侍は日本に150年ぐらい前までいた。
さむらい
There were samurai in Japan until approximately 150 years ago.
武士存在于约 150 年前的日本。

## 師（し）

師の教え　師と仰ぐ
し おし　し あお

兄は仕事で出会った吉川さんを師と仰いでいる。
あに しごと であ よしかわ　し あお
My brother met Mr. Yoshikawa at work. He looks up to him as a mentor.
哥哥将工作中认识的吉川先生尊奉为师。

122

第1週1日目　名詞　人／人生

## 実業家
じつぎょうか

実業家を目指す　青年実業家
じつぎょうか　めざ　　せいねんじつぎょうか

彼は大学在学中にIT関係の会社をつくり、今はたくさんの資産を持つ実業家だ。
かれ　だいがくざいがくちゅう　　かんけい　かいしゃ　　　いま　　　　　　　しさん　も　じつぎょうか
He set up an IT company while in university, and now he's a wealthy entrepreneur.
他上大学时就创立了与IT有关的公司，如今是个拥有许多资产的实业家。

## 地主
じぬし

この地域の地主　地主の土地
ちいき　じぬし　じぬし　とち

「吉本」という名字はこの地域の地主の名前だ。
よしもと　　　　みょうじ　　　ちいき　じぬし　なまえ
Yoshimoto is the name of the landowner in this area.
"吉本"这个姓是这个区域的地主的姓。

## 従業員
じゅうぎょういん

従業員を増やす　従業員教育
じゅうぎょういん　ふ　じゅうぎょういんきょういく

この会社は従業員教育に力を入れていて、様々な研修制度を設けている。
かいしゃ　じゅうぎょういんきょういく　ちから　い　　　　さまざま　けんしゅうせいど　もう
This company is putting a lot of effort into training its employees, and it's established all kinds of training systems.
这个公司很重视员工教育，制定了各种各样的培训制度。

## 宿命
しゅくめい

宿命のライバル　宿命的な出会い
しゅくめい　　　　しゅくめいてき　であ

戦場で敵同士として再会した2人は、これが宿命だと覚悟を決めた。
せんじょう　てきどうし　　　さいかい　　ふたり　　　　　しゅくめい　かくご　き
When they met again as enemies on the battlefield, they were prepared to see it as their fate.
在战场上作为敌人重逢的两个人，都认为这是命运的安排。

## 陣
じん

第一陣　報道陣
だいいちじん　ほうどうじん

オリンピックに出場する選手の第一陣が空港に到着した。
しゅつじょう　せんしゅ　だいいちじん　くうこう　とうちゃく
The first group of Olympic athletes has arrived at the airport.
参加奥运会的第一批选手抵达了机场。

## せがれ

うちのせがれ　魚屋のせがれ
　　　　　　　さかなや

うちのせがれがいつもお世話になっております。
　　　　　　　　　　　　　せわ
Thank you for always taking good care of my son.
我儿子一直承蒙您的关照。

## 先人
せんじん

先人たちの知恵　先人の跡
せんじん　ちえ　せんじん　あと

先人たちの知恵に教わり、薬草で病気を治す。
せんじん　ちえ　おそ　やくそう　びょうき　なお
We cure illnesses with medicinal herbs that we inherited from the wisdom of our predecessors.
学习古人的智慧，用草药治病。

## 仲人
なこうど

結婚式の仲人　仲人を頼まれる
けっこんしき　なこうど　なこうど　たの

10年前の教え子に仲人を頼まれた。
　　　　　おし　なこうど　たの
I was asked to act as a marriage go-between by one of my students from 10 years ago.
10年前教的学生请我做证婚人。

## 人間味
にんげんみ

人間味があふれる　人間味のない人
にんげんみ　　　　にんげんみ

このエピソードは山本先生の人間味があふれていて、面白い。
　　　　　　　　　　　　　にんげんみ　　　　　　　おもしろ
This episode was really interesting, because it was full of Professor Yamamoto's human touch.
这个逸事充分体现了山本老师的人情味，很有趣。

## 主
ぬし

池の主　声の主
いけ　ぬし　こえ　ぬし

あの大きな赤い鯉がこの池の主だ。
　　　　　あか　こい　　　いけ　ぬし
That big red carp is the lord of the pond.
那条大红鲤鱼是这个池塘的霸主。

124

第1週1日目　名詞　人／人生

月　日　／5

# 確認テスト

【問題Ⅰ】（　　）に入れる最もよいものを一つ選びなさい。

1）彼の口が悪いのは（　　）だから、気にしないほうがいい。
　1. 玄人　2. 人間味　3. 生まれつき　4. がんじがらめ

2）マイクで話しているのは誰かと思ったら、声の（　　）は木村さんだったんですね。
　1. 陣　2. 主　3. 兆し　4. 一変

【問題Ⅱ】　＿＿＿の言葉の意味に最も近いものを一つ選びなさい。

1）誰でも過ちを犯すことはあるのだから、そんなに塞ぎ込むな。
　1. 失敗　2. 過去　3. 事故　4. 環境

2）魚屋のせがれは遊んでばかりで、ちっとも店を手伝おうとしないらしい。
　1. 店主　2. 夫　3. 家族　4. 息子

【問題Ⅲ】　次の言葉の使い方として最もよいものを一つ選びなさい。

1）間柄
　1. 間柄から土地を借りて、畑を作った。
　2. 彼と随分親しそうに話していたけど、どういう間柄なの？
　3. 遠くに住んでいる間柄に会いに行った。
　4. 結婚式で間柄を頼まれた。

解答は131ページ

(P389 確認テストの解答)
【問題Ⅰ】1）4　2）3　【問題Ⅱ】1）4　2）4　【問題Ⅲ】1）2

## 第1週 2日目 — 名詞 体

### あか
体のあか　あかを落とす

風呂に入れば体のあかは落とせるが、心にたまったあかを落とすのは難しい。
You can wash the dirt off your body by taking a bath, but cleansing your mind is another story.
身上的污垢只要进入澡堂就能洗净，但留在心里的"污垢"却很难洗净。

### あざ
青いあざ　あざができる

スキーで何度も転んで、体があざだらけになった。
I fell down so many times while skiing that my body is covered with bruises.
滑雪摔了很多次跤，身上到处都是青一块紫一块的。

### 医院（いいん）
かかりつけの医院　眼科医院

近所のかかりつけの医院に行ったら、大きな総合病院へ行くように勧められた。
When I went to the local clinic, it was recommended to me that I go to a large general hospital.
我去了附近常去的医院，但被他们推荐到了大型综合医院。

### 遺伝子（いでんし）
遺伝子を受け継ぐ　遺伝子の組み換え

酒好きの親の遺伝子を受け継いでしまい、娘も大酒飲みになった。
The daughter inherited her [parents'/father's] love of alcohol, and she became a heavy drinker.
女儿继承了我们爱喝酒的遗传，也是个海量。

### 老い（おい）（→老いる P192）
老いを感じる　老いが激しい

正月に実家に帰って、両親の老いが激しいのに驚いた。
I went home for the New Year and I was struck by how old my parents had become.
正月回老家，看到父母衰老得厉害，很吃惊。

体や医療に関することばや身体表現

## 顔つき
かお

真剣な顔つき　顔つきが違う
しんけん　かお　　かお　　ちが

成功したときの彼の目の輝きや顔つきは、それまでとは違っていた。
せいこう　　　　かれ　め　かがや　かお
When he succeeded, the sparkle in his eyes and his expression were different from usual.
成功后的他，目光和表情与平时不同。

## 体つき
からだ

がっちりした体つき　体つきが変化する
からだ　　からだ　　へんか

彼はもともとがっちりした体つきだったが、柔道を始めてからさらに筋肉がついた。
かれ　　　　　　　　からだ　　　　　じゅうどう　はじ　　　　　　きんにく
He's always been stocky, but he built up even more muscle after taking up judo.
他原本身体就很结实，开始练习柔道后肌肉就更发达了。

## がん

喉にがんができる　胃がん
のど　　　　　　　い

伯父は喉にがんができて入院した。
おじ　のど　　　　　にゅういん
My uncle was hospitalized after he developed throat cancer.
伯父得了喉癌，住院了。

## 効き目
き　め

薬の効き目　効き目がある
くすり　き　め　　き　め

病院で効き目の強い薬を出してもらった。
びょういん　き　め　つよ　くすり　だ
I received strong medicine at the hospital.
医院给了我药效很强的药。

## 菌
きん

菌を殺す　菌が飛ぶ
きん　ころ　きん　と

菌が飛ぶから、くしゃみをする時は口を手でおさえなさい。
きん　と
Germs can fly, so cover your mouth with your hand when you sneeze.
打喷嚏时要用手捂住嘴，以免细菌飞溅。

## 細胞 (さいぼう)

細胞が分裂する　細胞を再生させる

細胞を再生させる技術が確立すると、人間は長生きになったり若返ったりすることができる。
Once we acquire the technology to regenerate cells, people will be able to live longer and regain their youth.
细胞再生技术一旦奠定，人类就可延长寿命或返老还童。

## 視界 (しかい)

視界が狭い　視界に入る

運転中に美しい人が視界に入って、あやうく交通事故を起こしそうになった。
As I was driving, my eyes were caught by a beautiful woman and I came close to causing an accident.
开车时因只顾看美女，差点儿发生了交通事故。

## 臓器移植 (ぞうきいしょく)

臓器移植をする　臓器移植のドナー

臓器移植を受けるために海を渡る人が増えた。
An increasing number of people are going overseas to receive an organ transplant.
为了接受器官移植，越来越多的人去了海外。

## たん白質 (ばくしつ)

たん白質を含む食材　たん白質を吸収する

良質のたん白質を多くとって、体力をつけよう。
Let's grow stronger by taking a lot of good protein.
摄取优良蛋白质，增强体力吧。

## 腸 (ちょう)

腸が活発に動く　腸を刺激する

便秘気味なので腸を刺激するような食べ物をとるようにした。
I tend to be constipated, so I've decided to eat food that stimulates the bowels.
我感觉有点儿便秘，于是开始吃刺激肠胃的食物。

第1週2日目　名詞　体

## 胴（どう）

胴が短い　胴周りの脂肪

最近の若い人は胴が短くて足が長く、スリムな人が多い。
Nowadays many young people tend to have a slim figure with a shorter torso and longer legs.
最近的年轻人腿长身短，苗条的人很多。

## 内臓（ないぞう）

内臓が弱い　内臓が飛び出す

彼は生まれつき内臓が弱く、学校を休みがちだった。
He was born with a weak constitution and tended to be absent from school.
他天生内脏就很弱，所以常常请假不来上课。

## 脳（のう）

脳を鍛える　脳に腫瘍が見つかる

脳には右脳と左脳がある。
The brain is divided into the left and the right hemispheres.
大脑分为右脑和左脑。

## 肺（はい）

肺のレントゲン検査　肺に空気を送る

肺のレントゲン検査をしたところ、影のようなものが写っていると言われた。
After undergoing an X-ray examination of my lungs, I was told there was something that looked like a shadow.
在做肺部X线检查时，被告知看到上面有阴影。

## 麻酔（ますい）

麻酔が効く　麻酔から覚める

麻酔から覚めたとき、自分がどこにいるか分からなかった。
When I came out from under anesthesia, I couldn't tell where I was.
麻酔后醒来，不知自己身在何处。

129

## まばたき　　まばたきをする　まばたき一つせず〜

宝石を散りばめたような美しい光景を、彼女はまばたき一つせず見つめていた。
She was staring with unblinking eyes at the beautiful scenery that looked as if it had been encrusted with jewels.
她目不转睛地盯着如同点缀着宝石般的美丽景色。

## 麻痺　　右半身が麻痺する　交通が麻痺する

あまりに寒くて足が麻痺したように感覚がなくなってしまった。
It was so cold that my feet felt numb.
因为太冷了，我的腿好像已麻痺到没有感觉了。

## 身振り　　身振りで伝える　大げさな身振り

ことばが分からないので、身振り手振りでなんとか伝えた。
I didn't understand the language, so I tried to express myself through gestures.
因为语言不通，连比带划好不容易才表达了意思。

## 脈　　脈を測る　脈がある

毎朝、脈を測って記録している。
Every morning I check my pulse and write it down.
每天早上都测量脉搏并记录。

## 目つき　　疑いの目つき　目つきが悪い

疑いの目つきで見られたが、私は何も悪いことなどしていない。
They looked at me with suspicious eyes, but I hadn't done anything wrong.
大家用怀疑的眼光看着我，但我什么坏事也没做。

第1週2日目　名詞　体

# 確認テスト

【問題Ⅰ】（　　）に入れる最もよいものを一つ選びなさい。

1）（　　）を見れば、彼が何を考えているか私にはだいたい分かる。
　1. 脳　　2. 視界　　3. まばたき　　4. 目つき

2）大雪が降り、東京の交通が（　　）状態になった。
　1. あか　　2. あざ　　3. 麻酔　　4. 麻痺

【問題Ⅱ】＿＿＿の言葉の意味に最も近いものを一つ選びなさい。

1）若い社員と話していると、自分の老いを感じる。
　1. 病気になること　　2. 年をとること
　3. 元気を取り戻すこと　　4. 昔を思い出すこと

2）何度遅刻を注意しても、彼には効き目がないようだ。
　1. 能力　　2. 技術　　3. 効果　　4. 期待

【問題Ⅲ】次の言葉の使い方として最もよいものを一つ選びなさい。

1）顔つき
　1. 彼女は一人でこの仕事をするのは無理だと言わんばかりの顔つきで私を見た。
　2. こんな仕事はしたくないって顔つきに書いてあるよ。
　3. 最初の顔つきのときに、仕事ができる人だと分かった。
　4. 今日は顔つきが白いね。体調がよくないの？

解答は137ページ

(P125 確認テストの解答)
【問題Ⅰ】1）3　2）2　【問題Ⅱ】1）1　2）4　【問題Ⅲ】1）2

## 第1週 3日目 — 名詞　自然

### あられ
あられが降る　あられが混ざる

あられが混ざった雨が降ってきた。
A mix of rain and hail started to fall.
下起了夹霰的雨。

### 稲作（いなさく）
稲作が盛んだ　稲作地帯

この辺りは以前から稲作地帯として知られている。
This area has long been known as a rice-producing district.
这一带从以前就作为水稻种植地带而有名。

### 渦（うず）
渦を巻く　興奮の渦

プールの水が渦を巻いて流れていった。
The water flowed out of the pool in a whirl.
游泳池的水旋转着流了下去。

### 雄（おす）
雄の犬　雄⇔雌

この犬は雄ですか、雌ですか。
Is this dog a male or a female?
这条狗是公的还是母的?

### 落ち葉（おちば）
落ち葉の季節　落ち葉をかき集める

公園の落ち葉をかき集めて、きれいに掃除をした。
I collected the fallen leaves and cleaned up the park.
将公园里的落叶扒在了一起，清扫干净了。

## 崖(がけ)
崖(がけ)から落(お)ちる　崖崩(がけくず)れ

猫(ねこ)が崖(がけ)から落(お)ちたが、けがひとつなく無事(ぶじ)だった。
The cat fell off the cliff, but it escaped without a scratch.
猫从悬崖上落了下来，但一点儿伤也没有。

## 狩(か)り
狩(か)りをする　紅葉狩(もみじが)り

男達(おとこたち)は山(やま)へ狩(か)りに出掛(でか)け、鳥(とり)を携(たずさ)えて帰(かえ)ってきた。
The men went off hunting in the mountains and came back carrying some birds.
男人们到山林去狩猎，带回了鸟。

## 獣(けもの)
獣(けもの)の毛皮(けがわ)　獣(けもの)が通(とお)った道(みち)

森(もり)の中(なか)に獣(けもの)が通(とお)ってできたと思(おも)われる道(みち)がある。
In the forest lies a path believed to have been carved by passing animals.
森林里有条可能是野兽走出来的路。

## 源泉(げんせん)
温泉(おんせん)の源泉(げんせん)　活力(かつりょく)の源泉(げんせん)

この旅館(りょかん)の風呂(ふろ)は源泉(げんせん)から湧(わ)き出(で)た温泉水(おんせんすい)を使(つか)っている。
The bath of this Japanese-style inn uses water from a hot spring source.
这家旅馆的浴室使用的是从源泉涌出来的温泉水。

## こずえ
こずえの葉(は)　こずえが揺(ゆ)れる

木々(きぎ)のこずえが春(はる)の暖(あたた)かい風(かぜ)に揺(ゆ)れている。
The treetops are swaying in the warm winds of spring.
树梢在温暖的春风中摇动。

## 潮 (しお)

潮が引く　潮風
しお ひ　　しおかぜ

潮が引いた時に貝が大量に獲れる。
しお ひ　　　　かい たいりょう　と
Plenty of shellfish can be caught after the tide recedes.
退潮时，能拾获大量的贝壳。

## しずく

葉のしずく　しずくが落ちる
は　　　　　　　　　　お

雨上がりの朝、葉のしずくが光って見えた。
あめあ　　　あさ は　　　　　　ひか
Raindrops sparkled on the leaves after the morning rain.
雨后的早上，能看见树叶的水滴闪闪发亮。

## 種 (しゅ)

生物の種　この種の作品
せいぶつ しゅ　　しゅ さくひん

この地球上にまだ発見されていない生物の種は多数あるだろう。
ちきゅうじょう　　はっけん　　　　　せいぶつ しゅ たすう
There are probably many types of organisms that have yet to be discovered on our planet Earth.
地球上存在着很多还没被发现的生物种类吧。

## 生態系 (せいたいけい)

海の生態系　生態系を維持する
うみ せいたいけい　せいたいけい いじ

山中に住む野生動物の生態系を維持するための対策が求められている。
さんちゅう す やせいどうぶつ せいたいけい いじ　　　　　たいさく もと
Measures are required to preserve the ecosystem of wild animals living in the mountains.
为维护住在山里的野生动物的生态系统而寻找措施。

## つぼみ

花のつぼみ　つぼみがふくらむ
はな

桜のつぼみがふくらんできた。あと2～3日で咲きそうだ。
さくら　　　　　　　　　　　　　　　　　　　　さ
The cherry trees are in full bud. They should bloom in two to three days.
樱花的花蕾含苞欲放。再有2, 3天就开花了吧。

第1週3日目　名詞　自然

## 天地（てんち）

天地の差　新天地を求める

100年ほど前、多くの日本人が新天地を求めて海を渡った。
Many Japanese crossed the ocean about 100 years ago in search of a new land.
约100年前，许多日本人漂洋过海寻找新天地。

## 土壌（どじょう）

稲作に適した土壌　土壌を改良する

先人たちが根気強く土壌を改良し、作物を育てた。
Our ancestors worked tirelessly to improve the soil and grow crops.
祖辈们坚持不懈地改良土壤，种植作物。

## 土手（どて）

土手を歩く　土手を築く

学校からの帰り道、友人とよくこの土手を歩きながらおしゃべりをしたものだ。
I often walked along this embankment, talking with my friends as we went home from school.
放学后回家的路上，经常和朋友在堤坝上边聊边走。

## 苗（なえ）

野菜の苗　苗を植える

畑に野菜の苗を植えて、たっぷり水をやった。
I planted seedlings of vegetables in the field and watered them generously.
在地里种上了菜苗，并浇上了充分的水。

## 雪崩（なだれ）

雪崩が起こる　雪崩に注意する

その登山家は雪崩に押し流されて命を落とした。
This alpinist died after being swept away by an avalanche.
那个登山家因被雪崩冲走而丧了命。

## 果て（は） （→果てしない P252） 世界の果て　果てがない

港町で育った私は幼い頃からいつかこの海の果てまで行ってみたいと思っていた。
Having grown up in a port town, I've wanted since my earliest childhood to travel one day to the end of the sea.
对在港口城市长大的我来说，从小就希望有一天能去大海的尽头。

## 風情（ふぜい） 風情がある　哀れな風情

風情のある庭を草花をながめながらのんびり歩いた。
I strolled around the elegant garden, gazing at the flowers.
在充满风情的庭院一边欣赏花草一边悠闲散步。

## 峰（みね） 山の峰　峰が続く

山の峰を見上げて深呼吸し、また歩き始めた。
I looked up at the summit of the mountain, took a deep breath and started walking again.
抬头看着山峰，做个深呼吸后，又开始走了。

## 闇（やみ） 闇の中　闇に消える

電気がない真っ暗な闇の中で、車のヘッドライトだけを頼りに進んだ。
I drove forward in complete darkness with no lights, depending entirely on the car's headlights.
在没有路灯的黑暗中，只依靠汽车的前车灯前进。

## 渡り鳥（わたどり） 渡り鳥の季節　渡り鳥が飛ぶ

空を見上げて、今年も渡り鳥の季節がやってきたのだと思った。
I looked up at the sky and thought the season of migratory birds had returned again this year.
抬头看天空，觉得今年的候鸟季节又到了。

第1週3日目　名詞　自然

# 確認テスト

【問題Ⅰ】（　　）に入れる最もよいものを一つ選びなさい。

1）犯人が特定できず、この事件の真相は（　　）に消えた。
　　1. 崖　　2. 潮　　3. 峰　　4. 闇

2）ここは（　　）のある町並みが残っていて、観光客も多い。
　　1. 風情　　2. 雪崩　　3. 土壌　　4. 源泉

【問題Ⅱ】　＿＿＿の言葉の意味に最も近いものを一つ選びなさい。

1）インターネットの世界のネットワークはどこまでも果てがない。
　　1. 近視　　2. 終わり　　3. 木の枝　　4. 遠い所

2）優勝したチームと準優勝のチームでは、実力に天地の差があった。
　　1. 運命の力　　2. 必死の努力　　3. 練習の場所　　4. 大きな違い

【問題Ⅲ】　次の言葉の使い方として最もよいものを一つ選びなさい。

1）渦
　　1. 渦で屋根が飛ばされた。
　　2. せみが大量発生したのは生物の渦が破壊されたからだ。
　　3. 興奮の渦を巻き起こすスーパースターがステージに登場した。
　　4. 水道から水の渦が1滴2滴、落ちて来た。

解答は143ページ

（P131 確認テストの解答）
　【問題Ⅰ】1）4　　2）4　　【問題Ⅱ】1）2　　2）3　　【問題Ⅲ】1）1

# 第1週 4日目　名詞　気持ち

## 生きがい
生きがいがある　生きがいを感じる

歌うことが私の生きがいだと気付いた。
I realized that singing was what made my life worth living.
我才发现唱歌是我的人生价值。

## 違和感
違和感がある　違和感を覚える

運動部の厳しい上下関係に違和感を覚えて退部した。
I left the sports club because its strict hierarchy made me uncomfortable.
我觉得运动部严格的上下关系很别扭，所以退出。

## 右往左往
右往左往する

突然社長が工場に来たものだから、従業員は右往左往していた。
The president's sudden arrival at the plant prompted employees to run about in utter confusion.
总经理突然来到了工厂，员工们慌张得到处乱跑。

## 訴え
核実験反対の訴え　訴えを起こす

住民は騒音のひどさに我慢できず、空港と国を相手に訴えを起こした。
The residents couldn't endure the tremendous noise, so they filed a lawsuit against the airport and the government.
居民们忍受不了嘈杂的噪音，控告了机场和国家。

## 驕り
驕りがある　驕り高ぶる

自分がいないと仕事が回らないなんて驕り以外の何ものでもない。
You're so overconfident you think we won't get any work if you're not around.
以为没有自己工作就不能进展，这只是骄傲自大而已。

## お世辞(せじ)

お世辞を言う　お世辞抜きで～

お世辞抜きで、この料理は本当においしいですね。
I'm not saying this to be nice, but this food is really delicious.
不是奉承，这个菜真的很好吃。

## お手上げ(てあ)

お手上げになる　お手上げ状態

こんな大雪では、どこにも行けない。お手上げだ。
It's impossible to go anywhere with such heavy snowfall. I give up.
这么大的雪，哪里也不能去，真是束手无策啊。

## 思惑(おもわく)

思惑が外れる　思惑通りになる

彼女には何か思惑があって、そう発言したのだろう。
She must have said that because she had a hidden agenda.
她一定有什么打算，所以才说了那样的话。

## 感無量(かんむりょう)

感無量の表情

このような伝統ある賞をいただき、感無量です。
I'm deeply moved to receive a prize with such a long tradition.
我能获得这样有传统的奖项，真是感慨万千啊。

## 気兼ね(きが)

気兼ねする　気兼ねしないで～

気兼ねしないで、いつでも遊びに来てください。
Please feel free to come by any day.
请别客气，随时来玩儿。

## 心地（ここち）　　心地がいい　生きた心地がしない

心地（ここち）がいい風（かぜ）が吹（ふ）いてきて、秋（あき）の訪（おとず）れを感（かん）じる。
A pleasant wind started blowing, announcing the arrival of autumn.
吹来舒适的轻风，感觉好像秋天来了。

## 心掛け（こころが）　（→心掛ける P183）　心掛けがいい　心掛けが大切だ

大地震（おおじしん）が起（お）こっても慌（あわ）てないようにするには、普段（ふだん）の心掛（こころが）けが大切（たいせつ）です。
It's important to keep one's usual cool in order to prevent any confusion in the event of a major earthquake.
要想发生大地震也不慌张，应该从平时做起。

## 志（こころざし）　（→志す P183）　高い志　志を遂げる

志（こころざし）を遂（と）げるまで国（くに）へ帰（かえ）らない決心（けっしん）をした。
I have decided not to return to my country until I achieve my goal.
我决定抱负未达成之前决不回国。

## 自尊心（じそんしん）　　自尊心を傷つける　自尊心が許さない

そんなことを言（い）ったら彼（かれ）の自尊心（じそんしん）を傷（きず）つけるからやめたほうがいい。
You should refrain from saying something like that, because it will hurt his pride.
说这样的话会伤害他的自尊心，还是不说为好。

## 情（じょう）　（→情け P141）　情が深い　情が移る

部長（ぶちょう）は情（じょう）が深（ふか）い人（ひと）で、部下（ぶか）を自分（じぶん）の子（こ）どものようにかわいがり大切（たいせつ）にしてくれた。
The head of the department was a very affectionate person, so he treated his subordinates with great care, as if they were his own children.
部长是很重感情的人，对部下如同自己的孩子般疼爱和重视。

第1週4日目　名詞　気持ち

## 魂（たましい）

肉体と魂　魂が抜ける

魂を鍛えるには肉体を鍛えることも必要だと考えられている。
To strengthen one's spirit, it is believed that cultivating one's body is also necessary.
要想锻炼灵魂，肉体的锻炼也必不可少。

## 償い（つぐない）

約束を守らなかった償い　償いをする

先週会えなかった償いに、恋人にクッキーを焼いて持っていった。
I couldn't meet my sweetheart last week, so I baked [him/her] some cookies and brought them over.
为了补偿上周没能见面的过错，我做了饼干带给恋人。

## 名残／名残り（なごり／なごり）

雪の名残　名残りを惜しむ

帰国する友人との名残りを惜しんで、食事会を開いた。
I hated saying goodbye to my friend who was returning to [his/her] country, so I organized a dinner party.
与回国的朋友惜别，举办了宴会。

## 情け（なさけ）　（→情 P140）

情けが深い　情けにすがる

欠席ばかりしていた学生が先生の情けにすがって、いい成績をとろうとしても無理だ。
Students who are mostly absent may throw themselves on the teacher's mercy to get good grades, their efforts will still be in vain.
经常缺席的学生想依靠老师的同情获得好成绩是不行的。

## 憎しみ（にくしみ）

憎しみを覚える　憎しみが募る

ここで暮らしていては、周りの人への憎しみが募るばかりだ。どこか遠くへ行って人生をやりなおそう。
Living here would only lead me to hate the people around me, so I should start over somewhere far away.
在这里生活下去，只会越来越憎恶周围的人。所以想到很远的地方重新开始自己的人生。

141

## 温もり
木の温もり　家庭の温もり

久しぶりに実家へ帰り、家族の温もりや愛を感じた。
I went home for the first time in quite a while, and I felt the warmth and the love of my family.
隔了好久回老家，感受到了家庭的温暖和关爱。

## 念
感謝の念　念を入れる

ここまでやってこられたのは先生方や家族のおかげだという感謝の念があふれてきた。
I was overwhelmed by a sense of gratitude toward my teachers and family for allowing me to make it all the way to this point.
能有今天全亏有老师和家人的帮助，心里充满了感激之情。

## 偏見
偏見を持つ　偏見に満ちている

宗教に対する偏見を持たずに、誰とでも同じように付き合いたい。
I want to be friends with all kinds of people, without any prejudice regarding their religion.
不对宗教抱有偏见，想和任何人都一样地交往。

## 誠
嘘か誠か　誠を貫く

嘘か誠か知らないが、この寺に好きな人と来ると、必ず結婚できるという言い伝えがある。
I don't know if it's true or not, but legend has it that if you come to this temple with someone you love, you will be able to marry that person.
不知是真的还是假的，据说与喜欢的人一起来这座寺庙，就一定能结婚。

## 未練
未練が残る　未練がましい

田舎には何一つ未練がないと思って都会に出てきたが、今は懐かしくて仕方ない。
I came to the city without any regrets as to leaving the countryside, but now I can't help feeling nostalgic about it.
来到城市以为对故乡没有一点儿留恋的地方，现在却怀念得不得了。

第1週4日目　名詞　気持ち

# 確認テスト

【問題Ⅰ】（　　）に入れる最もよいものを一つ選びなさい。

1) 合格発表を見るまでは生きた（　　）がしなかった。
　　1. 心地　　2. 未練　　3. 思惑　　4. 情

2) 私たちの核実験反対の（　　）は聞き入れられず、実験が行われた。
　　1. 訴え　　2. 償い　　3. 誠　　4. 念

【問題Ⅱ】　____の言葉の意味に最も近いものを一つ選びなさい。

1) 出口がどこにあるか分からず、右往左往する。
　　1. いらいらする　　2. うろうろする　　3. はらはらする　　4. にやにやする

2) 日差しの温もりが残る部屋でコーヒーを飲みながら家族が帰ってくるのを待っていた。
　　1. かげ　　2. たいおん　　3. まぶしさ　　4. あたたかみ

【問題Ⅲ】　次の言葉の使い方として最もよいものを一つ選びなさい。

1) 感無量
　　1. 娘の結婚式で父親は娘の感謝の言葉に感無量といった様子だった。
　　2. この土地で生まれ育ったので、周りの人々に対して感無量が募る。
　　3. ワインを飲み過ぎて、これ以上は感無量だ。
　　4. 今の仕事に感無量を抱いた。

解答は149ページ

----

(P137 確認テストの解答)
【問題Ⅰ】　1) 4　　2) 1　　【問題Ⅱ】　1) 2　　2) 4　　【問題Ⅲ】　1) 3

# 第1週 5日目　名詞　日常

## 合間（あいま）
仕事の合間　合間を縫って〜

仕事の合間に友達に電話をした。
I called a friend during a break from work.
我在工作的空闲时间给朋友打了个电话。

## 言い訳（いわけ）
苦しい言い訳をする　言い訳が通る

そんな言い訳は通らないよ。
You can't get away with this kind of excuse.
这样的辩解是行不通的。

## 腕前（うでまえ）
料理の腕前　腕前を披露する

この料理おいしいね。料理の腕前がまた上がったんじゃない？
This food is excellent. It looks like you've further improved your cooking skills.
这道菜真好吃。你做菜的本事不会是又提高了吧。

## 趣（おもむき）
趣のある庭園　趣を感じる

この道を入ると趣のある古い店が並んでいる。
This street is lined with elegant, long-established stores.
一进入这条路，就能看到充满情趣的老店铺一家挨着一家。

## 画面（がめん）
携帯電話の画面　画面に触れる

画面に触れただけで重厚な扉が開いて驚いた。
I was surprised that a simple touch on the screen prompted a massive door to open.
只触摸了一下画面，厚重的门就开了，非常令人吃惊。

## 芸 (げい)

芸をみがく　芸がない

もっと芸をみがいて一人でも多くのお客さんに認められる役者になりたい。
I want to further improve my acting skills to gain as many fans as possible.
我想更努力地提高演技，成为让更多观众认可的演员。

## 次世代 (じせだい)

次世代を担う　次世代通信

次世代のエネルギーを開発するために、国を超えて研究者達が集まった。
Researchers from several countries gathered to develop the next generation of energy.
为开发下一代能源，汇集了各国的学者。

## しつけ

家庭のしつけ　しつけがいい

あの女の子を見ていると、家庭でのしつけの良さが分かる。
When you look at this girl, you can tell she received a good education at home.
那个女孩子一看就知道她家的家教好。

## ずれ

考え方のずれ　ずれが生じる

売上と商品の在庫数とにずれが生じた。
A gap emerged between our sales and the number of products in stock.
销售额和商品的库存数量出现了不一致。

## 台無し (だいなし)

努力が台無しになる　台無しにする

そんなに泣いたらせっかくの化粧が台無しだ。
Crying like this will spoil your pretty makeup.
你这么哭的话，会把特意化的妆弄得一塌糊涂。

145

## 建前(たてまえ)

建前と本音　〜を建前とする

1人でも楽しめたというのは建前で、本当はみんなと一緒に行きたかった。
I pretended like I had fun by myself, but I really wanted to go together with all of you.
虽然表面上说一个人也很享受，但实际上想和大家一起去。

## つじつま

話のつじつま　つじつまが合う

彼は話のつじつまが合わないことを言うので、犯人だと思われた。
His story didn't add up, so they thought he was responsible for the crime.
因为他说得前言不搭后语，所以被认为是罪犯。

## 手分け(てわけ)

手分けをして探す　手分け作業

5人で手分けして、明日のシンポジウムの準備を終わらせた。
We divided up the task among 5 people and finished preparing tomorrow's symposium.
五个人分工合作，结束了明天研讨会的准备。

## 生身(なまみ)

生身の人間　生身の体

いつも冷静で仕事がよくできる部長も生身の人間だから泣くことがあるのだ。
The section chief is usually cool and hardworking, but he's also a flesh-and-blood person so there are times when he cries.
总是很冷静且工作能力又强的部长也是有感情的活人，所以有时候也会哭的。

## 偽物(にせもの)

ブランド品の偽物　偽物を見破る

ブランド品の偽物が大量に見つかって押収された。
A large quantity of counterfeit name-brand goods was discovered and they were confiscated.
发现并没收了大量假冒名牌的商品。

第1週5日目　名詞　日常

## 初耳（はつみみ）
初耳の話　～なんて初耳だ

彼女が退職するなんて初耳だ。
It's the first time I hear that she intended to resign.
她要辞职这件事我还是第一次听说。

## こつ
こつがある　こつをつかむ

こつをつかめばスノーボードは誰でもすぐできるようになるよ。
Anybody can start snowboarding once you get the hang of it.
抓住要领的话，谁都能很快学会单板滑雪。

## まとまり
まとまりがある　まとまりに欠ける

まとまりに欠けるクラスだったが、体育祭をきっかけに団結した。
The class lacked coherence, but it was able to pull together on sports day.
没有协调性的这个班，以运动会为契机团结了起来。

## 源（みなもと）
元気の源　情報の源

この情報の源が分からないので、嘘か本当かも分からない。
We don't know the source of this information, so we can't tell if it's the truth or a lie.
此信息的来源不明，所以不能辨其真假。

## 身なり（みなり）
立派な身なり　身なりを整える

彼は身なりなど気にしない人で、いつも汚い格好をしている。
He doesn't pay much attention to his appearance, so he always looks dirty.
他对衣着什么的不在意，每次都脏兮兮的。

147

## 身の上
みのうえ

身の上話　身の上を心配する
みのうえばなし　みのうえ　しんぱい

伯父は私の身の上を心配して、就職先を紹介してくれた。
おじ　わたし　みのうえ　しんぱい　　しゅうしょくさき　しょうかい

My uncle was worried about my situation, so he introduced me to a potential employer.

伯父担心我的境遇，给我介绍了工作。

## ゆとり

ゆとりを持つ　ゆとりのある生活
も　　　　　せいかつ

心にゆとりを持つと周りの人に対して優しくなれる。
こころ　　　　　も　まわ　ひと　たい　やさ

If you're at ease with yourself, you can be nicer to people around you.

怀揣宽容之心，就会对善待周围的人。

## 善し悪し
よ　あ

作品の善し悪し
さくひん　よ　あ

映画作品の善し悪しを決めるのは評論家ではなく、観客だ。
えいがさくひん　よ　あ　き　　　　ひょうろんか　　　　　かんきゃく

It's not the critics who decide whether a movie is good or bad, it's the audience.

电影作品的好坏不是影评家决定的，而是观众。

## よそ者
もの

よそ者が入り込む　よそ者扱い
もの　はい　こ　　　ものあつか

外部の会議に部長の代理で出席したが、よそ者が入り込んでしまったような気持ちになった。
がいぶ　かいぎ　ぶちょう　だいり　しゅっせき　　　　もの　はい　こ　　　　　　　　　き　も

I attended a meeting outside the company on behalf of the department head, but I felt like a complete stranger.

作为部长的代理出席了公司外部的会议，但感觉好像局外人般。

## 我が身
わ　み

我が身を省みる　明日は我が身
わ　み　かえり　　あす　　わ　み

近所の高校生が家事をしてから学校へ行っているのを知り、我が身を省みて恥ずかしく感じた。
きんじょ　こうこうせい　かじ　　　　　がっこう　い　　　　　し　　わ　み　かえり　　は　　　　かん

When I learned that a high-school student in my neighborhood goes to school after doing housework, I felt ashamed of myself.

知道邻居的高中生做完家务后才去学校，自我反省我感到很羞愧。

# 確認テスト

【問題Ⅰ】（　　　）に入れる最もよいものを一つ選びなさい。

1）（　　　）のない文章なので、書き直したほうがいい。
　1. つじつま　　2. まとまり　　3. 初耳　　4. 生身

2）毎年同じメニューでは（　　　）がないので、今年のクリスマスは新しい料理に挑戦するつもりだ。
　1. 言い訳　　2. 手分け　　3. ずれ　　4. 芸

【問題Ⅱ】　＿＿＿＿＿の言葉の意味に最も近いものを一つ選びなさい。

1）この上着は少し<u>ゆとり</u>があるから、動きやすい。
　1. 枚数　　2. 隙間　　3. 着物　　4. 余裕

2）負けず嫌いも<u>善し悪し</u>だ。
　1. よいこととわるいことを見分ける必要がある。
　2. 試合では勝っても負けても公平なプレイが大切だ。
　3. よい点もわるい点もあって、一概にどちらとは言えない。
　4. 負けた時こそ、次の試合に向けて努力すべきだ。

【問題Ⅲ】　次の言葉の使い方として最もよいものを一つ選びなさい。

1）建前
　1. あの団体は伝統重視を建前として、新しい考え方を排除している。
　2. 会社の建前にコンビニができて、便利になった。
　3. お正月は神社に建前に行って、健康を祈願した。
　4. サプライズパーティーをするつもりだったのに、計画が建前になってしまった。

解答は 155 ページ

---

(P143 確認テストの解答)
　【問題Ⅰ】　1）1　　2）1　　【問題Ⅱ】　1）2　　2）4　　【問題Ⅲ】　1）1

## 第2週 1日目 — 名詞 道具／政治

### うちわ
竹でできたうちわ　うちわであおぐ

うちわであおぎながら魚を焼く。
I'm fanning the fish as I roast it.
一边扇着团扇一边烤鱼。

### 器（うつわ）
器に盛る　社長の器

刺身をきれいに器に盛って、客に出した。
I arranged the sashimi nicely on a dish and served it to the customers.
将生鱼片整齐地摆在盘子里后，端给了客人。

### 柄（え）
傘の柄　柄を握る

鍋を持ちあげたら、柄が取れてしまい、料理が台無しになった。
When I picked up the pot, I disturbed the pattern of the food and ruined the dish.
端锅的时候，把手掉了下来，菜全都弄砸了。

### こたつ
こたつに入る　電気ごたつ

こたつに入ったら、気持ちよく寝てしまった。
I slept comfortably after I got under the kotatsu.
钻进被炉里，舒服地睡着了。

### さお
さおに洗濯物を干す　さおで漕ぐ

晴れた日はさおに洗濯物を干す作業が楽しい。
It's fun to dry clothes on a laundry pole on a sunny day.
天晴的日子里，把洗干净的衣服晾在杆子上的工作我很喜欢。

## 杯 (さかずき)

杯に酒を注ぐ　杯を交わす

A社とB社の役員が事業の成功を祈って杯を交わした。
Officials from companies A and B drank to the success of their project.
A公司和B公司的董事预祝事业成功而相互碰了杯。

## 柵 (さく)

校庭の柵　柵をめぐらす

動物が逃げないように、牧場のまわりには柵がめぐらされている。
The farm is surrounded by a fence to prevent the animals from escaping.
为了不让动物逃跑，牧场周围都用栅栏围了起来。

## 盾 (たて)

剣と盾　盾にとる

雪合戦で子ども達は木を盾にして自分の身を守っていた。
The children used the trees to shield their bodies during the snowball fight.
打雪仗时，儿童们以树为掩护保护自己。

## ちりとり

ほうきとちりとり　ちりとりにごみを集める

ほうきとちりとりで和室を掃除する。
I use a broom and a dustpan to clean a tatami room.
用扫帚和簸箕打扫日式房间。

## つえ

魔法のつえ　つえをつく

お年寄りがつえをつきながら横断歩道をゆっくり渡っている。
An elderly person is walking with a cane across the pedestrian crossing.
老人拄着拐棍慢慢地走过人行横道。

## 筒 (つつ)

竹の筒　筒形
たけ つつ　つつがた

竹の筒に花をいけると趣が出るね。
たけ つつ　はな　　　おもむき で
Arranging flowers in a bamboo tube is elegant, isn't it?
将花插在竹筒里很有情趣。

## 壺 (つぼ)

壺を置く　話のつぼ
つぼ お　　はなし

彼女の家の玄関には高価な壺が置いてある。
かのじょ いえ げんかん　こうか つぼ お
An expensive vase is in display in the entrance of her house.
在她家的门厅摆设着昂贵的坛子。

## 扉 (とびら)

重い扉　本の扉
おも とびら　ほん とびら

重い扉を開けると大きな舞台と客席があった。
おも とびら あ　　　　　ぶたい きゃくせき
Opening the heavy door unveiled a large stage and seats for the audience.
打开厚重的门，就是巨大的舞台和观众席。

## 鉛 (なまり)

鉄と鉛　重い鉛
てつ なまり　おも なまり

翌朝、目が覚めたら腕が鉛のように重く感じた。
よくあさ　め さ　　　うで なまり　　　　おも かん
When I woke up the next morning, my arms felt as heavy as lead.
第二天早上，我醒来后感到胳膊好像灌了铅似的沉重。

## 刃 (は)

かみそりの刃　刃が欠ける
は　　は か

このナイフは刃が欠けていて、使えない。
は か　　　　つか
This knife is useless because it's blunt.
这把刀缺了口，不能用了。

152

第2週1日目　名詞　道具／政治

## 札（ふだ）
札をつける　名札（なふだ）

空港で荷物を預けると札がつけられる。
A label is attached to the luggage after it's checked at the airport.
在机场托运时，行李上被绑上了牌子。

## まり
まりをつく　まりで遊ぶ

母が子どもの頃は歌に合わせてまりをついて遊んだそうだ。
When my mother was a child, she used to play bouncing a ball while singing.
听说母亲在小的时候，配合着歌声玩拍球。

## 弓（ゆみ）
弓の名人　弓を射る

弓の名人が集まって、大会が行われた。
A tournament took place, bringing together famous archers.
有名的弓道手们汇聚在一起，举办了大会。

## 革命（かくめい）
革命が起こる　産業革命（さんぎょうかくめい）

フランス革命は1789年に起こった。
The French Revolution occurred in 1789.
法国大革命发生在1789年。

## 国連（こくれん）
国連の決議（けつぎ）　国連軍（こくれんぐん）

国連の本部はアメリカのニューヨークにある。
The headquarters of the United Nations are in New York.
联合国的总部在美国纽约。

## 自治体
じちたい

地方の自治体　自治体の権限

地方自治体は国の行政よりも住民に密着したサービスが提供できる。
Local governments can provide more closely oriented services to residents than the government administration.
地方政府比国家行政机构更能提供紧贴居民需求的服务。

## 植民地
しょくみんち

かつての植民地　植民地時代

アフリカで植民地だったたくさんの国が1950～1960年代に独立した。
Many African colonies gained independence between the 1950s and the 1960s.
非洲很多曾是殖民地的国家在1950～1960年代独立了。

## 政策
せいさく

外交政策　政策を立てる

首相は国の経済を活性化する新たな政策を立てた。
The prime minister formulated a new policy to revitalize the nation's economy.
首相制定了刺激国家经济的新政策。

## 多数決
たすうけつ

多数決をとる　多数決に従う

会議の議長が多数決によって決められた。
The chairperson of the conference was decided by a majority vote.
会议的议长是由投票决定的。

## 票
ひょう

票を入れる　票を集める

信用できる人に票を入れよう。
Let's vote for someone we can trust.
将票投给可信赖的人吧。

第2週1日目　名詞　道具／政治

月　日　／5

# 確認テスト

【問題Ⅰ】（　　）に入れる最もよいものを一つ選びなさい。

1) 子どもの頃は家族が（　　）に集まって、テレビを見たりしたものだ。
   1. ちりとり　2. こたつ　3. つえ　4. まり

2) 彼は（　　）を集めるために、毎日多くの人と笑顔で握手した。
   1. 政策　2. 柄　3. 札　4. 票

【問題Ⅱ】＿＿＿の言葉の意味に最も近いものを一つ選びなさい。

1) IT技術の進歩は我々の生活に革命をもたらした。
   1. 時間の節約を与えた　2. 多大な損害を与えた
   3. 生きる権利を与えた　4. 急激な変化を与えた

2) 落語家がつぼを外したので、笑えなかった。
   1. 口の中　2. 家の鍵　3. 大事な点　4. 丸い入れ物

【問題Ⅲ】次の言葉の使い方として最もよいものを一つ選びなさい。

1) 器
   1. あの人は社長の器じゃない。
   2. 父は器であおいで酒を飲んだ。
   3. 彼女は器がいいから、部下がよく従う。
   4. 彼は経済界に知り合いが多い、器の広い人だ。

解答は161ページ

(P149 確認テストの解答)
【問題Ⅰ】1) 2　2) 4　【問題Ⅱ】1) 4　2) 3　【問題Ⅲ】1) 1

## 第2週 2日目 名詞 商売／その他

### 赤字（あかじ）
赤字に悩む　赤字⇔黒字

デパート会社は赤字が続いている２つの店舗を閉店した。
The department store company closed two stores that were in the red.
百货公司决定关闭持续亏损的两家店铺。

### 内訳（うちわけ）
支出の内訳　内訳を報告する

商品開発部の支出が多いので、内訳を調べて報告させた。
The product development department is running a lot of expenses, so I ordered a detailed breakdown.
由于商品开发部的开支太多，所以调查并报告了明细项目。

### 下取り（したどり）
下取りの価格　下取りに出す

今まで乗っていた車を下取りに出して新車を買った。
I traded in the car I have been driving until now and bought a new one.
我把以前开的车折价贴钱换购买了新车。

### 税務署（ぜいむしょ）
税務署に勤める　税務署に書類を提出する

税金を納めるための書類を税務署に提出した。
I submitted to the tax office the documents needed to pay my taxes.
我向税务局提出了交纳税金的文件。

### 勤め先（つとめさき）
父の勤め先　勤め先を変える

父の勤め先に電話をした。
I called my father's office.
我给父亲工作的公司方打了电话。

## 手当て
てあて

残業の手当て　手当てが出る
ざんぎょう　てあて　　てあて

一人暮らしをしているので、会社から手当てがもらえる。
I live by myself, so I'm entitled to an allowance from my company.
因为我是单身生活，所以公司给了我补贴。

## 富
とみ

（→富む P202）　莫大な富　富を築く
　　と　　　　　ばくだい とみ　とみ きず

彼女は株を売買して莫大な富を得た。
She made a fortune by trading stock.
她通过炒股获得了巨大的财富。

## 共働き
ともばたらき

共働きの両親　共働きする
ともばたらき りょうしん　ともばたらき

この国では共働きの夫婦が一般的だ。
In this country, it's common for both husband and wife to be working.
在这个国家双职工夫妻是一般的现象。

## 取り引き
とりひき

銀行の取り引き　取り引きが成立する
ぎんこう とりひき　　とりひき せいりつ

取り引きが成立して、わが社の商品がついに海外に輸出されることになった。
The deal was completed, and our company's products were finally ready to be exported.
由于交易的成交，我公司的产品终于出口到了国外。

## 問屋
とんや

問屋から卸す　問屋を通す
とんや おろ　　とんや とお

この店の商品が安いのは問屋を通していないからだ。
The goods in this shop are cheap because they don't go through a wholesaler.
这家店铺商品便宜的理由是因为没有经过批发商。

## 値打ち（ねう）

値打ちがある　値打ちが上がる

この絵画は作者が亡くなって、値打ちが上がった。
The value of this painting increased after its creator passed away.
这幅画作，在作者去世后价格上涨了。

## 不動産（ふどうさん）

不動産を売る　不動産業者

先祖代々受け継いできた不動産を売ることになった。
They ended up selling the property they had held for several generations.
把祖传的房产卖了。

## 見積もり（みつ）

見積もりを出す　見積書を作る

ソーラーパネルを設置した場合の見積もりを出してもらった。
I asked for an estimate that includes the installation of solar panels.
让他们提出了设置太阳能面板的报价。

## 有様（ありさま）

事故のありさま　この有様だ

貧しい人々の有様を見て、自分のぜい沢な環境や考えを見つめ直した。
Looking at the situation of poor people prompted me to reconsider my extravagant living environment and way of thinking.
看到穷人的情况，对自己奢侈的环境和想法有了新的认识。

## ありのまま

ありのままの自分　ありのままを伝える

親友の前ではありのままの自分でいられる。
When I'm with close friends, I can be who I really am.
在亲友面前可以毫无造作地做自己。

第2週2日目　名詞　商売／その他

## 大筋（おおすじ）
大筋をつかむ　大筋で合意する

話の大筋も知らなかったので、映画のストーリーが最初は分かりにくかった。
I didn't know the outline of the story, so the movie was difficult to understand at first.
对电影的梗概一点儿也不知道，故事开头的情节很难理解。

## お供（とも）
お供する　旅のお供

買い出しは私もお供いたします。
I would like me to participate in the expenses.
外出购物时，我陪您一起去。

## お宮（みや）
お宮へ行く　お宮参り（みやまいり）

祖母は今でも毎日近所のお宮へ行って、お参りをしてくる。
My grandmother still visits the shrine and prays there every day.
祖母现在也每天都去附近的神社参拜。

## 偏り（かたより）
栄養の偏り　偏りがある

栄養に偏りが出ないように、栄養士がメニューを考えている。
To prevent any unbalance in the diet, a nutritionist is devising the menu.
营养师在考虑菜单以免营养失调。

## 糧（かて）
その日の糧　心の糧

祖父母が幼い頃はやっとの思いでその日その日の糧を得ていたそうだ。
I learned that my grandparents had to struggle through their childhood, living on a day-by-day basis.
据说祖父母在小的时候，好不容易才能得到当天的食物。

## 激流（げきりゅう）

時代の激流　激流に家が押し流される

津波の激流に家が押し流された。
The house was washed away by the torrent of the tsunami.
我的家被海啸的激流冲走了。

## 骨とう品（こっとうひん）

骨とう品の壺　骨とう品を集める

この骨とう品の壺の値打ちはどのくらいだろうか。
I wonder how much this antique vase is worth.
这个古董罐的价格是多少呢？

## 視聴者（しちょうしゃ）

テレビの視聴者　視聴者が参加する

テレビの司会者が政治家に鋭い質問をして、視聴者の関心を集めた。
The moderator of the TV program grabbed the attention of the audience by directing sharp questions to the politicians.
电视台主持人向政治家提出了尖锐的问题，引起了观众的关注。

## 禅（ぜん）

禅を組む　座禅する

心を落ち着かせて禅を組むと、毎日の疲れを忘れることができる。
Practicing Zen mediation with a calm mind allows one to forget the fatigue of each day.
心情平静地坐禅，可忘掉一天的疲劳。

## 役柄（やくがら）

ぴったりの役柄　役柄上、～

女性を次々とものにする男とは、彼にぴったりの役柄だね。
Playing the part of a man who collects women suits him perfectly.
让女人一个接一个地为他倾倒的男人，真是为他量身定做的角色。

# 確認テスト

【問題Ⅰ】（　）に入れる最もよいものを一つ選びなさい。

1) 費用はおおよそ30万円の（　）です。
   1. 見積もり　2. 下取り　3. 値打ち　4. 手当て

2) 監督という（　）上、選手には厳しく接しなければならないと思った。
   1. 内訳　2. 大筋　3. 問屋　4. 役柄

【問題Ⅱ】＿＿＿の言葉の意味に最も近いものを一つ選びなさい。

1) 彼は学生時代に会社をつくり、一代で莫大な富を築いた。
   1. 山　2. 研究　3. 財産　4. 部下

2) この小説は長いけど、読む値打ちがあるよ。
   1. 時間　2. 感動　3. 価値　4. 保障

【問題Ⅲ】次の言葉の使い方として最もよいものを一つ選びなさい。

1) 有様
   1. 事件の有様が難しいので、警察もあきらめた。
   2. 資源は有様だから、大切に使うべきだ。
   3. 彼に仕事を任せると、この有様だ。
   4. 親から食べ物や服が送られてきて有様だ。

解答は167ページ

(P155 確認テストの解答)

【問題Ⅰ】1) 2　2) 4　【問題Ⅱ】1) 4　2) 3　【問題Ⅲ】1) 1

## 第2週 3日目 — カタカナ語 ア～シ

### アイデンティティ
アイデンティティの芽生え
アイデンティティが揺らぐ

外国で生活するようになってから、自分のアイデンティティが揺らぐのが分かった。
After I started living abroad, I understood that my identity was being shaken.
在国外生活后，我开始动摇自己的认同感了。

### アプローチ
好きな人にアプローチする　社会学的アプローチ

ことばを学ぶことを社会学的アプローチで研究する。
To research language education through a sociological approach.
用社会学的方法研究语言学习。

### アマチュア
アマチュア選手　アマチュア精神

彼はアマチュアの選手とは思えないほど弓が上手い。
He's so talented with the bow that it's difficult to believe he's just an amateur participant.
他箭射得很好，一点也不像个业余选手。

### 異文化コミュニケーション
異文化コミュニケーションの研究
異文化コミュニケーションの体験

会社の部署が変わった時は、まるで異文化コミュニケーションの体験をしているようだった。
Moving to another department of my company really felt like an experience of cross-cultural communication.
工作岗位改变的时候，就好像体验了跨文化交流一样。

### ウイルス
風邪のウイルス　ウイルスが繁殖する

風邪のウイルスが体内に入らないように、毎日うがいをしている。
I rinse my mouth every day to prevent the cold virus from entering my body.
为了不让感冒病毒进入体内，我每天都漱口。

> カタカナ語は試験に多く見られるので、手を抜かず覚えよう！

## エレガント　　エレガントな女性　エレガントに振る舞う

エレガントな女性になりたいと憧れるが、実際は難しい。
I long to become an elegant woman, but that's easier said than done.
很向往能成为高雅的女性，但实际上非常难。

## オリジナル　　当社のオリジナル　オリジナルな考え

このマスコット人形は当社のオリジナルです。
This mascot doll is an original creation of our company.
这个吉祥物的人偶是我公司的原创。

## オンライン　　オンラインで買う　オンラインシステム

オンラインで知り合った人とチャットで話した。
I chatted with a person I met online.
跟在网上认识的人用网络聊天儿。

## カテゴリー　　人文学のカテゴリー　カテゴリーに分類する

この映画は歴史映画のカテゴリーに分類される。
This movie falls under the category of historical films.
这部电影可划分为历史电影的范畴。

## カルテ　　患者のカルテ　カルテを書く

患者に症状を聞きながら、カルテに書き込んでいった。
He filled in the chart while asking the patient about his
一边问患者的情况一边填写病历卡。

163

## キャリア　　キャリアを積む　キャリア10年の弁護士

カウンセラーとしてのキャリアを積むために、病院で働いている。
I'm working at a hospital to build my career as a counselor.
作为心理顾问，为了积累经验而在医院工作。

## グローバル化　経済のグローバル化　グローバル化が進む

人材の分野でもグローバル化が進み、外国人留学生を採用しようとする会社が増えた。
Globalization is also making headway in the field of human resources, and the number of companies wishing to recruit foreign students is on the rise.
人才领域也在向全球化发展，录用外国留学生的公司增加了。

## ゲスト　　番組のゲスト　ゲストが来る

今日はこの番組にゲストが来てくれました。ではそのゲストの方を紹介しましょう。
We have a guest on today's program. Let's begin by introducing [him/her].
今天，我们的节目请来了嘉宾。下面，我将这位嘉宾介绍给大家。

## コマーシャル　テレビのコマーシャル　コマーシャルソング

テレビのコマーシャルの時間を使ってメールを打つ。
To send an email during a commercial break on TV.
利用电视节目中的广告时间发短信。

## コミュニティ　コミュニティの形成　コミュニティセンター

同じ悩みを持つ人々のコミュニティを作ることは大切だ。
It's important to set up a community of people who share the same anxieties.
设立有同样烦恼的人的交流区很重要。

第2週3日目　カタカナ語　ア〜シ

## コンプレックス　　容姿のコンプレックス　コップレックスを抱く

彼女はモデルとしては背が高い方ではないので、コンプレックスを持っているらしい。
I heard she has a complex because she isn't as tall as other models.
她作为模特儿来说个子并不高，所以好像有自卑感。

## サイクル　　　　1年のサイクル　サイクルが速い

時差がある国から帰国して、生活のサイクルがうまく戻せない。
I've returned from a country with a time difference, and I'm having trouble reverting to my daily life cycle.
从有时差的国家回国，生活周期很难恢复。

## サポート　　　留学をサポートする　サポート体制

多くの大学に学生の海外留学をサポートする制度がある。
Many universities have a system to support students who wish to study abroad.
很多大学都有支持学生海外留学的制度。

## ジェスチャー　ジェスチャーで示す　単なるジェスチャーに過ぎない

彼女が手伝いましょうかと言ったのは、単なるジェスチャーに過ぎなかった。
Her offer to help was a mere gesture.
她说帮我，只不过是做做样子而已。

## シェルター　　核のシェルター　シェルターに隠れる

このビルの地下には核のシェルターがあるといううわさだ。
Rumor has it that there's a nuclear shelter in the basement of this building.
听说这栋大楼的地下设有核避难所。

## システム　　教育のシステム　システムを確立する

彼女は人材育成のシステムを確立することで会社に貢献した。
She has contributed to the company by setting up a training system for human resources.
她建立了人才培训系统，为公司做出了贡献。

## シナリオ　　シナリオを書く　シナリオ通り

学生のとき、演劇部でいくつもシナリオを書いた。
When I was a student, I wrote a number of scenarios for the drama club.
我学生时代在舞台剧活动小组写过几个剧本。

## シビア　　シビアな要求　金にシビアだ

父はお金にシビアな人で、ぜい沢なことは決してしなかった。
My father was strict with money, and he never spent it in an extravagant way.
父亲是对金钱管理很严格的人，决不做奢侈的事。

## ジャーナリズム　ジャーナリズムの役割　ジャーナリズムを学ぶ

私は真実を伝えることだけがジャーナリズムの使命だとは思わない。
I don't think that telling the truth is the only purpose of journalism.
我并不认为新闻工作者的使命只是传达真实的事。

## シンポジウム　シンポジウムの案内　シンポジウムを開催する

来月のシンポジウムに向けて、準備を進めている。
We're continuing our preparations ahead of next month's symposium.
我正在为下个月举办的研讨会做准备。

第2週3日目　カタカナ語　ア〜シ

月　日　／5

# 確認テスト

【問題Ⅰ】（　　）に入れる最もよいものを一つ選びなさい。

1）他の人が褒めてばかりいる中で、そのキャスターが（　　）に批評する様子は視聴者に好評だった。
　1.シビア　　2.カルテ　　3.オリジナル　　4.コンプレックス

2）この会社の外国人社員に対する（　　）体制は素晴らしい。
　1.エレガント　　2.コマーシャル　　3.サポート　　4.システム

【問題Ⅱ】　　　　の言葉の意味に最も近いものを一つ選びなさい。

1）ことばが分からなかったので、この席に座ってもいいかとジェスチャーで示した。
　1.手話　　2.体つき　　3.身振り　　4.せりふ

2）就職したい会社には積極的にアプローチしたほうがいい。
　1.近所まで行ったほうがいい　　2.働きかけたほうがいい
　3.用心したほうがいい　　　　　4.信用したほうがいい

【問題Ⅲ】　次の言葉の使い方として最もよいものを一つ選びなさい。

1）サイクル
　1.自転車の車輪がサイクルしている。
　2.人間のサイクルはもう一度生まれることができる
　3.忙しい時期が3か月サイクルでやってくる。
　4.天気のサイクルで風邪をひいてしまった。

解答は173ページ

---

（P161 確認テストの解答）
　【問題Ⅰ】1）1　　2）4　　【問題Ⅱ】1）3　　2）3　　【問題Ⅲ】1）3

# カタカナ語　シ〜フ

**第2週 4日目**

## シンボル
平和のシンボル　シンボルマーク

平和のシンボルとして鳩がたくさん放たれた。
Many doves were released as a symbol of peace.
作为和平的象征放飞了鸽子。

## スケール
壮大なスケール　スケールが違う

この映画は戦闘シーンを壮大なスケールで描き、たくさんの賞を獲得した。
This movie depicts battles on a spectacular scale, and has earned many awards.
这部电影以巨大的规模描写了战争场面，获得了许多奖。

## ストレス
ストレスをため込む　ストレスを発散する

ストレスをため込まないように、適度に運動したり旅行したりしている。
I exercise and travel moderately to prevent stress from building up.
为了缓解压力，适当地做做运动或去旅游。

## スペース
スペースを設ける　スペースを詰める

申込書に家族全員の名前を書くスペースがないので、裏面に書いた。
The application form didn't have enough space for the names of my entire family, so I wrote them on the back.
因为申请表上没有地方填写全家人的名字，所以写在了背面。

## スポークスマン
大統領のスポークスマン　スポークスマンに就任する

広報部の部長がこの会社のスポークスマンの役目を果たしている。
The director of the public relations department acts as a spokesman for the company.
宣传部长负责这个公司发言人的工作。

## ソロ　　ソロで演奏する　ソロ活動

彼女はかつて大人気のロックグループのボーカルだったが、今はソロ活動をしている。
She once was a vocalist in a very popular rock band, but now she's following a solo career.
她以前是很受欢迎的摇滚乐队的主唱，现在是一位独唱歌手。

## タイムリー　　タイムリーな企画　タイムリーに届く

次回の講演はタイムリーな話題で、多くの参加者が見込める。
The next lecture will feature a very timely topic, so we can expect the presence of many participants.
下次的讲演是时事话题，预计会有很多人参加。

## タレント　　人気のタレント　新人タレント

この歌手は女性に人気のタレントの第一位に選ばれた。
This singer has been elected to the top spot of talents popular among women.
这位歌手被选为最受女性欢迎的艺人。

## チームワーク　　チームワークの重要性　チームワークが取れる

このグループは最初からチームワークが取れていたので、協力して優勝することができた。
This group was able to win through cooperation, thanks to its display of good teamwork from the start.
这个队一开始就强调团队精神，所以通过合作获得了冠军。

## チャレンジ　　国家試験にチャレンジする　チャレンジ精神

国家試験にチャレンジして、裁判官になりたいと思っている。
I'm considering taking the national examination to become a judge.
我想通过国家考试当上法官。

## データ　　　データの分析　データを集める

実験データの分析に最新のソフトを使った。
I used the latest software to analyze the test data.
用最新软件分析了实验数据。

## デジタル　　　デジタルカメラ　デジタル化する

様々なものがデジタル化される中で、レコードが出す音の味わいが再び注目されている。
With all kinds of devices turning digital, the sound produced by records is again under the spotlight.
在各种数码化产品中，唱片发出的音色再次引起了人们的关注。

## デッサン　　　デッサンの基礎　果物をデッサンする

絵画教室に通って、デッサンの基礎を習得した。
I acquired the basics of sketching by attending painting classes.
通过上绘画学校学会了素描的基础。

## デモンストレーション　　使い方のデモンストレーション
　　　　　　　　　　　　　デモンストレーションの効果

健康器具のデモンストレーションをしているテレビ番組を見て、衝動買いしてしまった。
I bought it on impulse after seeing a TV program that introduced health equipment.
看了保健器械的电视导购节目后，冲动地买了。

## トラブル　　　トラブルに巻き込まれる　金銭トラブル

彼女は会社で何かトラブルを起こしたようで、部署が異動になった。
Apparently she caused some kind of trouble at the company, and she was transferred to another department.
她好像在公司引起了什么纠纷，所以调换了部门。

第2週4日目　カタカナ語　シ〜フ

## ナンセンス　　ナンセンスな考え　ナンセンスなギャグ

実力はあるのに去年準優勝しているから今年は入賞できないなんて、ナンセンスな話だ。
It's nonsense to say that, despite your abilities, you cannot win a prize this year because you ended up in second place last year.
去年有获得亚军的实力，今年却连奖也没有获得，真是够荒唐的了。

## ニュアンス　　微妙なニュアンス　ニュアンスが違う

この単語は翻訳するとニュアンスが違ってくる。
The nuance of this word changes when translated.
这个单词翻译的话，语感就会有点变味。

## ノイローゼ　　ノイローゼになる　ノイローゼ気味

彼は上司に叱られてばかりで、少しノイローゼ気味だ。
He's constantly scolded by his boss, so he tends to be a little neurotic.
他总是被上司责骂，以至于有点儿忧郁。

## バッテリー　　バッテリーを充電する　バッテリーを組む

バッテリーが切れて、携帯電話が通じなくなった。
The battery died, so I was unreachable on my mobile phone.
电池没电了，手机打不通了。

## バラエティ　　芸のバラエティ　バラエティに富む

芸のバラエティで彼の右に出る者はおらず、飲み会では飽きることなく私たちを楽しませてくれる。
He's without equal in terms of the variety of his tricks, and he never gets tired of entertaining us at drinking parties.
他的才艺丰富多彩，无人能出其右，聚会上总是让我们开心，永无厌烦。

## ヒント
クイズのヒント　ヒントを出す

クイズでヒントを出してもらったが、答えは全然分からなかった。
I received a hint during the quiz, but I was completely unable to figure out the answer.
智力竞赛时虽然给了提示，但是我还是一点儿也回答不出来。

## ファイト
ファイトが出る　ファイトを燃やす

対戦相手の意気込みを感じて、私たちもファイトを燃やした。
We could feel the enthusiasm of our opponents, and that drove our fighting spirit.
感觉到对手干劲十足，我们也燃起了斗志。

## ファイル
ファイルする　ファイルに挟む

ファイルに挟んでおいた宿題が見当たらない。
I can't find the assignment I placed in the file.
找不到夹在文件夹中的作业了。

## ファン
ファンの声援　ファンを熱狂させる

コンサートではファンの声援で歌が聞こえないほどだった。
The fans' cheers were so loud at the concert that we couldn't hear the song.
在演唱会上歌迷的欢呼声大到以至于听不到歌声。

## ファンタジー
ファンタジーの世界　ファンタジー映画

ディズニーランドは私たちをファンタジーの世界へ誘ってくれる。
Disneyland is a place that invites us into a world of fantasy.
迪士尼乐园让我们进入一个奇幻的世界。

第2週4日目　カタカナ語　シ〜フ

月　日　／5

# 確認テスト

【問題Ⅰ】（　　）に入れる最もよいものを一つ選びなさい。

1) 書類はもう（　　　）して棚に入れた。
　1. データ　　2. ファイル　　3. スペース　　4. トラブル

2) 微妙な（　　　）が通じて嬉しい。
　1. シンボル　　2. ニュアンス　　3. ストレス　　4. ソロ

【問題Ⅱ】　＿＿＿＿の言葉の意味に最も近いものを一つ選びなさい。

1) 私どもの店では日本古来の伝統的なものからモダンアートのものまで、バラエティに富む家具を用意しております。
　1. 大型の　　2. 面白い形の　　3. 華やかな形の　　4. 様々な種類の

2) 彼はナンセンスな冗談を連発して、会場を凍らせた。
　1. くだらない　　2. 難しい　　3. 鋭い　　4. 甘い

【問題Ⅲ】　次の言葉の使い方として最もよいものを一つ選びなさい。

1) タレント
　1. 彼女は背が高く美人で、本当にタレントな人だ。
　2. 有名な大学の教授がタレントに転身した。
　3. クイズのタレントですぐに答えが分かった。
　4. 彼はアナウンサーをやめてタレントした。

解答は179ページ

---

（P167 確認テストの解答）
　【問題Ⅰ】1) 1　2) 3　【問題Ⅱ】1) 3　2) 2　【問題Ⅲ】1) 3

# 第2週 5日目 カタカナ語 フ〜ロ

## フィルター　　フィルターをかける　ファイルターを取り付ける

フィルターを取り付けて、きれいな空気が送られるようにする。
I'm setting up a filter in order to send clean air.
安装过滤器让清新的空气进来。

## ブーム　　ブームに乗る　海外旅行ブーム

円高になって再び海外旅行ブームが起こる。
The appreciation of the yen will trigger another boom in overseas travel from Japan.
由于日元的升值再次引起了日本人的海外旅游热潮。

## フォーム　　投球のフォーム　フォームに沿って書く

投球のフォームがいいと監督に褒められた。
The coach congratulated me on my good pitching form.
教练表扬我投球的姿势很好。

## ブザー　　ブザーが鳴る　ブザーを押す

開演のブザーが鳴って、会場は暗くなった。
A buzzer went off to announce the start of the performance, and the hall went dark.
开演的铃声响了，会场的灯光暗了下来。

## プライド　　プライドが高い　ブライドを傷つける

人のプライドを傷つけるようなことを言ってはいけない。
You shouldn't say things that hurt other people's pride.
不可以说伤人自尊心的话。

## ブランク　　ブランクがある　ブランクを埋める

彼は入院中のブランクを埋めるかのように、必死で練習した。
He trained frantically, as if he were trying to fill the blank caused by his hospitalization.
他为了填补住院时的空白,拼命地做了练习。

## ペース　　相手のペース　ペースを上げる

マラソンでは相手のペースに巻き込まれないようにしなければならない。
When running a marathon, it's important not to be drawn into the pace of one's opponents.
马拉松时,要注意不要被别人的速度影响。

## ベストセラー　今月のベストセラー　ベストセラー小説

この本屋はベストセラーばかり置いてあって、私好みの本は売っていない。
This bookshop only has bestsellers. It doesn't sell any of the books I like.
这家书店出售的只是些畅销书,没有我喜欢的。

## ボイコット　　仕事のボイコット　ボイコットする

賃金を上げろと要求して、工場の従業員が仕事をボイコットした。
The factory employees called for a wage increase and boycotted their work.
工厂的工人为了提高工资而进行了罢工。

## マスコミ　　マスコミの責任　マスコミを賑わす

有名歌手と有名女優の交際が発覚し、マスコミを賑わしている。
The press is enthralled by revelations that a well-known singer and a famous actress are dating each other.
发现名歌手和名女演员在交往,引起了媒体的关注。

## ムード　　ムードに弱い　ムードを盛り上げる

知らない者同士が集まったパーティーのムードを盛り上げるのに苦労した。
They had trouble enlivening the mood of a party where people who didn't know each other congregated.
不认识人士间的聚会，要活跃气氛非常辛苦。

## メーカー　　一流のメーカー　メーカー品

これは一流のメーカーのかばんだから、水に濡れても支障ない。
This bag is made by a top-class manufacturer, so it won't get damaged if it gets wet.
因为这是一流厂家的书包，所以即使淋湿了也没问题。

## メディア　　メディアに踊らされる　マスメディア

メディアには新聞やテレビだけでなく、インターネットも含まれる。
The media include not only newspapers and television, but also the Internet.
媒体不仅包括报纸、电视，还包括网络。

## メロディー　　懐かしのメロディー　メロディーを奏でる

懐かしのメロディーが聞こえてきて、思わず口ずさんだ。
I heard one of my favorite old melodies, and before I knew it I was singing to myself.
听见令人怀旧的旋律，不禁也跟着哼唱了起来。

## モニター　　新商品のモニター　モニターをのぞく

開発途中の商品のモニターになると、その商品が無料でもらえる。
When you become a monitor for a product under development, you can get that product for free.
若成为开发中的商品的试用者，就可免费获得该商品。

## ユーラシア大陸　広大なユーラシア大陸　ユーラシア大陸の地形

ユーラシア大陸は６大陸の中で一番大きい。
The Eurasian continent is the biggest of the six continents.
亚欧大陆是六个大陆中最大的。

## ユニーク　　ユニークな発想　性格がユニークだ

若手社員のユニークな発想で、新たなプロジェクトが始動した。
A new project was launched based on a unique concept devised by a young employee.
根据年轻员工的独特创意，启动了新项目。

## ライバル　　ライバルに勝つ　ライバル視する

宿命のライバルの対決が、明日、このスケートリンクで行われる。
The two archrivals will come head-to-head tomorrow on this skating rink.
宿命对手间的对决，明天将在这个溜冰场进行。

## ライフスタイル　　ライフスタイルを変える
　　　　　　　　　　ライフスタイルに影響を与える

彼女は都会に出て、ライフスタイルだけでなく、考え方まで変わってしまった。
She moved to the city, and she ended up changing not only her lifestyle, but also her way of thinking.
她到了城市后，不仅生活方式，思想也发生了改变。

## ラベル　　品質保証のラベル　ラベルを貼る

瓶にラベルを貼って、中身がすぐ分かるようにしている。
I'm sticking labels on the bottles so their contents can be understood immediately.
在瓶子上贴上标签，一眼就能知道瓶子里的东西。

## リード

仲間をリードする　リードを広げる

試合前半でリードを広げることができ、勝利は確実になった。
They were able to extend their lead in the first half of the game, and their victory was assured.
前半场比赛已遥遥领先，胜利在握。

## リサイクル

家具のリサイクル　リサイクル品

地球環境を大切に考えるなら、もっと積極的にリサイクル品を使うべきだ。
If we're serious about protecting the global environment, then we should use recycled goods more actively.
要是重视地球环境，就应该更积极地使用再生用品。

## ルーズ

時間にルーズだ　管理がルーズだ

この会社は危機管理がルーズで、万一の場合の備えができていない。
This company is pretty careless about crisis management, so it's not ready to cope with emergencies.
这家公司对危机管理很松懈，没有做好万一时的准备。

## レントゲン

レントゲンを撮る　レントゲン写真

レントゲンの検査で肺がんであることが判明した。
An X-ray examination revealed that it was lung cancer.
通过X光检查诊断出是肺癌。

## ロマンティック（ロマンチック）

ロマンティックな物語　ロマンティックな人

妹は未だにロマティックな夢を追いかけていて、王子様のような素敵な男性とめぐり会えると信じている。
My younger sister is still chasing romantic dreams, and she's convinced that she will meet a handsome man that looks like a prince.
妹妹至今还在追求浪漫的梦想，相信能遇见像王子那样优秀的男性。

第2週5日目　　カタカナ語　フ～ロ

# 確認テスト

【問題Ⅰ】（　　）に入れる最もよいものを一つ選びなさい。

1）彼女は出産・育児で休んでいた3年の（　　）を克服し、見事なパフォーマンスを披露した。
　1. ライバル　　2. プライド　　3. ブランク　　4. ボイコット

2）（　　）に踊らされないように自分の目で見て考える必要がある。
　1. メディア　　2. モニター　　3. メーカー　　4. ブザー

【問題Ⅱ】　＿＿＿の言葉の意味に最も近いものを一つ選びなさい。

1）この作品には彼のユニークさが表われていますね。
　1. よく売れていて人気がある様子　　2. 他にはないような独特な感じ
　3. 曲がって変形している様子　　　　4. 国際的で最新鋭な感じ

2）ブームに乗って、私も最新型携帯電話を買った。
　1. 流行　　2. 盛大　　3. 雑音　　4. 振動

【問題Ⅲ】　次の言葉の使い方として最もよいものを一つ選びなさい。

1）ルーズ
　1. 彼は仲間をルーズして仕事するのがうまい。
　2. 時間にルーズな人は仕事で成功しない。
　3. 自分のルーズを崩さないで仕事をしたい。
　4. 音楽がうるさいルーズで仕事をする気になれない。

解答は185ページ

---

（P173 確認テストの解答）
　【問題Ⅰ】1）2　2）2　　【問題Ⅱ】1）4　2）1　　【問題Ⅲ】1）2

# 第3週 1日目 　動詞　気持ち（1）

## 欺く（あざむ）
人を欺く　敵を欺く

国民を欺くような政治家にはなりたくない。
I don't want to become a politician who misleads the public.
我不想成为一个欺骗国民的政治家。

## 案じる（あん）
身を案じる　将来を案じる

外国で暮らす子どもの身を案じて、彼女は毎日お祈りをしている。
She's concerned about her children living abroad, and she prays for them every day.
她担心居住在国外的孩子，每天都在祈祷。

## 意気込む（いきご）
～と意気込む　意気込んで～する

我々のチームは、今度こそ優勝しようと意気込んでいる。
Our team is determined to win the competition next time.
我们的队干劲十足，发誓这次一定要获得冠军。

## いたわる
お年寄りをいたわる　髪をいたわる

誰もがお年寄りをいたわる社会を築くべきだ。
We should all construct a society that cares for the elderly.
应该建立一个任何人都会照顾老人的社会。

## 挑む（いど）
戦いを挑む　新記録に挑む

全国大会一位のチームに戦いを挑んだ。
We went up against the team that ranked number one in the national championship.
我们挑战了在全国大会上获得冠军的队。

第3週と第4週は動詞

## いやす

疲れをいやす　喉の渇きをいやす

川の水で喉の渇きがいやされた。
I quenched my thirst with water from the river.
喝河水解渇。

## うぬぼれる

〜とうぬぼれる　うぬぼれ（名詞）が強い

小学生のころは、自分が天才だとうぬぼれていた。
While in elementary school, I fancied myself as a genius.
我小学的时候，自命不凡，自以为是个天才。

## 怠る

努力を怠る　注意を怠る

学生のときに勉強を怠ると、社会人になってから苦労する。
If you neglect your studies as a student, you will have a hard time as a working adult.
学生时代不学习偷懒，参加工作后会很辛苦。

## 惜しむ

手間を惜しむ　協力を惜しまない

ちょっとした手間を惜しんでいたら、おいしい料理はできない。
If you're too parsimonious with time, you won't be able to prepare a delicious meal.
不花工夫就做不出好吃的菜来。

## おだてる

人をおだてる　おだてて〜させる

高橋さんは人をおだてるのが上手い。
Takahashi is a good flatterer.
高桥这个人很会拍马屁。

## おびえる　　恐怖におびえる　おびえたような目つき

日本に来たばかりの頃は、慣れない地震におびえていた。
Right after I arrived in Japan, I couldn't get used to earthquakes and they really scared me.
刚来日本时，对还没习惯的地震感到很害怕。

## 重んじる　　伝統を重んじる　利益を重んじる

利益ばかりを重んじる社会では、人と人のつながりが希薄になる。
In a society that values only profits, relationships between people are weakened.
在只重视利益的社会里，人与人的关系变得很淡薄。

## （恥を）かく　　〜て恥をかく　恥をかかせる

親に恥をかかせるようなことをするものではない。
One shouldn't act in a way that brings shame to one's parents.
不应该做让父母蒙羞的事。

## かなう　　願いがかなう　かなわぬ夢

かねてからの願いがかなって、イタリアに留学できることになった。
My long-time wish came true, and I was able to go to Italy for study.
夙愿得偿，我能去意大利留学了。

## かばう　　部下をかばう　傷をかばう

右足の傷をかばって歩いていたら、左足が痛くなった。
I walked while trying to protect my injured right foot, and I started feeling pain in my left foot.
护着受伤的右腿走路，连左腿也痛了起来。

第3週1日目　動詞　気持ち（1）

## 汲む（く）

気持ちを汲む　事情を汲む

住民の意向を汲んで、街の中心にある広場はそのまま残された。
The square in the downtown area was left untouched in accordance with the residents' wishes.
考虑到居民的要求，市中心的广场被原样保留了下来。

## けなす

人をけなす　作品をけなす

人をけなす前に我が身を振り返れ。
Take a good look at yourself before speaking ill of other people.
在贬低他人之前，先反躬自问吧。

## 心掛ける（こころがける）　（→心掛け P140）

規則正しい生活を心掛ける
〜よう（に）心掛ける

ストレスをためないように心掛けている。
I'm trying to prevent myself from accumulating stress.
我很注意不让自己有精神压力。

## 志す（こころざす）　（→志 P140）

画家を志す　起業を志す

学者を志すなら、広く世界を知るために留学するのもいいだろう。
If you want to become a scholar, studying abroad to learn more about the world should be a positive thing.
如果理想是当一名学者，为了增长见识去留学也很不错。

## こだわる

料理にこだわる　細かいことにこだわる人

済んだことにいつまでもこだわるものではない。
One shouldn't keep dwelling on what's already past.
不应该一直执着于过去的事。

## ごまかす
年齢をごまかす　おつりをごまかす

一晩中泣いて腫れた目をサングラスでごまかした。
After crying all night, I wore sunglasses to hide my swollen eyes.
我用太阳镜遮掩哭了整晚而红肿的眼睛。

## 懲りる
失敗に懲りる　懲りずに～する

父は酒の飲み過ぎで倒れたのに、懲りずにまた酒を飲んでいる。
There he is drinking alcohol again carelessly, despite the fact that his father collapsed from drinking too much.
父亲曾因喝酒太多而病倒，却一点儿也不知悔改还继续喝。

## 凝る
食器に凝る　凝ったデザイン

この喫茶店はコーヒーの豆だけじゃなく、食器にも凝っている。
This café pays great attention not only to the coffee beans, but also to the tableware.
这家咖啡店不仅对咖啡豆，对餐具也很讲究。

## 察する
人の心を察する　表情から察する

彼女の表情から察するに、まだ隠し事があるようだ。
I can tell from her expression that she's probably still hiding something.
从她的表情可以看出她可能还隐藏着什么事。

## 悟る
死期を悟る　～と悟る

これ以上彼に何を言っても無駄だと悟った。
I realized that talking to him was completely useless.
我觉得对他再说什么都是白费口舌。

第3週1日目　動詞　気持ち（1）

月　日　／5

# 確認テスト

【問題Ⅰ】（　　）に入れる最もよいものを一つ選びなさい。

1) 笑って（　　　　）で、何があったか説明してください。
　　1. うぬぼれない　2. 凝りない　3. くまない　4. ごまかさない

2) 人前でいびきをかいて寝てしまい、（　　　　）。
　　1. 案じた　2. 恥をかいた　3. かばった　4. 心掛けた

【問題Ⅱ】　　　　の言葉の意味に最も近いものを一つ選びなさい。

1) 猫は自分の死期を悟って、人目のないところへ行く。
　　1. 感じ取って　2. 警戒して　3. 探し当てて　4. 調査して

2) 彼のプレゼンテーションは準備を怠ったことが見え見えだった。
　　1. さからった　2. つくした　3. なまけた　4. のばした

【問題Ⅲ】次の言葉の使い方として最もよいものを一つ選びなさい。

1) かなう
　　1. 宝くじがかない、車を2台買おうと思っている。
　　2. 夢がかなって、自分の店を持つことができた。
　　3. パソコンがかない、新しいものを買った。
　　4. 苦労したことがかなって、通訳として仕事をしている。

解答は191ページ

(P179 確認テストの解答)
【問題Ⅰ】1) 3　2) 1　【問題Ⅱ】1) 2　2) 1　【問題Ⅲ】1) 2

# 動詞　気持ち（2）

**第3週 2日目**

## 慕う（したう）
遠い祖国を慕う　慕っていた人

会社で兄のように慕っていた人が転勤することになり、残念だ。
I'm sad because a colleague I looked up to as an older brother will be transferred elsewhere.
在公司如哥哥般敬慕的人要调动工作了，真遗憾。

## しょげる
叱られてしょげる　しょげた顔

そんなにしょげた顔して、どうしたの？
You look so downcast, what happened to you?
你这么一副无精打采的样子，怎么了？

## 背く（そむく）
意に背く　約束に背く

親の意に背いて、彼は画家になった。
He went against the expectations of his parents and became an artist.
他违背了父母的意愿，成了一名画家。

## 耐える／堪える（たえる）
苦痛に耐える　聞くに堪えない話

夢があれば、どんな辛いことにも耐えられる。
If you have a dream, you can endure any kind of hardship.
只要有梦想，任何辛苦都能承受。

## 称える（たたえる）
〜と称える　健闘を称える

彼は仕事ができるだけでなく、人格的にも素晴らしい人だと称えられている。
He is praised not only as someone who is good at his job, but also as a great human being.
他被称赞为"不仅有工作能力，而且人品也很不错"。

## 慎む
つつし

言葉を慎む　酒を慎む
ことば　つつし　さけ　つつし

私達はまだ一人じゃ何もできない新人なんだから、言葉を慎んだほうがいい。
わたしたち
We should be prudent with what we say, because we're still just a bunch of incompetent rookies.
我们现在还是独自一人什么都不会做的新手，说话最好谨慎一点儿。

## 尊ぶ
とうと

（→尊い P248）
とうと

神を尊ぶ　命を尊ぶ
かみ　とうと　いのち　とうと

昔の人は自然を尊び、自然を恐れ、そして自然と共存していた。
むかし　ひと　しぜん　とうと　しぜん　おそ　しぜん　きょうぞん
Ancient people respected nature, feared nature and coexisted with nature.
以前的人尊崇自然、畏惧自然，于是与自然共存。

## とがめる

気がとがめる　失敗をとがめる
き　しっぱい

まだ使えるものを捨てるのは気がとがめる。
つか　す　き
I feel guilty about throwing away things that can still be used.
把还可以用的东西扔掉会觉得很过意不去。

## どきっとする（どきりとする）

心臓がどきっとする
しんぞう
どきっとするような質問
しつもん

まだ使えるものを捨てるのは気がとがめる。
つか　す　き
I feel guilty about throwing away things that can still be used.
把还可以用的东西扔掉会觉得很过意不去。

## とぼける

とぼけたことを言う　とぼけた表情
い　ひょうじょう

とぼけたってだめだよ。ちゃんと答えなさい。
こた
There's no use playing dumb. Answer my question.
别装疯卖傻，好好地回答。

## 嘆く（なげく）　　友人の死を嘆く　教育の質の低下を嘆く

電車の乗客のモラルが低下していると祖父はいつも嘆いている。
My grandfather keeps moaning about the moral decline of people who ride on trains.
祖父常常感叹电车里的乘客道德越来越低下。

## 悩ます（なやます）　　頭を悩ます　ストーカーに悩まされている

毎年、家族にあげるクリスマスプレゼントを何にするか、頭を悩ます。
Every year I rack my brains over what Christmas presents to give to my family.
每年都为给家人送什么圣诞礼物而伤脑筋。

## 妬む（ねたむ）　　他人を妬む　同僚の昇進を妬む

成功した人を妬んでいないで、自分で努力しなさい。
Stop envying those who have succeeded and start counting on yourself.
不要嫉妒成功的人，要自己努力。

## 粘る（ねばる）　　最後まで粘る　粘りに粘る

粘りに粘って、最後はついに逆転し、感動的な決勝戦となった。
They persevered to the end, and at last they reversed the situation. It was a thrilling championship final.
坚持到最后终于逆转，成了一场让人感动的决赛。

## 罵る（ののしる）　　相手を罵る　口汚く罵る

大統領はテレビ討論中に嘘つきだと罵られた。
The president was abused during the televised debate, and was called a liar.
总统在电视讨论会上被人骂是骗人。

第3週2日目　動詞　気持ち（2）

## 励ます
友人を励ます　頑張れと励ます

研究を続けるようにと教授に励まされた。
My university teacher encouraged me to continue my research.
教授鼓励我继续研究下去。

## 励む
学業に励む　声援を励み（名詞）にする

学生のうちは学業に励むべきだ。
You should concentrate on your studies while you're still a student.
做学生的时候应该刻苦学习。

## 恥じらう
頬を赤くして恥じらう　恥じらう姿

少女が頬を赤くして恥じらう姿が印象に残った。
The sight of the girl's blushing red cheeks left an impression on me.
少女脸红害羞的样子给我留下了很深的印象。

## 惹かれる
優しさに惹かれる　心が惹かれる

彼の芯の強さに惹かれて、結婚を決意した。
I was drawn by his strong-mindedness and decided to marry him.
她被他的坚强所吸引，决定跟他结婚。

## へりくだる
へりくだって言う　へりくだった態度

「弊社」というのは、自分の会社のことをへりくだって言うことばだ。
The word "heisha" is used in Japanese to refer humbly to one's own company.
"敝社"是对自己公司的谦虚说法。

## 誇る（ほこる）

長い歴史を誇る　　日本が誇る作家

日本が誇る作家として村上春樹の名が挙げられるだろう。
The name of Haruki Murakami comes to mind as a novelist Japan can be proud of.
作为日本引以为傲的作家，村上春树一定榜上有名吧。

## 惑う（まどう）

心を惑わされる　　目の前の利益に惑わされる

うわさに惑わされず、自分の目を信じることだ。
It's important to trust your own eyes without being swayed by rumors.
不要被谣言迷惑，要相信自己的眼睛。

## 見極める（みきわめる）

真相を見極める　　タイミングを見極める

事件の真相を慎重に見極めた上で、自分は今後どうするか考えたい。
I will think about what to do next after I carefully consider the facts of this case.
我想先谨慎地把事件的真相弄清楚后，再考虑今后怎么办。

## 和らげる（やわらげる）

苦痛を和らげる　　悲しみを和らげる

患者の苦痛を和らげるために、薬物を投与する。
To administer medicine to relieve the patient's pain.
给药是为了缓解患者的痛苦。

## 揺さぶる（ゆさぶる）

経済界を揺さぶる　　心が揺さぶられる

一国の経済状況が世界経済を揺さぶることもある。
The economic situation of one country can affect the global economic situation.
一个国家的经济状况也可能会动摇全世界的经济。

第3週2日目　動詞　気持ち（2）

# 確認テスト

【問題Ⅰ】（　　）に入れる最もよいものを一つ選びなさい。

1) コーヒー一杯で3時間も（　　　）喫茶店にいた。
   1. とぼけて　2. ねばって　3. 惑って　4. 見極めて

2) 両チームの健闘を（　　　）、試合は終了した。
   1. 慕って　2. 称えて　3. 尊んで　4. 妬んで

【問題Ⅱ】＿＿＿の言葉の意味に最も近いものを一つ選びなさい。

1) 毎朝、仲間とともに体力作りに励んでいる。
   1. 応援して　2. 怠って　3. 努力して　4. 約束して

2) 自分勝手な行動は慎みなさい。
   1. 控え　2. 怒鳴り　3. 感動し　4. 落ち着き

【問題Ⅲ】次の言葉の使い方として最もよいものを一つ選びなさい。

1) しょげる
   1. 台風で木の枝がしょげてしまった。
   2. 心がしょげるような感動的な映画に出会った。
   3. 約束をしょげてしまったので、友だちに会いたくない。
   4. そんなにしょげていないで、元気出してよ。

解答は197ページ

---

(P185 確認テストの解答)
【問題Ⅰ】1) 4　2) 2　【問題Ⅱ】1) 1　2) 3　【問題Ⅲ】1) 2

## 第3週 3日目 — 動詞 体（からだ）

### 仰ぐ（あおぐ）
天を仰ぐ　指示を仰ぐ

試合終了の合図が鳴り、負けたチームの選手は天を仰いで悔しがった。
The ending horn, whistle sounded and the team that lost looked up to the sky in frustration.
比赛结束的哨声响了，输的队的选手们仰望着天空极为懊悔。

### 赤らむ（あからむ）
顔が赤らむ　果物の実が赤らむ

彼女は照れたのか、頬が赤らんだ。
She blushed in embarrassment.
她羞红了脸。

### 痛める（いためる）
足を痛める　心を痛める

風邪で喉を痛めて、声が出ない。
My throat is sore from a cold and I've lost my voice.
因感冒喉咙痛，发不出声音来。

### うつむく
恥ずかしそうにうつむく　何も言えずにうつむく

事故現場にいた少年は硬い表情でうつむいていた。
The boy at the accident site hung his head down with a grim look on his face.
事故现场的少年表情僵硬地低着头。

### 老いる（おいる）　（→老い P126）
体が老いる　年老いた犬

体が老いてきたのか、ひざや腰が痛い。
My knees and lower back hurt perhaps because my body is aging.
是身体衰老了吧？膝盖以及腰部都很痛。

## かぶれる

皮膚がかぶれる　薬にかぶれる

新しいシャンプーを使ったら、頭皮がかぶれてしまった。
Using a new shampoo has caused a rash on my scalp.
用了新的洗发精后，头皮起了炎症。

## 構える

バットを構える　新居を構える

バッターはバットを構えてピッチャーをにらむように見た。
The batter put his bat in position and glared at the pitcher.
击球员举着球棒瞪着投手。

## 鍛える

体を鍛える　技を鍛える

心身を鍛えて、どんな困難にも立ち向かえる人間になりたい。
I will strengthen my body and mind so I can become a person capable of taking on any kind of challenge.
我想锻炼身心，成为一个能面对任何困难的人。

## くぐる

トンネルをくぐる　法の網をくぐる

彼は法の網をくぐって、薬を輸入している。
He is using legal loopholes to import drugs.
他钻法律的空子，进口药品。

## 口ずさむ

流行りの歌を口ずさむ　小声で口ずさむ

弟は流行りの歌を口ずさみながらシャワーを浴びている。
My younger brother is singing a popular tune as he takes a shower.
弟弟一边哼着流行歌曲一边洗澡。

## さする  　　背中をさする　冷えた体をさする

気分が悪いという母の背中をただひたすらさすった。
My mother said she didn't feel well so I just kept rubbing her on the back.
母亲说她不舒服，我一直轻拍她的背。

## 触る  　　商品に触る　手で触る

汚い手で商品に触るな。
Don't touch the merchandise with dirty hands.
不要用脏手摸商品。

## つねる  　　頬をつねる　力一杯つねる

夢を見ているのかと頬をつねってみたが、どうやら現実のようだ。
I pinched myself on the cheek thinking it might be a dream, but it was apparently real.
我以为是在做梦，掐了一下脸，但好像是真的。

## つぶやく  　　ぶつぶつとつぶやく　「おやすみ」とつぶやく

電車の中で一人でぶつぶつとつぶやいている人がいる。
There is someone on the train who is muttering under [his/her] breath.
电车里有一个人嘟嘟哝哝地在叨唠着什么。

## つぶる  　　目をつぶって歩く　不正に目をつぶる

社会の不正に目をつぶれない彼は検察官になった。
The man who couldn't turn a blind eye to social injustice became a prosecutor.
不能容忍社会非法行为的他当上了检察官。

第3週3日目　動詞　体

## つまむ
お菓子をつまむ　鼻をつまむ

帰ったらポテトチップスでもつまみながらＤＶＤを見よう。
When I get home, I will snack on potato chips or something and watch a DVD.
回家后，我要边吃薯片边看 DVD。

## 摘む
お茶を摘む　可能性の芽を摘む

子どもが持つ無限の可能性の芽を摘むようなことはしたくない。
I don't want to do anything that would nip a child's limitless opportunities in the bud.
不想把孩子的无限可能性扼杀在摇篮里。

## 唱える
万歳を唱える　絶対反対を唱える

原子力エネルギーを使うことに絶対反対を唱えて、デモ行進をした。
The demonstrators marched in firm protest against nuclear energy.
主张绝对反对使用核能，并进行了示威游行。

## 飛び乗る
馬に飛び乗る　電車に飛び乗る

動きだした電車に飛び乗って、なんとか駅に野宿するのは免れた。
I jumped onto the moving train and barely avoided spending the night at the station.
跳上已开动的电车，总算避免了露宿车站。

## ばてる
暑さにばてる　ばてて動けない

この暑さではトライアスロン選手もみんなばててしまうだろう。
It's so hot that even triathletes will probably be exhausted.
这么热的天，就是铁人三项选手也会累坏吧。

195

## ほぐす
緊張をほぐす　古いセーターをほぐす

糸のもつれをほぐすのに時間がかかってしまった。
It took a while to disentangle the threads.
将缠绕的线团解开花了不少时间。

## 舞う
スケート選手が舞う　雪が舞う

スケート選手が氷の上を華麗に舞う姿を見て、私もフィギュアスケートを始めた。
I took up figure skating after seeing the skaters dance gracefully on the ice.
看了花样滑冰选手在冰上翩翩起舞的样子，我也开始学习花样滑冰了。

## またがる
馬にまたがる　自転車にまたがる

少年が馬にまたがって駆け抜けていく姿が美しかった。
The sight of the boy straddling the horse and riding away was beautiful.
少年策马奔驰的样子非常俊美。

## 目覚める
物音がして目覚める　現実に目覚める

彼は夢ばかり追っていては生活できないと現実に目覚めて、就職口を探し始めた。
He realized that he couldn't go on living just chasing dreams, woke up to reality, and started looking for a job.
他终于醒悟了知道只是一味追求理想的话不可能生活的现实，于是开始找工作了。

## もがく
プールでおぼれてもがく　生活を変えようともがく

今の生活から抜け出そうともがいても無駄だ。
It's no use struggling to try to change your life.
即使想脱离现在的生活也不可能。

第3週3日目　動詞　体

# 確認テスト

【問題Ⅰ】（　　）に入れる最もよいものを一つ選びなさい。

1) 鼻を（　　）薬を飲んだ。
　　1. つねって　　2. つぶやいて　　3. つまんで　　4. つんで

2) 残酷なニュースに心を（　　）。
　　1. 痛める　　2. かぶれる　　3. つぶる　　4. 唱える

【問題Ⅱ】　＿＿＿の言葉の意味に最も近いものを一つ選びなさい。

1) 学生の緊張をほぐすために、先生は冗談を言った。
　　1. 思い出す　　2. やわらげる　　3. むすぶ　　4. あわせる

2) この件については上司の指示を仰いでから、すぐに連絡をさせていただきます。
　　1. 与えて　　2. 命令して　　3. 求めて　　4. 向いて

【問題Ⅲ】　次の言葉の使い方として最もよいものを一つ選びなさい。

1) 目覚める
　　1. 痛くて足にけがしていることに目覚めた。
　　2. 困っている人がいないかどうか目覚めた。
　　3. 悪口に目覚めて知らないふりをすることはできない。
　　4. エコ生活に目覚めた友人は仕事をやめて遠い田舎に引っ越してしまった。

解答は203ページ

(P191 確認テストの解答)
　【問題Ⅰ】1) 2　　2) 2　　【問題Ⅱ】1) 3　　2) 1　　【問題Ⅲ】1) 4

# 動詞　物の状態・動き（1）

**第3週 4日目**

## 相次ぐ（あいつぐ）
相次ぐ不祥事　相次いで事故が起こる

この場所で相次いで自動車事故が起こり、警察が原因調査を始めた。
Automobile accidents occurred repeatedly at the site so police launched an investigation into the cause.
这里相继发生了几起车祸，警察开始调查原因。

## あせる
色があせる　思い出があせる

別れた恋人との思い出はあせることなく、今も心の中にある。
Memories of my former sweetheart remain in my heart without fading.
对已分手恋人的记忆并未退色，仍保留在心中。

## 値する（あたいする）
称賛に値する　議論するに値しない

このような問題は社長を交えた会議で議論するには値しない。
Issues such as these are not worth discussing at meetings which include the company president.
这种问题不值得与总经理一起开会讨论。

## 帯びる（おびる）
使命を帯びる　丸みを帯びた顔

部長は重大な使命を帯びて、海外出張に行った。
The division chief went on an overseas business trip tasked with an important mission.
部长肩负着重大使命去国外出差了。

## 及ぶ（およぶ）
影響が及ぶ　彼に及ぶ者

その銀行が倒産したら日本だけでなく全世界へ影響が及ぶだろう。
If the bank collapses, it will affect not only Japan but the whole world.
如果那个银行倒闭的话，其影响不仅是日本还会波及到全世界。

## 欠く（か）

礼儀を欠く　欠くことができない

水と空気は人間が生きていく上で欠くことができないものだ。
Water and air are essential for human beings to survive.
水和空气是人们生存必不可少的东西。

## 朽ちる（く）

朽ちかかった家　朽ちることのない名声

彼女が死んで30年たったが、天才歌手と言われた名声は朽ちることがない。
Although 30 years have passed since she died, she's still renowned as a genius songstress.
她虽然去世已有30年，但天才歌手的美誉却永垂不朽。

## 栄える（さか）

国が栄える　貿易が栄える

大昔、この町は塩の取り引きで栄えた。
Years ago, this town flourished thanks to the salt trade.
很久以前，这个城镇曾因食盐交易而繁荣。

## しなびる

野菜がしなびる　しなびた手

老人のしなびた手に苦労が表れているように感じた。
I thought the old man's wrinkled hands reflected the hardships he had endured.
老人干枯的双手体现了他辛劳的一生。

## 染みる（し）

汗がシャツに染みる　身に染みる寒さ

大人になって読むと、この詩の内容が身に染みる。
The content of this poem goes straight to the heart when it's read after one becomes an adult.
成年后，再读这首诗，其内容让我深有感触。

## 準じる（準ずる）
前例に準ずる　経験に準じる

問題が生じた場合は前例に準じて対処すること。
If problems arise, you should be handled in accordance with precedent.
发生问题时遵照常例处理。

## 廃れる
都市が廃れる　流行語が廃れる

このゲームは一時廃れたが、子どもたちの間で最近また流行り始めたらしい。
This game lost popularity at one point, but children have apparently begun playing it again.
这个游戏有段时间曾销声匿迹，但最近好像又在孩子们中间流行起来了。

## 狭まる
川幅が狭まる　行動範囲が狭まる

年を取ると体力が低下して行動範囲が狭まることがある。
Some people cut down on their activities as they age because their strength deteriorates.
上了年纪后，体力减弱，行动范围也缩小了。

## 添える
左手を添える　手紙を添える

贈り物に手紙が添えてあるとあたたかい気持ちになる。
A letter attached to a gift adds warmth to it.
在赠送的礼品上附上信的话，会让人觉得温馨。

## 損なう
機嫌を損なう　信頼関係を損なう

ちょっとからかっただけなのに、私の言った言葉で彼の機嫌を損なってしまった。
I was just poking fun, but my words put him in a bad mood.
只是开个小玩笑，可是却因为我的话伤害了他。

第3週4日目　動詞　物の状態・動き（1）

## 逸らす
そ

視線を逸らす　話を逸らす
しせん そ　　　　そ

話を逸らさないで、ちゃんと私の質問に答えてください。
はなし そ　　　　　　　　わたし しつもん こた
Please stop trying to change the subject and answer me.
别岔开话题，请好好地回答我的问题。

## 絶える
た

人通りが絶える　笑い声が絶えない
ひとどお た　　　　わら ごえ た

8時になると商店が全て閉まって、この辺りは人通りが絶えてしまう。
じ　　　　しょうてん すべ し　　　　あた　　ひとどお た
All the stores close at 8:00 and the area becomes deserted.
这一带一到八点商店都关门了，没有行人。

## 漂う
ただよ

香りが漂う　空を漂う雲
かお ただよ　　そら ただよ くも

夕飯時に住宅街を歩いているとあちこちから空腹感を刺激するにおいが漂ってくる。
ゆうはんどき じゅうたくがい ある　　　　　　　　　　　くうふくかん しげき　　　　　　ただよ
When I walk through a residential area at dinner time, smells that stimulate my hunger are wafting everywhere.
晚饭时走在住宅区，到处都飘来诱人的饭香，刺激着饥肠辘辘的我。

## 束ねる
たば

髪を束ねる　業界を束ねる
かみ たば　　ぎょうかい たば

課長は経験の浅い社員を束ねていかなければならないので大変だろう。
かちょう けいけん あさ しゃいん たば　　　　　　　　　　　　　たいへん
The section chief's job is probably tough because he has to supervise inexperienced employees.
科长要管理还没多少经验的员工，一定很辛苦吧。

## 保つ
たも

若さを保つ　秩序を保つ
わか たも　　ちつじょ たも

若さを保つために、エステに通ったりストレッチをしたりしている。
わか たも　　　　　　　　　　かよ
I go to esthetic salons and do stretches to stay young.
为了保持年轻，去美容沙龙、做做拉伸运动什么的。

## 垂れる (たれる)　　水が垂れる　耳の垂れた犬

蛇口をしめても水が垂れてくるので、修理を頼んだ。
I called a repairman because the faucet drips water even when I tighten it.
即使关上水龙头，水也不停地往下滴，因此找了人来修理。

## 尽きる (つきる)　　力が尽きる　話が尽きない

マラソン大会に出場したとき、30km地点で彼の力は尽きて倒れてしまった。
He took part in a marathon, but ran out of strength and collapsed at the 30 kilometer mark.
他参加马拉松大会时，在30公里处筋疲力尽倒了下来。

## 連なる (つらなる)　　遠くに連なる山　取締役に連なる

車が何キロも連なって、大渋滞になっていた。
Cars were backed up for many kilometers causing a big traffic jam.
极为严重的交通堵塞，车辆连绵几公里。

## 滞る (とどこおる)　　支払いが滞る　仕事が滞る

２週間も入院していたので、仕事が滞ってしまった。
My work fell behind schedule because I was in hospital for two weeks.
住了两个星期院，积压了很多工作。

## 富む (とむ)　（→富 P157）　資源に富む　変化に富む

この国の北部は天然資源に富んでいる。
The northern part of the country is full of natural resources.
这个国家的北部有丰富的天然资源。

第3週4日目　　動詞　物の状態・動き（1）

# 確認テスト

【問題Ⅰ】（　　）に入れる最もよいものを一つ選びなさい。

1) さくらの木が（　　）素敵な公園を見つけた。
　1. 相次ぐ　　2. 栄える　　3. 添える　　4. 連なる

2) フルートの演奏に関しては彼に（　　）者はいない。
　1. 及ぶ　　2. 染みる　　3. 束ねる　　4. 富む

【問題Ⅱ】　　　　の言葉の意味に最も近いものを一つ選びなさい。

1) この本は一読に値する。学生諸君にもぜひ読んでほしい。
　1. 価値がある　　2. 値上げする　　3. 値段が高い　　4. 値引きする

2) 私は兄弟が多かったので笑い声が絶えない家庭で育った。
　1. 我慢できない　　2. 止まらない　　3. うるさいぐらいだ　　4. なくなる

【問題Ⅲ】　次の言葉の使い方として最もよいものを一つ選びなさい。

1) あせる
　1. このまま雨が降らないとあせた川になってしまう。
　2. 祖父の部屋の本棚には色のあせた本が並んでいた。
　3. 食糧不足で食べ物がとうとうあせた。
　4. 暑かったので、車を運転していたら、手があせた。

解答は209ページ

(P197 確認テストの解答)
【問題Ⅰ】 1) 3　2) 1　　【問題Ⅱ】 1) 2　2) 3　　【問題Ⅲ】 1) 4

# 動詞　物の状態・動き（2）

第3週　5日目

## にぎわう
店がにぎわう　家族連れでにぎわっている

このレジャー施設は夏の休日に大勢の人でにぎわうが、今はひっそりとしている。
This leisure facility is crowded on holidays during the summer, but right now, it's quiet.
这个娱乐设施在夏天假日的时候非常热闹，现在却冷冷清清的。

## にじむ
目に涙がにじむ　血のにじむような努力

彼女は血のにじむような努力を重ねて、世界で認められるダンサーになった。
She sweated blood in her efforts to become a world renowned dancer.
她通过坚持不懈地奋发努力，成了被世界认可的舞蹈家。

## 鈍る
腕が鈍る　決心が鈍る

しばらく練習をしていなかったので、剣道の腕が鈍ってしまった。
My kendo skills have deteriorated because I hadn't practiced for a while.
有一段时间没练习剑道了，技术大不如前。

## 根を張る
木が大地に根を張る　地域に根を張る組織

あの建設会社は大企業ではないが、地域にしっかり根を張って堅実な経営をしている。
That construction company is not large, but runs a sound business that's firmly established in the local community.
那家建设公司虽然不是大企业，但扎根当地脚踏实地地进行经营。

## 映える
夕日に映える山並み　赤い着物が映える

あの子の顔立ちには赤い着物が映えるね。
The child's facial features highlight her red dress.
那个孩子的相貌穿红色和服很漂亮。

## はかどる

勉強がはかどる　作業がはかどる

図書館だと勉強がはかどるから、週末は図書館へ行くようにしている。
I go to the library on weekends because going there helps me get my studies done.
因为在图书馆里学习能进展得很顺利，所以周末总是去图书馆。

## 剥げる

ペンキが剥げる　化けの皮が剥げる

ペンキの剥げた部分がさびてきた。
The part where the paint has peeled is starting to rust.
油漆脱落的部分生锈了。

## 弾く

水を弾く　ギターを弾く

このエプロンは水を弾く素材でできています。
This apron is made of a waterproof fabric.
这个围裙是用防水材料做的。

## 腫れる

傷が腫れる　喉が腫れる

昨日転んでできた傷が今朝になって腫れてきた。
The wound I sustained when I tripped yesterday has started to swell this morning.
昨天摔伤的地方今早肿了。

## そびえる

山がそびえている　ビルがそびえている

幾つもの高層ビルが空高くそびえている。
Many high-rise buildings are standing tall in the skies.
几幢高楼大厦直耸云霄。

205

## 綻びる (ほころびる)

セーターが綻びる　顔が綻びる

気に入っていたセーターの袖口が綻びてきた。
The sleeves of one of my favorite sweaters started coming apart.
我喜欢的毛衣的袖口，线开了。

## ほどける

靴のひもがほどける　緊張がほどける

靴のひもがほどけないように、試合の前にはしっかり結び直しなさい。
You must tie your shoelaces tight before the game starts to make sure they don't become undone.
为了鞋带不在比赛时松散，赛前要好好地系紧。

## ぼやける

涙でぼやける　論点がぼやける

外国へ留学する私を空港まで送って来てくれたのに、家族の顔が涙でぼやけて見えない。
Although my family came to the airport to see me off to study abroad, tears blurred my eyes as I tried to look at their faces.
家人因我去外国留学送我到机场，但泪水模糊了双眼，使我看不清他们的脸。

## 滅びる (ほろびる)

国が滅びる　人類が滅びる

この映画は環境を破壊し続けた人類が滅びたあとの世界を描いている。
This film depicts the Earth after human beings have destroyed the environment and become extinct.
这部电影描述了持续破坏环境的人类灭绝后的世界。

## 紛れる (まぎれる)　(→紛らわす P214)

人込みに紛れる　悲しみが紛れる

人込みに紛れて犯人は姿を消した。
The suspect disappeared, hiding himself among the crowd.
犯人混入人群中消失了。

第3週5日目　動詞　物の状態・動き（2）

## 勝る（まさる）
実力が勝(まさ)っている　〜に勝(まさ)るものはない

贈(おく)り物(もの)をするなら、手作(てづく)りに勝(まさ)るものはない。
Nothing beats a handmade item if you're going to give someone a gift.
若要送礼，没有什么比得上亲手做的了。

## 満たす（みたす）
腹(はら)を満(み)たす　条件(じょうけん)を満(み)たす

駅(えき)から近(ちか)くて、広(ひろ)くて、安(やす)いという条件(じょうけん)を満(み)たしている物件(ぶっけん)が見(み)つかった。
I found a place that meets these conditions: it's close to the station, spacious and cheap.
找到了符合离车站近、宽敞、便宜等条件的房子。

## 乱れる（みだれる）
列(れつ)が乱(みだ)れる　生活(せいかつ)が乱(みだ)れる

一人暮(ひとりぐ)らしを始(はじ)めてから、生活(せいかつ)が乱(みだ)れている。
My life has become disorderly since I started living alone.
开始单身生活后，生活就变得一团糟。

## 群がる（むらがる）
客(きゃく)が群(むら)がる　群(むら)がって飛(と)ぶ蜂(はち)

バーゲンセールをしている店(みせ)に客(きゃく)が群(むら)がっている。
Customers are flocking to the shop that is holding a bargain sale.
大甩卖的店铺里人山人海。

## 漏れる（もれる）
ガスが漏(も)れる　秘密(ひみつ)が漏(も)れる

発売(はつばい)されるまで新商品(しんしょうひん)の情報(じょうほう)が漏(も)れないように、社員(しゃいん)は細心(さいしん)の注意(ちゅうい)を払(はら)った。
The employees took great care not to divulge information on the new product before its release.
为了不在销售前泄露新产品的信息，员工们非常谨慎小心。

207

## 有する
ゆう

天然資源を有する　資格を有する
てんねんしげん　ゆう　　しかく　ゆう

我々は恐怖や貧困のない平和な社会に生存する権利を有する。
われわれ　きょうふ　ひんこん　　へいわ　しゃかい　せいぞん　けんり　ゆう
We have the right to live in a peaceful society without fear or poverty.
我们有权利生存在无恐怖、无贫困的和平社会里。

## ゆがむ

ネクタイがゆがむ　ゆがんだ性格
せいかく

地震で窓枠がゆがんでしまった。
じしん　まどわく
The window frame was warped in the earthquake.
窗框因地震变形了。

## 揺らぐ
ゆ

木が風に揺らぐ　意志が揺らぐ
き　かぜ　ゆ　　いし　ゆ

友人が次々と就職して稼いでいるのを聞くと、弁護士になろうという意志が揺らぐ。
ゆうじん　つぎつぎ　しゅうしょく　かせ　　　き　　べんごし　　　　　　　　いし　ゆ
My determination to become a lawyer is being swayed as I hear about my friends finding jobs one after another and making money.
听到朋友一个接一个地工作赚钱了，动摇了我想当律师的念头。

## 緩む
ゆる

スピードが緩む　気が緩む
ゆる　　き　ゆる

今週は寒さが緩んで、暖かい風が吹くでしょう。
こんしゅう　さむ　ゆる　　あたた　　かぜ　ふ
The cold will let up and warm winds will blow this week.
这周寒冷的天气有所缓和，会刮暖风吧。

## 要する
よう

注意を要する　1か月を要する
ちゅうい　よう　　　　　げつ　よう

商品到着まで2週間ほど要する場合がございます。
しょうひんとうちゃく　　しゅうかん　　よう　ばあい
The product may take about two weeks to arrive.
商品可能需要两个星期才能到达。

第3週5日目　動詞　物の状態・動き（2）

# 確認テスト

【問題Ⅰ】（　　）に入れる最もよいものを一つ選びなさい。

1) 全治1カ月を（　　）けがをして、彼は大会出場選手からはずされた。
　1. にじむ　2. 満たす　3. 有する　4. 要する

2) 紺色のスーツによく（　　）ネクタイだ。
　1. 映える　2. はかどる　3. 剥げる　4. 弾く

【問題Ⅱ】＿＿＿の言葉の意味に最も近いものを一つ選びなさい。

1) 父は年を取ったが、漁師としての勘はまだまだ鈍らない。
　1. 衰えない　2. 数えない　3. 切れない　4. 諦めない

2) 気が緩んだせいか、家に着いたら急に疲れが出てきた。
　1. 気温が上がった　2. 速度が遅くなった
　3. 表情が柔らかくなった　4. 緊張がほどけた

【問題Ⅲ】次の言葉の使い方として最もよいものを一つ選びなさい。

1) 揺らぐ
　1. セーターのそでが揺らいでいたから、縫い直しておいたよ。
　2. 外国企業の参入で、A社は業界1位の地位が揺らいでいる。
　3. 髪の毛が揺らいでいたから、結んだ。
　4. プールでおぼれそうになって、体が揺らいだ。

解答は215ページ

---

（P203 確認テストの解答）
　【問題Ⅰ】1) 4　2) 1　【問題Ⅱ】1) 1　2) 2　【問題Ⅲ】1) 2

# 第4週 1日目 　動詞　日常

## 明かす
胸の内を明かす　夜を明かす

彼女は友人の死や自分の病気のことに関して苦しい胸の内を明かした。
She spilled her heart to me about her illness and the death of her friend.
她诉说了朋友的死、自己的病等心中的痛苦。

## あつらえる
背広をあつらえる　好みに合わせてあつらえる

純白のドレスに合うジュエリーをあつらえた。
She ordered custom-made jewelry to match her pure white dress.
订做了搭配纯白礼服的珠宝。

## 宛てる
先生に宛てた手紙　友人に宛てて書く

故郷で一人暮らしをしている母に宛てて書いた手紙は10枚にもなった。
The letter I wrote to my mother who lives alone back home ran 10 pages long.
给在老家一个人生活的母亲写了10封信。

## 操る
人形を操る　5か国語を操る

彼は5か国語を自由に操れるのだから、本当にうらやましいものだ。
His fluency in five languages makes me envious.
他精通五种语言，真让人羡慕啊。

## うずめる
観衆が会場をうずめる　骨をうずめる覚悟

祖母はこの村に骨をうずめる覚悟で祖父と結婚したそうだ。
My grandmother says she married my grandfather, resolving to make the village her final home.
听说祖母是抱着在这个村里生活到老死的想法与祖父结的婚。

210

## 潤う
うるお

肌が潤う　家計が潤う
はだ　うるお　　かけい　うるお

この化粧品を使えば、乾燥していた肌も潤って輝いてきますよ。
けしょうひん　つか　　　かんそう　　　　　　はだ　うるお　　かがや

If you use these cosmetics, your dry skin will become moist and radiant.

如果用这款化妆品，干燥的皮肤也会水润光滑。

## 織る
お

生地を織る　ござを織る
きじ　お　　　　　　お

旅先で出会った小さい子どもがじゅうたんを織る姿に感心した。
たびさき　であ　　ちい　こ　　　　　　　　　　　お　すがた　かんしん

I was impressed during my trip at the sight of young children weaving rugs.

旅途中遇到的编织地毯的小孩很让人佩服。

## かざす

手をかざす　優勝旗をかざす
て　　　　　ゆうしょうき

ストーブに手をかざして温めた。
　　　　　て　　　　　あたた

I held my hands up to the stove to warm them.

把手伸向炉子取暖。

## 奏でる
かな

琴を奏でる　悲しい曲を奏でる
こと　かな　　かな　きょく　かな

彼は胸の奥まで響くような音楽を奏でる。
かれ　むね　おく　　ひび　　　　おんがく　かな

He plays music that reaches the depths of one's heart.

他演奏着扣人心弦的音乐。

## しつける

子どもをしつける　厳しくしつける
こ　　　　　　　　きび

人を噛まないように、犬を厳しくしつけたほうがいい。
ひと　か　　　　　　　いぬ　きび

Dogs should be strictly trained not to bite people.

为了不让狗咬人，最好严格地训练。

## 染みつく

においが染みつく　習慣が体に染みつく

たばこのにおいが背広に染みついている。
The suit is saturated with the smell of tobacco.
西装上染上了香烟的味道。

## 度重なる

不祥事が度重なる　度重なる地震

政治家の不祥事が度重なって、国民の政治に対する不信感が増大している。
Repeated scandals involving politicians have exacerbated public distrust in politics.
政治家接二连三的丑闻，令国民对政治越来越不信任。

## つづる

詩をつづる　手紙に想いをつづる

日記に今日の出来事をつづることで、自分の気持ちに気付くことがある。
Writing about the day's events in a journal can put me in touch with my true feelings.
把当天发生的事写入日记，可以觉察到自己的心情。

## 研ぐ

刀を研ぐ　米を研ぐ

米は研いでから鍋に入れてください。
Please rinse the rice before you put it in the pot.
请将淘好的米倒进锅里。

## 和む （→和やか P266）

心が和む　場が和む

優しい印象の絵と幻想的な文章で書かれた絵本を見ていると心が和む。
Looking at picture books with soft imagery and illusionary prose helps me feel relaxed.
阅读有优美插图和幻想色彩文字的图画书，会让人心情平静。

第4週1日目　動詞　日常

## 抜き出す（ぬきだす）

お金を抜き出す　要点を抜き出す

この説明文から要点だけを抜き出してみましょう。
Let's make an excerpt of the key points of this description.
试着只将此说明文的要点摘录下来吧。

## 練る（ねる）

粘土を練る　計画を練る

彼は今、部屋に閉じこもって、長編小説の構想を練っているから邪魔しないほうがいい。
You mustn't bother him because he's in his room developing a plot for a long novel.
他正躲在房间里构思长篇小说，最好不要打扰他。

## 華やぐ（はなやぐ）（→華やか P267）

会場が華やぐ　華やいだ雰囲気

彼女が来ただけで会場がぐっと華やいだ雰囲気に包まれた。
Just by her arrival, she significantly brightened up the mood in the hall.
只要她来，会场的气氛就会变得热闹起来。

## 歯向かう／刃向かう（はむかう）

親に歯向かう　権力に歯向かう

彼は家族に歯向かう勇気もなく、親の店を継いだ。
Lacking the courage to disobey his family, he succeeded his parents' shop.
他没有勇气反抗家人，只好继承了父母的店铺。

## ひしめく

群衆がひしめく　店がひしめく

この通りには小さい飲み屋がひしめいていて、会社帰りのサラリーマンがよく来ている。
The street is packed with small bars that are frequented by salaried workers on their way home from work.
这条街上小酒馆鳞次栉比，下班回家的上班族们经常光顾。

## 紛らわす (→紛れる P206)　空腹を紛らわす　気を紛らわす

ダイエット中はお腹がすいたら、お茶を飲んで紛らわすことにしている。
When I am on a diet and become hungry, I distract myself by drinking tea.
减肥期间感到饿的话，就用喝茶来解除饥饿感。

## 待ち兼ねる　　返事を待ち兼ねる　雪が降るのを待ち兼ねる

姉は留学に出発する日を今か今かと待ち兼ねているようだ。
My elder sister is waiting eagerly for the day she leaves to study abroad.
姐姐迫不及待地盼望着出发去留学的那天到来。

## むしる　　草をむしる　魚をむしって食べる

牧場で山羊が草をむしって食べているところをずっと眺めていた。
On the farm, I spent a long time watching the goats nibbling at the grass.
一直在牧场看山羊啃草吃的样子。

## めくる　　本のページをめくる　布団をめくる

カレンダーをめくって、今年はあと1か月しかないと改めて気がついた。
I flipped through my calendar and realized again that there is only one month till the end of the year.
翻着挂历，再一次意识到今年只剩下一个月了。

## よける　　自転車をよけて歩く　机をはしによける

机は使わないので、教室のはしによけておいてください。
Please move the desk aside because you won't be using it.
不使用桌子，所以请把它移到教室的边上去。

第4週1日目　動詞　日常

月　日　／5

# 確認テスト

【問題Ⅰ】（　　）に入れる最もよいものを一つ選びなさい。

1) 真っ向から権力に（　　）彼は多くの敵を作った。
   1. あかす　2. かざす　3. はむかう　4. むしる

2) 子どもに絵本を読んであげるとき、ページを（　　）のが私も楽しい。
   1. あつらえる　2. つづる　3. ひしめく　4. めくる

【問題Ⅱ】＿＿＿＿の言葉の意味に最も近いものを一つ選びなさい。

1) 自分の国の経済が潤うことだけでなく、グローバルな視点で考えなくてはいけない。
   1. 賢くなる　2. 貧しくなる　3. 豊かになる　4. 騒がしくなる

2) 大企業の社長だからって世の中を操ることができると思ったら大間違いだ。
   1. 甘く考える　2. 美しく奏でる　3. 争いがなくなる　4. 思い通りに動かす

【問題Ⅲ】次の言葉の使い方として最もよいものを一つ選びなさい。

1) 和む
   1. 日本の生活にすぐに和むことができた。
   2. 彼女がいるだけでその場が和むのはどうしてだろう。
   3. この映画館の椅子は大きくて和める。
   4. カーブを曲がるとき、スピードが和んだ。

解答は221ページ

(P209 確認テストの解答)
【問題Ⅰ】1) 4　2) 1　【問題Ⅱ】1) 1　2) 4　【問題Ⅲ】1) 2

## 第4週 2日目 — 動詞　抽象

### 営む（いとな）
魚屋を営む　社会生活を営む

魚屋を営む叔父がおいしい魚の見分け方を教えてくれた。
My uncle who runs a fish store taught me how to recognize tasty fish.
开鱼店的叔叔教我如何分辨鱼的好坏。

### 促す（うなが）
注意を促す　植物の生長を促す

この薬品は植物が早く生長するのを促す効果がある。
This chemical encourages plants to grow fast.
这种药具有促进植物生长的功效。

### 衰える（おとろ）
人気が衰える　体力が衰える

病気になると、あらゆることに対する意欲が衰えてしまう。
Illness makes people not want to do anything.
生病后就会变得对任何事情都失去兴趣。

### 害する（がい）
健康を害する　気分を害する

相手の感情を害するような発言はしたくないものだ。
I don't want to say things that make people feel bad.
不想说伤害对方感情的话。

### 省みる／顧みる（かえり）
自らを省みる　危険を顧みる

進路を決めるのは自分を省みるいい機会だった。
Thinking about what path to follow was a good opportunity to reexamine myself.
在决定去向时是重新反思自己的好机会。

## 掲げる
かか

旗を掲げる　方針を掲げる
はた かか　ほうしん かか

移民を受け入れるという政府の方針が掲げられた。
いみん う せいふ ほうしん かか
The government announced a policy to accept immigrants.
政府提出了接受移民的方针。

## 駆り立てる
か た

好奇心を駆り立てる　望郷の念に駆り立てられる
こうきしん か　ぼうきょう ねん か

この本が幼い頃の私の好奇心を駆り立てたのだ。
ほん おさな ころ わたし こうきしん か
This book boosted my curiosity as a child.
这本书驱使了我小的时候的好奇心。

## 被る
こうむ

恩恵を被る　被害を被る
おんけい こうむ　ひがい こうむ

新たな貿易協定によって中小企業も恩恵を被ることになるはずだ。
あら ぼうえききょうてい ちゅうしょうきぎょう おんけい こうむ
Small and middle sized companies too are likely to benefit from the new trade agreement.
根据新的贸易协定，中小企业也理应受到恩惠。

## さえる

さえた月の光　頭がさえる
つき ひかり　あたま

早寝早起きをすると頭がさえて、勉強がはかどる。
はやねはやお あたま べんきょう
Going to bed early and getting up early clears my mind and helps me make progress in my studies.
早睡早起能让头脑清醒，学习进展顺利。

## さまよう

街をさまよう　生死の境をさまよう
まち　せいし さかい

真夜中に街をうろうろさまよって歩いていると警察に捕まるよ。
まよなか まち ある けいさつ つか
If you wander around town in the middle of the night, you will be questioned by police.
大半夜在街上乱逛，会被警察抓的。

217

## さらす

恥をさらす　危険にさらされる

この国には命の危険にさらされている人が今も多くいる。
There are still many people in this country whose lives are in danger.
在这个国家现在也还有很多人的生命面临着威胁。

## 背負う

リュックサックを背負う　問題を背負う

これはあなた一人で背負えるような問題ではありません。
This is not a problem you can tackle alone.
这不是你一个人能承担的问题。

## 立ち向かう

困難に立ち向かう　立ち向かう勇気

逃げずに困難に立ち向かう人には、必ず明るい未来が訪れる。
A bright future always awaits people who have the courage to face difficulties without running away.
面临困难不逃避的人一定会有美好的未来。

## たどる

記憶をたどる　破滅の道をたどる

彼女はあの男に出会ったせいで、破滅の道をたどることになった。
She headed down the road to ruin because she met that man.
她自从认识那个男人后，就开始走向了毁灭的道路。

## 費やす

時間を費やす　労力を費やす

無駄なことに労力を費やすより、さっさと帰って昼寝でもしたほうがいい。
It's better to hurry home and take a nap than to spend time toiling over pointless matters.
在无谓的事情上浪费精力，还不如回家睡午觉。

## 貫く(つらぬく)

主張を貫く　独身を貫く
しゅちょう つらぬ　どくしん つらぬ

自分の主張を貫くことがどんなに大変なことか、仕事をするようになって実感した。
Now that I've started working, I realize how difficult it is to stick to one's convictions.
开始工作后我才体会到坚持自己的意见是多么不容易的事。

## 解き明かす(ときあかす)

真相を解き明かす　謎を解き明かす
しんそう と あ　なぞ と あ

人間の脳の仕組みを解き明かすような研究が報告された。
Researchers presented a report that could explain the workings of the human brain.
报告了揭开人类大脑构造的研究。

## 遂げる(とげる)

志を遂げる　急成長を遂げる
こころざし と　きゅうせいちょう と

1990年代にIT技術は目覚ましい発展を遂げた。
The 1990s saw significant advances in the field of information technology.
IT技术在上世纪90年代取得了惊人的发展。

## 潜む(ひそむ)

細菌が潜んでいる　背後に潜む
さいきん ひそ　はいご ひそ

この事件の背後に潜んでいる真実をつきとめなければ、似たような事件がすぐに起こるだろう。
If the truth behind the affair is not uncovered, a similar incident could occur again.
如果不追究这件事背后的真相，类似的事件也许很快还会再发生吧。

## まみれる

汗にまみれる　欲望にまみれた人
あせ　よくぼう

権力や欲望にまみれた政治家には、もううんざりだ。
I am sick of authority and politicians who are obsessed with greed.
沉溺于权势和私欲的政治家够使人厌腻了。

## 満ち足りる　　満ち足りた生活　精神的に満ち足りる

感謝の念を忘れなければ、常に満ち足りた気持ちになれる。
You will always feel satisfied if you remember to be thankful.
任何时候只要不忘记感恩，就一定会觉得满足。

## みなす　　欠席とみなす　敵だとみなされた

返事がない場合は欠席とみなします。
Those who do not respond will be regarded absent.
若没有回复将被视为缺席。

## もたらす　　変化をもたらす　良い知らせをもたらす

今を一生懸命生きることが、未来に変化をもたらすことになる。
Living today as best you can will usher in change for the future.
现在全力以赴地生活，就会给未来带来变化。

## 委ねる　　仕事を委ねる　運命に身を委ねる

入社2年目の高橋君にこの仕事を委ねてみよう。
Let's entrust this project to Mr. Takahashi who joined the company last year.
把这项工作交给进公司已有两年的高桥试试看吧。

## よみがえる　　死者がよみがえる　記憶がよみがえる

懐かしい場所へ来て、子どもの頃の記憶がよみがえった。
Coming to a familiar place brought back memories of my childhood.
来到这难忘的地方，令童年的记忆也跟着复苏了。

# 確認テスト

【問題Ⅰ】（　　）に入れる最もよいものを一つ選びなさい。

1) 幼いころは泥に（　　　）外で遊んだものだ。
   1. かかげて　2. こうむって　3. まみれて　4. みなして

2) 彼の音楽を聞いて、私も久しぶりに曲を作りたいという創作意欲に（　　）。
   1. 駆り立てられた　2. 立ち向かわれた
   3. 解き明かされた　4. よみがえられた

【問題Ⅱ】_____の言葉の意味に最も近いものを一つ選びなさい。

1) 私たちの毎日の生活は環境問題から生じる危険にさらされている。
   1. 危険な状態にある　　2. 危険を予測している
   3. 危険から離れている　4. 危険を避けることができる

2) 彼は父の借金を背負って、苦しい生活を送ることになった。
   1. 思い出して　2. 切り捨てて　3. 払い終わって　4. 引き受けて

【問題Ⅲ】次の言葉の使い方として最もよいものを一つ選びなさい。

1) 費やす
   1. 家具を買って、カード払いで費やした。
   2. 姉は服やかばんなど、欲しいものは何でも費やす。
   3. この事業に全財産を費やしたんだから、失敗はできない。
   4. 妹は買ってすぐに費やしては、また新しいものが欲しくなる。

解答は227ページ

(P215 確認テストの解答)
【問題Ⅰ】1) 3　2) 4　【問題Ⅱ】1) 3　2) 4　【問題Ⅲ】1) 2

# 第4週 3日目　動詞　その他

## 賭ける
どちらが勝つか賭ける　お金を賭ける

ラスベガスで大金を賭けて、全部失った。
I bet a huge amount of money in Las Vegas and lost it all.
在拉斯维加斯豪赌后，失去了所有。

## 遮る
光を遮る　ことばを遮る

社長のことばを遮ってまで意見を述べるほど、彼は急いでいた。
He was in such a hurry that he even interrupted the company president's speech to state his opinion.
他着急到打断总经理的话陈述自己的意见。

## ささげる
花をささげる　研究に一生をささげる

この詩を亡き母にささげたい。
I want to dedicate this poem to my deceased mother.
我想将这首诗献给已故的母亲。

## 授ける
知恵を授ける　資格を授ける

このお寺の水を飲むと、その人に知恵を授けると言われている。
Water from this temple is said to bestow wisdom on those who drink it.
据说如果喝了这座寺里的水，就会得到智慧。

## 定める
法律を定める　狙いを定める

志望校を一つに定めて、必死に勉強した。
I set my target on one school and studied hard to pass the entrance exam.
选定了一所志愿学校后，拼命地学习。

## 裁く（さば）

事件を裁く（じけん　さば）　公平に裁く（こうへい　さば）

背景に複雑な事情があって、この殺人事件の犯人を裁くのは簡単ではない。
（はいけい　ふくざつ　じじょう　　　　　さつじんじけん　はんにん　さば　　かんたん）
Because the details behind this murder are complicated, it won't be easy to pass judgment on the suspect.
这件杀人案的背景有复杂的内情，要判决这个犯人并不容易。

## しくじる

試験にしくじる（しけん）　本番でしくじる（ほんばん）

本番でしくじらないように、何度もスピーチの練習をした。
（ほんばん　　　　　　　　なんど　　　　　　　　　れんしゅう）
I practiced the speech many times so as not to mess up the delivery.
为了不在正式演讲时失败，反复地做了练习。

## しのぐ

雨風をしのぐ（あめかぜ）　前作をしのぐ面白さ（ぜんさく　おもしろ）

「インスピレーションⅡ」という映画は前作の「インスピレーション」をしのぐ面白さがある。
（えいが　ぜんさく　　　　　　　　　　　　　　　　おもしろ）
The film "Inspiration II" was even better than the preceding work "Inspiration."
《Inspiration Ⅱ》这部电影很有意思，胜过前作《Inspiration》。

## 称する（しょう）

神の子だと称する（かみ　こ　しょう）　病気だと称して休む（びょうき　しょう　やす）

あの男は自分のことを神の子だと称して、たくさんの人をだました。
（　おとこ　じぶん　　　　　かみ　こ　しょう）
That man deceived many people claiming to be a child of god.
那个男子自称是神之子，骗了很多人。

## 携わる（たずさ）

農業に携わる（のうぎょう　たずさ）　障害者支援に携わる（しょうがいしゃしえん　たずさ）

障害者支援に携わるようになって5年たった。
（しょうがいしゃしえん　たずさ　　　　　　ねん）
It has been five years since I started supporting people with disabilities.
开始从事残疾人支援工作以来，已经过了5年了。

## 断つ

連絡を断つ　望みが断たれる

彼は仕事をやめてから、友人や家族との連絡を断ってしまった。
He broke off contact with his family and friends after quitting his job.
他自从辞职后，就与朋友家人断了联系。

## 脱する

危険を脱する　〜の域を脱する

彼女の歌のうまさは素人の域を脱している。
She sings so well, she's beyond the bounds of an amateur.
她唱歌的水平已经超过业余水平。

## 継ぐ

家業を継ぐ　意志を継ぐ

前社長の意志を継いで、息子が新しく社長に就任した。
The son has become the new company president in line with the wish of the former president.
继承前总经理的意愿，他的儿子出任了总经理。

## 尽くす

夫に尽くす　全力を尽くす

全力を尽くして事件の解決にあたります。
I will do everything I can to solve the crime.
竭尽全力地解决事件。

## 告げる

別れを告げる　春を告げる花

彼は涙を流して私に別れを告げた。
He bade me goodbye with tears in his eyes.
他流着眼泪向我告别了。

第4週3日目　動詞　その他

## 徹する（てっする）
サポート役に徹する　夜を徹する

学生時代は夜を徹して友人と語り合ったものだ。
I used to talk through the night with my friends during my college days.
学生时代我常常通宵达旦地跟朋友聊天。

## 弔う（とむらう）
先祖の霊を弔う　遺族を弔う

飛行機事故で亡くなった人々を弔うために、毎年ここに遺族が集まる。
Relatives of the deceased gather here every year to mourn the victims of the airplane accident.
为了吊唁空难中去世的人们，每年逝者的家属都会聚集在这里。

## 担う（になう）
責任を担う　未来を担う子どもたち

責任を担う仕事をするようになって、ようやく社会人として認められたような気持ちだ。
Now that I'm working on a project that entails responsibility, I finally feel as if I've won recognition as a member of society.
开始做要承担责任的工作后，才终于有了做为社会一员被认可的感觉。

## 育む（はぐくむ）
愛を育む　大自然に育まれる

二人は時間をかけて愛を育み、今日ついに結婚式を迎えた。
They spend time nurturing their love and finally held their wedding today.
两人花了很多时间培养感情，今天终于结婚了。

## 果たす（はたす）
約束を果たす　役割を果たす

彼はコーチとの約束を果たして全国優勝した。
He fulfilled the promise with his coach and became the national champion.
他实现了对教练的承诺，获得了全国冠军。

## 踏まえる
事実を踏まえる　経緯を踏まえる

これまでの経緯を踏まえた上で、新たな営業戦略を考えるべきだ。
We must come up with a new sales strategy that takes into account the process that led us to this point.
应该在过去经验的基础上，制定出新的营销策略。

## 導く
勝利に導く　結論を導く

結論を導くためには、豊富なデータが必要だ。
Lots of data is needed to draw a conclusion.
为了得出结论，需要有大量数据。

## 設ける
事務所を設ける　基準を設ける

我が社は南北アメリカ大陸、欧州、アフリカに12か所の事務所を設けている。
Our company has set up 12 offices in North and South America, Europe and Africa.
我公司在南北美洲、欧洲、非洲设有12家事务所。

## もくろむ
海外進出をもくろむ　利益をもくろむ

年5000万円の利益をもくろんでいたが、実際はその半分だった。
I planned on making 50 million yen per year in profits, but actually made only half that amount.
计划年创5000万日元的利益，但实际上只达成了一半。

## 養う
家族を養う　実力を養う

明日からの出張に備え、今日はのんびり過ごして英気を養おう。
I will spend my time relaxing today to prepare for a business trip which starts tomorrow.
为了明天以后的出差做准备，今天我要养精蓄锐，悠闲地度过。

# 確認テスト

**【問題Ⅰ】** (　　) に入れる最もよいものを一つ選びなさい。

1) 父は私たちを育てるために夜を (　　) 働き、体を壊してしまった。
　　1. 授けて　　2. 尽くして　　3. 徹して　　4. 踏まえて

2) 幼い頃からモンゴルの大自然に (　　) からだろうか、私は動物とともに生きることが何よりも嬉しい。
　　1. 育まれた　　2. 携われた　　3. 遮られた　　4. 設けられた

**【問題Ⅱ】** ＿＿＿＿の言葉の意味に最も近いものを一つ選びなさい。

1) 何もやらないより、何かやって<u>しくじる</u>ほうがいい。
　　1. 研究する　　2. 失敗する　　3. 信用する　　4. 破産する

2) 長年の望みを<u>果たして</u>、両親は二人でヨーロッパ一周旅行をした。
　　1. 崩れ去って　　2. 使いきって　　3. 打ち解けて　　4. 成し遂げて

**【問題Ⅲ】** 次の言葉の使い方として最もよいものを一つ選びなさい。

1) しのぐ
　　1. 会社の運命をしのいで、彼は海外出張へ行き、A社と交渉を重ねた。
　　2. こんな小さい小屋では、雨風もしのげませんよ。
　　3. 志望校に合格するために、全力をしのいだ。
　　4. 亡くなった人をしのいで、人々は祈った。

解答は233ページ

---

(P221 確認テストの解答)
　【問題Ⅰ】 1) 3　　2) 1　　【問題Ⅱ】 1) 1　　2) 4　　【問題Ⅲ】 1) 3

# 動詞　複合動詞（1）

## 受け入れる
難民を受け入れる　主張を受け入れる

親の世代に私たちの考え方や生き方は受け入れられないのだろうか。
Are our ideas and lifestyles hard to accept for our parents' generation?
父辈的人难道就不能接受我们的思维和生活方式吗？

## 受け継ぐ
伝統技術を受け継ぐ　親から受け継いだ気質

この村に古くから伝わる草履作りの技術を受け継ぐ若者が減っている。
The number of young people who have inherited skills in the village tradition of sandal-making is declining.
这个村里继承传统草鞋编织技术的年轻人越来越少。

## 打ち明ける
胸の内を打ち明ける　思い切って打ち明ける

彼女はことばを詰まらせながら複雑な家庭環境を打ち明けた。
She choked on her words as she disclosed details about her complicated family environment.
她结结巴巴地诉说了复杂的家庭环境。

## 打ち切る
交渉を打ち切る　先着100名で打ち切る

両社の業務提携の交渉は打ち切られた。
The two companies cut off talks regarding a possible business alliance.
两家公司中止了业务合作的交涉。

## 打ち込む
くぎを打ち込む　仕事に打ち込む

学生時代はバイトに打ち込んでいて、学校の成績はひどいものだった。
I was so engrossed in my part-time job when I was a student that my grades suffered terribly.
学生时代只顾打工，学习成绩很糟糕。

「受け〜、打ち〜、切り〜、組み〜、突き〜、取り〜、放り〜、見〜」を使った動詞

## 切り替える
アナログからデジタルに切り替える
気持ちを切り替える

試合の後半で気持ちを切り替えて、ゴールを積極的に攻めるようにした。
We shifted gears in the second half of the match and made an aggressive attempt to strike a goal.
比赛后半场改变了心态，积极地攻击了球门。

## 切り崩す
山を切り崩す　貯金を切り崩す

山を切り崩して木を切ると自然のバランスが破壊されていく。
Cutting away at the moutains to fell trees destroys the balance of nature.
削平高山砍伐树木将会破坏大自然的生态平衡。

## 切り捨てる
弱者を切り捨てる
10円以下を切り捨てて計算する

弱者を切り捨てるような政策はやめて、福祉を充実させてほしい。
I hope the government abandons policies that cut off the underprivileged and adopts better welfare services.
希望中止无视弱者的政策，让社会福利充实起来。

## 切り抜ける
敵の攻撃を切り抜ける　困難を切り抜ける

主人公は数々のピンチに遭遇しますが、それをどう切り抜けていくかがこの映画の面白いところです。
He hero faces many challenges, and the way he overcomes them is what makes this movie enjoyable.
主人公在遭遇各种危机时如何克服困难是这部电影的看点。

## 切り離す
車両を切り離す　2つの問題を切り離す

ことばと文化を切り離して考えることは可能だろうか。
Is it possible to separate the concepts of language and culture?
语言和文化能分开考虑吗？

## 組み合わせる

赤と黒の服を組み合わせる
試合で強いチームを組み合わせる

有酸素運動とリンパマッサージを組み合わせることで、ダイエット効果が期待できます。
You can look forward to losing weight with a combination of aerobic exercises and lymphatic massage.
有氧运动加上淋巴按摩，令减肥效果更为明显。

## 組み込む

予定に組み込む　ホテル代が組み込まれている

この往復航空券の料金には一泊のホテル代が組み込まれている。
The price of this airline ticket includes accommodation for one night at a hotel.
这个往返机票的价格包括一天的宾馆住宿费。

## 突き付ける

刀を突き付ける　現実を突き付けられる

合格できるとは思っていなかったが、いざ不合格通知を受け取ると現実を突き付けられたように感じた。
Although I didn't expect to pass the exam, I was forced to face reality when I received the letter of failure.
虽然没期待能考上，可当收到落榜通知时，还是感到残酷的现实就摆在眼前。

## 突き詰める

好きなことを突き詰める　とことん突き詰める

iPS細胞についてとことん突き詰めて研究した彼はノーベル賞を受賞した。
He was awarded a Nobel Prize for his tenacious research about iPS cells.
对iPS细胞追根究底研究的他获得了诺贝尔奖。

## 突き止める

原因を突き止める　真相を突き止める

このドラマは主人公の刑事が推理を重ねて事件の犯人を突き止めていく様子が面白い。
It's interesting to watch the main character of the drama, a detective, make deductions and identify the criminal..
这部电视剧，作为主人公的刑警通过反复推理，最后查明案件犯人的过程很有意思。

第４週４日目　　動詞　複合動詞（１）

## 取り組む　　難題に取り組む　業務改善に取り組む

倒産寸前だった会社に新社長が就任し、会社経営の立て直しに取り組んでいる。
A new president has taken the helm at the company that was about to go bankrupt. He is working to revive the firm.
这家濒临倒闭的公司换了新的总经理，并着手重建公司的经营。

## 取り込む　　少数意見を取り込む　只今、取りこんでおります

申し訳ありませんが、只今取りこんでおりますので、失礼いたします。
I'm sorry but I'm busy right now. Please excuse me.
非常抱歉，现在很忙，失陪了。

## 取り締まる　　交通違反を取り締まる　厳重に取り締まる

多くの人に迷惑がかかるから、駅前の駐車違反は厳重に取り締まってほしい。
Many people are being inconvenienced. I would like the authorities to strictly regulate illegal parking in front of the station.
车站前的违章停车给很多人造成不便，希望能严格地管制。

## 取り戻す　　遅れを取り戻す　落ち着きを取り戻す

欠席していた間の勉強の遅れを取り戻すために、週末はずっと教科書や問題集に取り組んでいた。
I spent the whole weekend studying my textbook and workbook to make up for the time lost while I was absent.
为了补回缺课时耽误的功课，周末一直看教科书和做习题。

## 取り寄せる　　資料を取り寄せる　ネットで取り寄せる

この商品は当店に在庫がなく、他の支店から取り寄せますので、５日ほどお待ちいただくことになります。
This item is out of stock at our shop so you will have to wait about five days for us to have it sent to us from another shop.
这个商品我们店里没有库存，需要从别的店调货来，要等５天左右。

231

## 放り込む（ほうりこむ）

材料を鍋に放り込む　留置所に放り込まれる

この料理は食材を切って鍋に放り込むだけでいいので簡単だ。
This dish is easy to make because all you have to do is cut the ingredients and throw them in a pot.
这道菜只需将切好的材料放入锅里就行了，很简单的。

## 放り出す（ほうだす）

酔っ払いを放り出す　仕事を放り出す

店主は酔っ払って暴れた客を店から放り出した。
The restaurant owner threw out the customer who got drunk and became violent.
老板将酒醉闹事的客人从店里赶了出去。

## 見合わせる（みあわせる）

2人は顔を見合わせる　旅行を見合わせる

体調がよくないので、週末に予定していた旅行を見合わせることにした。
I decided to put off the trip I planned to take on the weekend because I wasn't feeling well.
因为身体不适，将订在周末的旅游推迟了。

## 見落とす（みおとす）

標識を見落とす　異変を見落とす

車の運転中に標識を見落とし、一方通行の道路を逆走してしまった。
I overlooked the sign and drove the wrong way down a one way street.
开车的时候没注意到交通标志，在单行路上逆行了。

## 見習う（みならう）

先輩を見習う　A国の制度を見習う

この国の留学生政策はA国の制度を見習って制定されたそうだ。
I've heard that this country's policy on foreign students was established based on the system of country A.
据说这个国家的留学生政策是效仿A国的制度制定的。

# 確認テスト

【問題Ⅰ】（　　）に入れる最もよいものを一つ選びなさい。

1）働いているが支出が多すぎるため、貯金を（　　）生活している。
　1. 切り替えて　2. 切り崩して　3. 切り捨てて　4. 切り離して

2）警察は彼が犯人だという証拠を本人に（　　）。
　1. 取り締まった　2. 見落とした　3. 放り出した　4. 突き付けた

【問題Ⅱ】＿＿＿の言葉の意味に最も近いものを一つ選びなさい。

1）少数意見も取り込んで、クラス全員で素晴らしい調査発表ができた。
　1. 真剣に全力で行う　2. いいものを受け入れる
　3. 外から家の中に入れる　4. 規則を守るように監視する

2）あのテレビ局は人気がないドラマの放送を打ち切ることにした。
　1. 延長する　2. 転倒する　3. 中止する　4. 切除する

【問題Ⅲ】次の言葉の使い方として最もよいものを一つ選びなさい。

1）見合わせる
　1. 地震の影響で、新幹線は運行再開を見合わせている。
　2. 決勝戦では強力な２チームを見合わせて、試合が始まった。
　3. 患者の体調の異変に気づかず、血圧の上昇も見合わせてしまった。
　4. あの２人は親戚の紹介で５年前に見合わせて、今日ついに結婚式を迎えた。

解答は239ページ

---

（P227 確認テストの解答）
　【問題Ⅰ】1) 3　2) 1　【問題Ⅱ】1) 2　2) 4　【問題Ⅲ】1) 2

233

# 動詞　複合動詞（2）

第4週　5日目

## 盛り上がる
土が盛り上がる　コンサートが盛り上がる

自然エネルギーに関して国民の関心が高まり、世論が盛り上がっている。
Public debate on natural energy is heating up as people's interest in the issue continues to grow.
国民对自然能源的关心越来越强烈，社会各界舆论纷纷。

## 盛り返す
勢いを盛り返す　後半で盛り返す

試合の後半で勢いを盛り返したAチームだったが、勝利には一歩及ばなかった。
Team A rebounded in the second half of the game, but stopped one step short of a victory.
后半场比赛A队虽然重整了旗鼓，但还是与胜利失之交臂。

## 盛り込む
アイデアを盛り込む　様々な機能を盛り込む

斬新なアイデアを盛り込んで、家族全員で楽しめるゲーム機が完成した。
We incorporated some novel ideas and came up with a game console that can be enjoyed by the whole family.
加入了新创意，完成了可阖家享乐的游戏机。

## やり通す
正しいと思ったことをやり通す
信念を持ってやり通す

父は周りから反対させれても自分が正しいと思ったことをやり通す人だった。
My father was a man who would do what he believed to be right even if people around him objected.
父亲是那种哪怕周围人都反对只要自己认为是正确的就会坚持到底的人。

## やり遂げる
難しい交渉をやり遂げる　一人でやり遂げる

彼は大手企業との契約締結を一人でやり遂げた。
He managed single-handedly to conclude a contract with the leading company.
他一个人完成了这项与大企业签订合同的工作。

「盛り〜、やり〜、〜込む、〜出す」など

## 飲み込む／呑み込む
ことばを呑み込む　人込みに呑み込まれる

近代化や大型化の荒波に呑み込まれて、町の小さい工場はほとんど閉鎖した。
Most of the town's small factories went out of business. They were drowned by the rough waves of modernization and mega sizing.
受到了近代化和大型化潮流的打击，城里的小工厂差不多都倒闭了。

## 塞ぎ込む
ホームシックで塞ぎ込む　塞ぎ込んで心を閉ざす

彼は会社での人間関係に悩み、すっかり塞ぎ込んで心を閉ざしてしまった。
Troubled by relationships with his coworkers, he became depressed and closed himself off from others.
他因公司里的人际关系而烦恼，变得闷闷不乐，将自己的心灵完全封闭起来。

## 踏み込む
悪の道に踏み込む　踏み込んだ議論

シンポジウムではかなり踏み込んだ議論が行われたので、来場者も満足していた。
The audience was satisfied because discussions at the symposium went into great detail.
讨论会上探讨得相当深入，听众们也感到很满意。

## 抜け出す
授業を抜け出す　ピンチから抜け出す

映画の主人公は闇の組織に殺されそうになるが、自力でピンチから抜け出すことができた。
The hero in the movie was almost killed by the shady organization, but he got out of the pinch on his own.
电影的主人公差点被黑社会组织杀死，但最后凭自己的力量摆脱了危机。

## 乗り出す
窓から身を乗り出す　政界に乗り出す

有名な作家が政界に乗り出すとあって、記者会見にはマスコミが大勢集まった。
Many members of the media gathered for the news conference given that a famous author was about to enter politics.
因为是著名作家投身政界，记者招待会上来了很多新闻记者。

## 入れ替わる（いかわる）　　前と後ろが入れ替わる　　選手が入れ替わる

午前6時に夜勤と早番の人が入れ替わる。
Members of the overnight shift are replaced by those of the early shift at 6 a.m.
早上6点钟早夜班的人交替。

## 浮き足立つ（うきあしだつ）　　敵を恐れて浮き足立つ　　長期休暇に浮き足立つ

週末からの長期休暇に浮き足立って、今週は仕事に集中できない。
I can't focus on my work this week because I'm excited about the long vacation I took starting this weekend.
从这周末开始要放的长假让我浮躁，不能专心工作。

## 着飾る（きかざる）　　パーティーで着飾る　　着飾って出掛ける

ルームメイトは着飾って出掛けた。何か特別なことがあるにちがいない。
My roommate went out all dressed up. She must have some special plans.
室友打扮得漂漂亮亮地出门了，我猜可能是有什么特别的事情。

## 食い違う（くいちがう）　　話が食い違う　　主張が食い違う

目撃者2人の話が食い違っていて、何が真実なのか分からない。
The account differed with those of the two witnesses, so I can't tell what's true.
两个目击者的证词不一致，真相难明。

## 凝り固まる（こりかたまる）　　発想が凝り固まる　　一つの考えに凝り固まる

今の取締役たちの発想は凝り固まっているので、外部から新たな取締役を迎えることにしたらしい。
The company has apparently decided to welcome new board members from the outside because the current members' ideas lack flexibility.
据说因为现在的董事们思维方式太呆板，所以决定从外部招聘新董事。

動詞　複合動詞（2）

## 差し掛かる　　坂道に差し掛かる　雨期に差し掛かる

坂道に差し掛かるとバイクは動かなくなってしまい、重いバイクを押して歩かなければならなかった。
My motorcycle stopped moving as I started climbing the hilly street. So I had to walk, pushing the heavy motorcycle.
摩托车骑到上坡路上时不动了，我只好下来推着沉重的车爬上去。

## 詰め掛ける　　大勢が詰め掛ける　新聞記者が詰め掛ける

空港には歌手のファンが大勢詰め掛けて、到着を今か今かと待っている。
Many fans of the singer have flocked to the airport and are eagerly waiting for his arrival.
机场里粉丝们蜂拥而至，翘首期待着歌手的到来。

## 手掛ける　　デザインを手掛ける　ネット広告を手掛けるABC社

自分でデザインから手掛けたアクセサリーを身につけられるのは嬉しい。
I'm happy to be able to wear accessories whose creation I was involved in from the designing stage.
我戴着自己亲手设计制作的首饰感到很高兴。

## 吸い寄せる　　ほこりを吸い寄せる　幸運を吸い寄せる

こんな小型の掃除機でも、ほこりを吸い寄せる力が強く、便利だ。
Even a small vacuum cleaner like this sucks up dust very powerfully. It's convenient.
虽然是这么小型的吸尘机，但洗尘效果很好，用起来很方便。

## 照らし合わせる　　納品書と品物を照らし合わせる
自分の経験に照らし合わせる

後輩の悩みを聞き、自分の経験に照らし合わせてアドバイスをする。
I listen to my younger colleagues' problems and offer advice based on my own experiences.
听后辈诉说苦恼，结合自己的经历给出意见。

## 途絶える

連絡が途絶える　途絶えることなく〜

雪は途絶えることなく降り続いた。
The snow kept falling nonstop.
雪不停地下。

## 振り返る

美しい人を振り返って見る　人生を振り返る

過去のことばかりを振り返っていても仕方ない。この先どうするかを考えよう。
It's no use just looking back on the past. Let's think about what to do in the future.
光回顾过去的事情也没有用，想想以后怎样做吧。

## 待ち望む

再会の日を待ち望む　臓器移植を待ち望む

世界には臓器の移植を待ち望んでいる人がたくさんいるのが事実だ。
It's a fact that many people in the world are waiting for organ transplants.
世界上确实有很多人盼望能脏器移植。

## 向き合う

互いに向き合って座る　現実と向き合う

昨年は最下位という結果だったが、その現実と向き合って必死に練習してきたから今年は優勝できたのだ。
Last year, you finished in last place. But you faced up to that reality and practiced hard. That's why you won this year.
去年虽然是倒数第一，但面对现实拼命地练习，今年终于取得了冠军。

## 結び付ける

2人を結び付ける　原因と結果を結び付ける

いくらトレーニングしても、結果に結び付けられなければ意味がない。
No matter how hard you practice, it's pointless if the effort doesn't lead to results.
无论怎么努力锻炼，如果没有结果的话就会毫无意义。

第4週5日目　動詞　複合動詞（2）

# 確認テスト

【問題Ⅰ】　（　　）に入れる最もよいものを一つ選びなさい。

1) 誰かに名前を呼ばれたような気がして後ろを（　　　　）みると、懐かしい友人が立っていた。
　　1. 踏み込んで　　2. 振り返って　　3. 手掛けて　　4. 向き合って

2) 会議を（　　　　）、私用電話をした。
　　1. 差し掛かって　　2. 途絶えて　　3. 抜け出して　　4. やり通して

【問題Ⅱ】　＿＿＿の言葉の意味に最も近いものを一つ選びなさい。

1) 上司の理不尽な考えに反論しようとしたが我慢してことばを呑み込んだ。
　　1. 抑えた　　2. しゃべった　　3. 食べた　　4. 泣いた

2) 様々な機能を盛り込んだ新型携帯電話が大人気だ。
　　1. 一緒に入れた　　2. 気持ちが高まった
　　3. 再び盛んになった　　4. 気持ちが暗くなった

【問題Ⅲ】　次の言葉の使い方として最もよいものを一つ選びなさい。

1) 照らし合わせる
　　1. 月と星が照らし合わせて、きれいな夜空だ。
　　2. 今日は照らし合わせているので、洗濯物がすぐ乾く。
　　3. 合格者の番号と自分の受験票の番号を何度も照らし合わせて確認した。
　　4. 各国の主張が照らし合わせることもあったが、最終的には意見が一致した。

解答は245ページ

---

(P233 確認テストの解答)
【問題Ⅰ】　1) 2　　2) 4　　【問題Ⅱ】　1) 2　　2) 3　　【問題Ⅲ】　1) 1

# 第5週 1日目　形容詞　イ形容詞（1）

## 相容れない　　　ＡとＢは相容れない　相容れないものがある

同じプロジェクトチームで仕事をしている彼とは考え方に相容れないものがあって、一緒にやるのが難しい。
He and I who are on the same project team are incompatible in the way we think, so it's difficult for us to work together.
在同一项目小组里工作的他和我的想法很不一致，难以一起合作下去。

## あくどい　　　あくどい商売　考えがあくどい

客をだますようなあくどい商売をしていると、すぐにうわさが広まるよ。
Rumors will spread quickly if you adopt blatant business practices that try to take advantage of your customers.
通过欺骗客人这样不择手段地做生意，很快就会被传出去的。

## あさましい　　　あさましい姿　あさましい争い

親が死んで兄弟が財産をめぐって争う姿はなんとあさましいことか。
How despicable it is to see brothers fighting over property after their parents die!
父母死后兄弟为财产而争斗是多么难看的事啊!

## あっけない　　　あっけない結果　あっけなく負ける

何度も何度も就職のための面接の練習をしたのに、1分ほどであっけなく終わった。
I practiced many, many times for the job interview, but the actual meeting ended all too quickly in about one minute.
为了就业，三番五次地练习面试，但只花了一分钟就简简单单地结束了。

## 荒っぽい　　　荒っぽい性格　扱いが荒っぽい

叔母は荒っぽい性格だが、根は優しい人だ。
My aunt is rough mannered but gentle at heart.
姨母是个性格粗暴本性善良的人。

第5週。半分以上進んだぞ！

## いかつい
いかつい肩　顔がいかつい

いかつい肩の人にこのドレスは似合わない。
This dress doesn't look good on women with square shoulders.
这件礼服不适合肩膀宽的人穿。

## 著しい
著しい変化　著しく表れる

陸上選手の彼は厳しい練習を重ねたので、記録に著しい変化が見られた。
The track and field athlete went through arduous training and marked a significant improvement in his record.
田径选手的他通过刻苦的练习，记录有了显著提高。

## 忌まわしい
忌まわしい事件　忌まわしい記憶

飲酒運転による忌まわしい事故が起こった。
A hideous accident was caused by drunk driving.
因酒后驾车而发生了一件不愉快的事故。

## 卑しい
卑しいことば遣い　金に卑しい

例え無一文になっても、心が卑しい人間にはなりたくない。
I don't want to become a mean-spirited person even I go broke.
即使成为一个身无分文的人，也不愿让内心一贫如洗。

## 疑り深い
疑り深い人　疑り深い性格

疑り深い彼が詐欺にだまされるなんて信じられない。
He's so suspicious of others that I can't believe he fell for such a scam.
疑心重的他被人诈骗，真让人不敢相信。

# うっとうしい　うっとうしい天気　髪の毛がうっとうしい

うっとうしい天気が続くと、気分も晴れない。
When gloomy weather continues, I can't help but feel melancholy.
连续的阴天，让人心情也跟着郁闷！

# 麗しい　　麗しい少女　麗しい友情

背中の大きくあいたドレスを着た彼女の麗しい姿に、みんな目が離せなかった。
All eyes were riveted to the woman who looked so elegant in the dress with the deep back cut.
她穿着露背礼服的艳丽姿态，吸引了大家的眼球。

# 押し付けがましい　押し付けがましい言い方　押し付けがましいお願い

押し付けがましいお願いで申し訳ありませんが、私の荷物をしばらく預かっていただけないでしょうか。
I'm sorry to impose on you, but would you please keep this baggage for me for a while?
实在不好意思，我能不能将行李暂时存放在您这里？

# おっかない　おっかない顔　雷がおっかない

虎に近付くなんて、おっかなくてできない。
I can't go near the tiger. It's too scary.
靠近老虎？这太可怕了，不行。

# おびただしい　おびただしい数　腹の立つことおびただしい

おびただしい数の人が神社に初もうでに来ていた。
A tremendous number of people were at the shrine to pay their first visits of the year.
无数的人来到神社，做新年的首次参拜。

第5週1日目　形容詞　イ形容詞（1）

## かけがえのない　　かけがえのない命

かけがえのない命を粗末にしてはいけない。
Life is precious and must be treated with respect.
我们不应该浪费宝贵的生命。

## 堅苦しい　　堅苦しい話　雰囲気が堅苦しい

堅苦しい挨拶は抜きにして、今日は楽しくお酒を飲もう。
Let's forget about stiff formalities tonight and enjoy our drinks together.
今天不要说一本正经的开场白了，开心地喝酒吧！

## 決まり悪い　　決まり悪い格好　～なんて決まり悪い

みんなの前で滑って転ぶなんて決まり悪くて恥ずかしかった。
I felt awkward and embarrassed when I slipped and fell in front of everyone.
在大家面前滑倒了，真是让人难为情！

## 仰々しい　　仰々しい挨拶　仰々しく騒ぎ立てる

あの人の言うことはいちいち仰々しくて聞いていられない。
Everything he says is so exaggerated that I can't stand listening to him.
那个人说的每件事都太夸张了，让人听不下去。

## 煙たい　　たばこが煙たい　煙たい奴

同期入社の仲間は彼のことを煙たがっているようだ。
He's apparently disliked by his colleagues who joined the company in the same year.
同期进公司的同事们好像都不愿接近他。

## 心強い（こころづよ）
心強く思う（こころづよ　おも）　心強い⇔心細い（こころづよ　こころぼそ）

課長が一緒に行ってくれれば、とても心強い。
（かちょう　いっしょ　い　　　　　　　　こころづよ）
It will be reassuring if the section chief goes with me.
科长如果和我一起去说的话，我就放心了。

## 快い（こころよ）
快い海風（こころよ　うみかぜ）　快く引き受ける（こころよ　ひ　う）

海からの快い風が吹いている。
（うみ　　　こころよ　かぜ　ふ）
A pleasant breeze is blowing from the sea.
从海上吹来惬意的风。

## 好ましい（この）
好ましい番組（この　ばんぐみ）　好ましい相手（この　あいて）

このテレビ番組は子どもには好ましくない。
（　　　　　ばんぐみ　こ　　　　この　　　）
This TV program is undesirable for children.
这部电视节目少儿不宜。

## 渋い（しぶ）
お茶が渋い（ちゃ　しぶ）　渋い顔をする（しぶ　かお）

会議で営業部の報告を聞き、社長は渋い顔をした。
（かいぎ　えいぎょうぶ　ほうこく　き　しゃちょう　しぶ　かお）
The company president frowned upon hearing the sales department's report at the meeting.
会议上听到营业部的报告，总经理的脸绷了起来。

## しぶとい
しぶとい人　病気がしぶとい（びょうき）

あの営業マンはしぶとい人で、断っても断っても何度もやって来る。
（えいぎょう　　　　　　　　　ことわ　　　ことわ　　　なんど　　　　　き）
The sales representative is tenacious. He keeps coming no matter how many times I say no.
那个销售员很顽强，虽然被再三拒绝但还来。

244

第5週1日目　形容詞　イ形容詞（1）

月　日　／5

# 確認テスト

【問題Ⅰ】（　　）に入れる最もよいものを一つ選びなさい。

1) 買ったばかりのカメラが旅行先で壊れるとは、腹の立つこと（　　）。
   1. いまわしい　2. うっとうしい　3. おびただしい　4. きまりわるい

2) あの女性が兄の結婚相手として（　　）かどうか疑問だ。
   1. 快い　2. 好ましい　3. かけがえのない　4. 押し付けがましい

【問題Ⅱ】＿＿＿の言葉の意味に最も近いものを一つ選びなさい。

1) 叔父の病気はよほどしぶといようで、また入院することになった。
   1. 生き返るかもしれない　2. 死ぬかもしれない
   3. 治りやすい　4. 治りにくい

2) 最近、気温の変化が著しいので、体調を崩す人が多い。
   1. 報告する　2. 安定している　3. 目立って大きい　4. 書き込んである

【問題Ⅲ】次の言葉の使い方として最もよいものを一つ選びなさい。

1) あっけない
   1. 留学は親に反対されると思ったがそんなことはなく、あっけないほどだった。
   2. この箱にはガラスが入っているから、あっけなく扱うと割れてしまう。
   3. 老人をだまして金を盗るなんて、なんてあっけないことをするのだ。
   4. 敵のゴール手前でボールを奪い、味方にパスするのはあっけない姿だ。

解答は251ページ

---

(P239 確認テストの解答)
【問題Ⅰ】1) 2　2) 3　【問題Ⅱ】1) 1　2) 1　【問題Ⅲ】1) 3

# 第5週 2日目 形容詞 イ形容詞（2）

## すがすがしい
すがすがしい朝　すがすがしい気分

雨がやんで、すがすがしい朝を迎えた。
The rain stopped and gave way to crisp weather in the morning.
雨停了，迎来了清爽的早晨。

## すばし（っ）こい
すばしこい動物　動作がすばしこい

家の手伝いをさせようと思ったのに、あの子はすばしこくて、もうどこかへ逃げていっちゃったよ。
I wanted to make the child help out with the household chores, but he's so quick that he has already run off somewhere.
我想让那个孩子帮忙做家务，但他很机灵，已经跑得不见踪影了。

## 素早い
素早い行動　判断が素早い

彼は会議などで決まったことを素早く行動に移せる人だ。
He's capable of promptly putting into action what has been decided at meetings and on other occasions.
他是那种将会议上决定的事情，立即付之于行动的人。

## せこい
せこい考え　金にせこい

自分は医者だなんて嘘をついてまで女性に気に入られようとするなんて、せこい考えだ。
Pretending to be a doctor to attract women is a petty idea.
为了吸引女人而要谎称自己是医生，这是多么卑鄙的想法啊。

## 切ない
切ない思い　切ない胸の内

切ない胸の内を打ち明けても相手が困るだけなら、ずっと胸の中にしまっておこう。
Professing my hopeless longing will only trouble her, so I shall keep my thoughts to myself forever.
如将难受的心里话说出去，只会让对方为难的话，那么还不如一直藏在心里的好。

> イ形容詞は「○○い＋名詞」で形容詞、「○○く＋動詞」で副詞的な使い方になる。

## 俗っぽい　　言い方が俗っぽい　俗っぽいせりふ

こんな俗っぽいせりふが多い役はあの俳優に似合わない。
A role with so many vulgar lines is not befitting of that actor.
这个有这么多低俗台词的角色不适合让那个演员来演。

## そぐわない　　そぐわない言動　気持ちにそぐわない

その場にそぐわない言動は控えなさい。
You must refrain from actions and words that are out of place.
你要少做点儿不合场合的言行。

## そっけない　　そっけない返事　そっけなくあしらう

友だちに頼みごとをしたら、そっけなく断られた。
I asked my friend for a favor and was curtly turned down.
想让朋友帮点儿忙，但被冷淡地拒绝了。

## たくましい　　体つきがたくましい　たくましい成長ぶり

弟はスポーツをするようになって、たくましい男に成長した。
My younger brother has become muscular since he started taking part in athletics.
弟弟开始做运动后，健壮了起来。

## たやすい　　言うのはたやすい　たやすく返事する

口にするのはたやすいが、実行するのは難しい。
It's easy to say, but hard to do.
说起来简单，做起来难。

247

## だるい　　体がだるい　だるい朝

熱があって体がだるい。
I have a fever and feel listless.
发烧了，浑身没劲儿。

## 注意深い　　注意深い観察　注意深く進める

社外に秘密がもれないよう、このプロジェクトは注意深く進めなければならない。
We must proceed carefully with this project to prevent our secrets from being leaked outside the company.
为了防止机密泄露到公司外，需要小心谨慎地进行这个项目。

## 尊い／貴い　（→尊ぶ P187）　尊い命　貴い経験

尊い命を守るため、医師や看護師は働いている。
Doctors and nurses work to save precious lives.
医生和护士为了守护宝贵的生命而工作。

## 乏しい　　乏しい食料　経験が乏しい

天然資源が乏しい国は輸入に頼らざるを得ない。
Countries with few natural resources must rely on imports.
缺乏天然资源的国家只能依靠进口。

## 嘆かわしい　　嘆かわしい事態　〜とは嘆かわしい

文化遺産を傷つけるとは嘆かわしいことだ。
How deplorable it is to damage a cultural asset!
损坏文化遗产是令人扼腕叹息的事。

第5週2日目　形容詞　イ形容詞（2）

## 情けない（なさけない）　（→情け P141）　情けない姿　～とは情けない

友だちが困るようなことを平気でするなんて情けない奴だ。
How pitiful he is to do something without hesitating that would inconvenience a friend.
毫不介意地做带给朋友麻烦的事，真是个不要脸的人啊！

## 情け深い（なさけぶかい）　（→情け P141）　情け深い人

私の今の状況を理解して家賃の支払いを待ってくれるなんて、大家さんはなんて情け深いお方なんだろう。
How compassionate my landlord is to understand my current situation and say he will wait for my rent.
了解了我现在的情况后，同意延缓房租的房东，是一个多么有人情味儿的人啊！

## 名高い（なだかい）　ぶどうの産地として名高い　歴史に名高い人物

この辺りはぶどうの産地として名高く、観光客も多い。
This area is famous for its grapes and gets many tourists.
这一带因盛产葡萄而有名，游客也很多。

## 何気ない（なにげない）　何気ない様子　何気なく聞く

何気なく尋ねたことが友だちを悩ませてしまったようだ。
My friend was apparently troubled by something I asked him inadvertently.
不经意问话好像让朋友很烦恼。

## 生臭い（なまぐさい）　魚が生臭い　生臭い話

政界と財界の間には生臭い癒着があるという。
Some people say there are fishy ties between politics and the world of finance.
好像政财两界有着肮脏的交易。

## 生温い（なまぬるい）
生温いお湯　仕事の仕方が生温い

そんな生温い仕事の仕方では顧客は獲得できない。
You won't be able to win new clients if you keep working with such a lukewarm attitude.
马马虎虎地工作的话，会无法获得顾客。

## なれなれしい
なれなれしい態度　なれなれしく話しかける

知らない人になれなれしく話しかけられた。
A stranger spoke to me in an overly familiar manner.
陌生人嬉皮笑脸地与我搭话。

## 望ましい（のぞましい）
望ましい結果　全員出席が望ましい

全員出席が望ましいが、やむを得ない事情がある人は欠席しても仕方がない。
Although full attendance is preferable, people with circumstances beyond their control may be absent.
最好全体人员能参加，但有事情不得已缺席，也是没有办法的。

## はかない
はかない夢　はかない人生

宝くじがあたるなんてはかない夢を抱いていないで、真面目に働きなさい。
Stop nurturing empty dreams that you might win a lottery and work seriously.
不要做中彩票这种白日梦了，认真工作吧！

## ばかばかしい
ばかばかしいうわさ　ばかばかしい高値

ばかばかしいうわさを本気にしてはいけない。
You should not believe such an absurd rumor.
别把无聊的流言当真了！

第5週2日目　形容詞　イ形容詞（2）

月　　日　／5

# 確認テスト

【問題Ⅰ】（　　）に入れる最もよいものを一つ選びなさい。

1) 遠くへ旅立っていく子どもを（　　　）思いで空港まで見送った。
    1. 乏しい　　2. 切ない　　3. 生温い　　4. 名高い

2) 会社をやめる決心がついて悩みがなくなり、（　　　）気分になった。
    1. なれなれしい　　2. すがすがしい　　3. たくましい　　4. 望ましい

【問題Ⅱ】　＿＿＿の言葉の意味に最も近いものを一つ選びなさい。

1) この薬を飲むといつも体が<u>だるく</u>なる。
    1. 運動後のように痛くなる　　2. 回復して元気になる
    3. 疲れたように重く感じる　　4. 感覚がなくなって軽くなる

2) 何か<u>すばしこい</u>動物が庭を走っていた。
    1. 動作が速い　　2. 体長が長い　　3. においが強い　　4. 色が濃い

【問題Ⅲ】　次の言葉の使い方として最もよいものを一つ選びなさい。

1) 嘆かわしい
    1. 彼女は涙が止まらなくて嘆かわしい人だった。
    2. 失業率が全く回復しないのは嘆かわしい事態だ。
    3. 幼い頃の友人に10年ぶりに会って嘆かわしかった。
    4. 近所に高層ビルを作るという建築会社に対して嘆かわしい。

解答は257ページ

---

(P245 確認テストの解答)
　　【問題Ⅰ】1) 3　2) 2　【問題Ⅱ】1) 4　2) 3　【問題Ⅲ】1) 1

# 形容詞　イ形容詞（3）

**第5週 3日目**

## 果てしない（は）　（→果て P136）

果てしない大空（は）
果てしなく続く（は／つづ）

果てしない大空を見ていると、自分の存在が小さいものに感じられる。
Looking up at the boundless sky makes me feel like a very small entity.
看着无边无际的天空，感到自己的存在是多么的渺小啊。

## 華々しい（はなばな）

華々しい活躍（はなばな／かつやく）　華々しいデビュー（はなばな）

彼はこの歌で華々しいデビューを飾り、一躍有名になった。
He made a spectacular debut with this song and rose to stardom.
他因这首歌辉煌出道，一跃成名。

## 腹黒い（はらぐろ）

腹黒い人（はらぐろ）　腹黒い策（はらぐろ／さく）

あいつは腹黒くて、何を考えているのかさっぱり分からない。
He is evil-minded and I have no idea what he is thinking.
那家伙是个黑心肠，一点儿也猜不出他在想什么。

## びくともしない

多少のことではびくともしない
びくともせず～

彼は暴力的になっていた民衆を前にしても、びくともしなかった。
He remained calm even when he was confronted by citizens who had turned violent.
他即便面对暴动的群众也毫不慌张。

## 久しい（ひさ）

東京へ来て久しい（とうきょう／ひさ）　久しく訪ねていない（ひさ／たず）

恩師を久しく訪ねていなかったので、結婚の報告を兼ねて連絡を取ってみた。
It had been quite a while since I last visited my former teacher, so I contacted him to say hello and tell him that I was getting married.
好久没有去拜访恩师了，这次顺便向他报告结婚的事跟他取得了联系。

## 平たい
平たい皿　平たく言う

子どもにも分かるように平たく話す。
I speak in simple terms so that even a child will understand.
说简单到连小孩都能懂的话。

## ふがいない
ふがいない奴　〜とはふがいない

自分が正しいと思うことを友だちにも言えないなんて、本当にふがいない奴だ。
What a wimp you are not to be able to tell even your friend what you believe is right.
虽然自己觉得对的事，但连对朋友也不敢说，真是个没有出息的家伙啊。

## ふさわしい
ふさわしい人物　服装がふさわしい

この責任ある仕事にふさわしい人物は彼しかいないだろう。
He's the only person fit for the job that comes with such heavy responsibilities.
这项责任重大的工作，能承担的人只有他了。

## 紛らわしい
紛らわしい字　紛らわしい態度

配布プリントのそばに置いておくと紛らわしいから、自分の資料はここに置かないでください。
Do not place your personal files here because they may be mistaken for distributed documents.
放在要分发的印刷品的旁边的话，会容易弄错，所以不要把自己的资料放在这里。

## またとない
またとない機会　またとない体験

またとない機会を逃してしまって悔しい。
I regret having missed the once-in-a-lifetime opportunity.
错过了千载难逢的机会，十分懊悔。

## 待ち遠しい　　旅行が待ち遠しい　待ち遠しい再会の日

家族みんなが集まる正月が待ち遠しい。
I look forward to the New Year holidays when the whole family will get together.
翘首以待阖家团聚的正月。

## 回りくどい　　回りくどい言い方　話が回りくどい

そんな回りくどい言い方では伝わらないので、ストレートに話したほうがいい。
You should get straight to the point because beating around the bush won't get your message across.
说话那么绕圈子让人听不懂，还是直说吧。

## 見苦しい　　見苦しい振る舞い　見苦しい言い訳

負けた後に言い訳をするのは見苦しい。
You're being a poor sport to make excuses after you've lost.
输了后找借口，真是让人看不下去。

## みすぼらしい　　みすぼらしい身なり　みすぼらしい格好

みすぼらしい身なりの人がよたよた歩いていた。
A shabbily dressed person was tottering about.
走着一个衣衫褴褛，步履蹒跚的人。

## むつまじい　　むつまじい兄弟　むつまじく暮らす

あの2人の仲は本当にむつまじいので、見ているとこちらまで幸せな気分になる。
The couple are so happy together that watching them makes me happy as well.
他们俩的关系真是非常和睦，连看着的人都能感觉到幸福。

## 第5週3日目　形容詞　イ形容詞（3）

### むなしい
むなしい努力　むなしく過ごす

何社もの入社試験に落ちて何をする気も起こらず、2か月ほどむなしく過ごした。
After failing many companies' entrance exams, I ran out of energy and spent about two months doing nothing.
一连好几家公司的录用考试都名落孙山了，什么也不想做，白白地度过了2个月左右的时间。

### 目覚ましい
目覚ましい発展　進歩が目覚ましい

1980年代は経済成長が目覚ましかったが、その後停滞した。
The economy grew at an amazing rate in the 1980s, but then went stagnant.
二十世纪八十年代经济显著增长，但后来就停滞下来了。

### 物足りない
物足りない気がする　説明が物足りない

パーティーはそれなりに楽しかったが、何か物足りない気がした。
I enjoyed the party to a certain extent, but felt something was missing.
派对还算有意思，但总觉得缺点什么。

### もろい
もろい材質　友情がもろい

きれいなガラスの食器だが、もろいのが難点だ。
The glass tableware is beautiful, but fragility is its weakness.
这玻璃餐具看起来很漂亮，但缺点就是易碎。

### 安っぽい
安っぽい製品　安っぽい人

そんな安っぽい服を着ていると、せっかくの気品が下がるよ。
Wearing such cheap clothing will undermine your praiseworthy grace.
穿着那么廉价的衣服，你原有的气质都被毁了。

255

## ややこしい　　ややこしい話　使い方がややこしい

子どものけんかに親が口をはさむと話がややこしくなる。
When parents butt into children's arguments, it complicates the situation.
小孩吵架时父母插嘴的话，事情会变得很复杂。

## やりきれない　　やりきれない思い　暑くてやりきれない

何の罪もない人が事件の犠牲になるなんて、やりきれない思いだ。
It's unbearable when innocent people fall victim to crime.
无辜的人被卷入事件遇难，让人心痛不已。

## 欲深い　　欲深い人　欲深い頼み

幸せな家庭と安定した生活を手に入れたのに、さらに多くの富が欲しいなんて欲深い奴だ。
How greedy of you to seek more wealth when you're already blessed with a happy family and a stable life.
有了幸福的家庭和稳定的生活，还想要更多的财富，真是贪得无厌的家伙啊！

## 煩わしい　　煩わしい人間関係　手続きが煩わしい

引越しにあたっての様々な手続きが煩わしい。
The procedures involved in moving to a new house are a hassle.
搬家时的各种手续让人头疼。

## わびしい　　わびしい食事　わびしく暮らす

こんなわびしい食事では栄養が十分にとれない。
I can't get enough nourishment if my meals are so simple.
这么简单的饮食不能充分地摄取营养。

第5週3日目　形容詞　イ形容詞（3）

# 確認テスト

【問題Ⅰ】（　　）に入れる最もよいものを一つ選びなさい。

1) 課長の話が（　　）、いらいらした。
   1. 回りくどくて　2. 見苦しくて　3. みすぼらしくて　4. むつまじくて

2) こんな素晴らしい留学生活は（　　）だろう。
   1. もろい　2. 目覚ましい　3. またとない　4. やりきれない

【問題Ⅱ】　＿＿＿＿の言葉の意味に最も近いものを一つ選びなさい。

1) 東京へ来て久しいが、こんな面白いお寺があるなんて知らなかった。
   1. 長い時間がたっている　2. 珍しいことが多い
   3. 友だちに会っていない　4. 多くの人が来ている

2) 留学の準備を進めていたのに親に反対され、むなしい結果になってしまった。
   1. 独自の　2. 無駄な　3. 効果的な　4. 無理矢理の

【問題Ⅲ】　次の言葉の使い方として最もよいものを一つ選びなさい。

1) 煩わしい
   1. 一人で煩わしく暮らす母が心配だ。
   2. この材質は煩わしくて壊れやすい。
   3. 友だち付き合いが時々煩わしく感じられる。
   4. 大女優なのに煩わしいドレスで現れて、評判を落とした。

解答は263ページ

──────────────────────────────

（P251 確認テストの解答）
【問題Ⅰ】 1) 2　2) 2　【問題Ⅱ】 1) 3　2) 1　【問題Ⅲ】 1) 2

## 第5週 4日目 — 形容詞 ナ形容詞（1）

### 鮮やか（あざやか）
色が鮮やかだ　鮮やかなハンドルさばき

彼の鮮やかなハンドルさばきなら、狭い場所でも駐車できる。
Given his graceful command of the steering wheel, parking in a narrow space will be easy.
他熟练的驾驶技术，让他在狭窄的地方也能停车。

### あやふや
あやふやな返事　態度があやふやだ

彼の態度はいつもあやふやだから、周りの人が困る。
People around him are perplexed because he always takes a vague attitude.
他的态度总是模棱两可，让周围的人为难。

### いい加減（かげん）
いい加減な態度　仕事がいい加減だ

根拠のない、いい加減なことを言うな。
Don't say irresponsible things that lack foundation.
别乱说没有根据的话。

### 粋（いき）
粋なことを言う　粋に帽子をかぶる

彼はいつも粋なスタイルをしているな。
He always dresses stylishly, doesn't he?
他总是穿着潇洒。

### 嘘つき（うそつき）
嘘つきな人　嘘つきは泥棒の始まり

嘘つきな人は遅かれ早かれ友だちを失うことになる。
Liars will lose all their friends sooner or later.
说谎的人早晚会失去朋友。

ナ形容詞は「○○な＋名詞」で形容詞、「○○に＋動詞」で副詞的な使い方になる。

## うつろ

うつろな目　うつろな気分

その病人はうつろな目をして病室を見回した。
The patient looked around the hospital room with an empty gaze.
那个病人目光呆滞地将病房环视了一圈。

## 大げさ

大げさな身振り　大げさに話す

父はちょっとけがをしただけなのに、母が大げさに話すから近所の人は父が死にそうだと思ったらしい。
The neighbors thought my father was dying because my mother exaggerated about his injury which was light.
父亲只受了一点伤，可母亲说得太夸张，邻居们以为父亲差点死了。

## 大幅

大幅な削減　大幅に遅れる

予定より大幅に遅れて飛行機が到着した。
The airplane landed way behind schedule.
大幅晚点的飞机抵达了机场。

## 大わらわ

大わらわな年の瀬　準備で大わらわだ

会場は卒業式の準備で大わらわだった。
The venue was brimming with action as people prepared for the graduation ceremony.
会场为了准备毕业典礼忙得不可开交。

## 厳か

厳かな式　厳かに行う

卒業式が厳かに行われた。
The graduation ceremony was a solemn event.
在严肃的气氛中举行了毕业典礼。

## 愚か（おろ）
愚かな行い（おろ）　愚か者（おろ　もの）

人間とは愚かで弱い生き物だ。
Humans are foolish and weak beings.
人是一种又愚蠢又脆弱的生物。

## かすか
かすかな希望（きぼう）　かすかに聞こえる（き）

かすかな希望を抱いて、毎回宝くじを買う。
I buy lottery tickets every time with the faintest hope that I may win.
每次都带着一丝期待购买彩票。

## 寛容（かんよう）
寛容な態度（かんよう　たいど）　寛容な人（かんよう）

誰に対してでも寛容な態度が取れるようになりたいものだ。
I want to become a person who can adopt a tolerant attitude toward everyone.
希望对谁都能采取宽容的态度。

## きざ
きざなせりふ　きざな奴（やつ）

あんなきざな奴のどこがいいの？
What do you find attractive in such a snobbish man?
那种讨厌的家伙有什么地方好？

## 几帳面（きちょうめん）
几帳面な性格（きちょうめん　せいかく）　几帳面に書く（きちょうめん　か）

兄は几帳面な性格で、本棚の本は自分の決めたとおりに並んでいないといらいらするようだ。
My elder brother is a methodical person. He appears to be irritated when books on the bookshelf are not arranged the way he wants them to be.
哥哥的性格一丝不苟，书柜的书没有按照自己的习惯陈列的话，就会觉得不舒服。

第5週4日目　形容詞　ナ形容詞（1）

## 気まぐれ
気まぐれな人　気まぐれな天気

気まぐれな天気で、傘が手放せない。
I can't let go of my umbrella because the weather is so fickle.
易变的天气让人不得不一直带着雨伞。

## 清らか
清らかな川の流れ　清らかな心

旅行で貧しいけど清らかな目を持った子ども達に出会った。
During my trip, I met children who had a pure look in their eyes despite their poverty.
旅途中遇见一群虽然贫穷但双眼清澈的孩子们。

## きらびやか
きらびやかなドレス　きらびやかな光景

この丘から見える街のきらびやかな夜景は何度訪ねてもまた見たくなる光景だ。
The brightly lit night view of the town from this hill is a sight I want to see time and again.
从这座小山俯瞰到的城市夜景璀璨夺目，让人百看不厌。

## 健全
健全な精神　健全な財政

健全な精神があってこそ、体も健全でいることができる。
One can only have a sound body if the mind is sound as well.
有了健全的精神，才能有健康的身体。

## 高尚
高尚な趣味　話が高尚だ

彼の話は高尚すぎて、私にはよく分からない。
His stories are too sophisticated for me to understand.
他说的话太高深，我听不太懂。

## 滑稽（こっけい）

滑稽な顔　話が滑稽だ

あの彼が警察官になるなんて滑稽だね。
It's funny that he of all people became a policeman, isn't it?
像他那种人能做警察，真可笑啊！

## 細やか（こま）

細やかな気配り　愛情が細やかだ

古田さんは細やかな気配りができる人で、接客業に向いている。
Ms. Furuta is attentive to detail and suited to the service trade.
古田是那种可无微不至地关心人的人，适合做服务行业。

## 雑（ざつ）

雑な作業　書き方が雑だ

書き方が雑だと機械で読み取れないので、丁寧に書いてください。
Please write carefully because the machine can't read sloppy hand writing.
如果写得太潦草，机器就会识别不出来，请写得工整点儿。

## 質素（しっそ）

質素な住まい　質素に暮らす

体のためには質素な食事のほうがいい。
Simple meals are better for your body than lavish ones.
粗茶淡饭对身体才好。

## しとやか

しとやかな姿　しとやかに振る舞う

女性のしとやかな姿に憧れる。
I admire the graceful figures of women.
很崇拜端庄的女性。

## 第5週4日目　形容詞　ナ形容詞（1）

# 確認テスト

【問題Ⅰ】（　　）に入れる最もよいものを一つ選びなさい。

1)　（　　）な顔をして観客を笑わせる。
　　1. 滑稽　　2. 質素　　3. 寛容　　4. 円満

2)　一時の（　　）から、父は釣りに行くようになった。
　　1. 厳か　　2. 気まぐれ　　3. 大わらわ　　4. 細やか

【問題Ⅱ】　＿＿＿の言葉の意味に最も近いものを一つ選びなさい。

1)　鳥の声がかすかに聞こえた。
　　1. すみで　　2. はっきり　　3. わずかに　　4. 楽しそうに

2)　健全な財務管理を専門家に依頼する。
　　1. 一部分ではなく全部の　　2. 正しくしっかりしている
　　3. きらきらして美しい　　4. 病気や痛みがない

【問題Ⅲ】　次の言葉の使い方として最もよいものを一つ選びなさい。

1)　あやふや
　　1. あやふやな遊びをして、みんなで大笑いした。
　　2. 靴の左と右をあやふやに履いた。
　　3. あやふやにネットゲームをし続けるのをやめるべきだ。
　　4. あやふやな返事で済ませないで、ちゃんと答えなさい。

解答は269ページ

(P257 確認テストの解答)
　　【問題Ⅰ】　1) 1　　2) 3　　【問題Ⅱ】　1) 1　　2) 2　　【問題Ⅲ】　1) 3

# 形容詞　ナ形容詞（2）

第5週　5日目

## しなやか
しなやかな枝　体がしなやかだ

バレリーナのしなやかな体に感心する。
I was impressed by the ballerina's physical flexibility.
很佩服芭蕾舞蹈员有柔软的身体。

## 健やか
健やかな心　健やかに育つ

健やかな心を持つ人間に育ってほしいと願う。
I hope to see you grow up into a person with a sound mind.
希望能培养成一个身心健全的人。

## 先天的
先天的な才能　先天的に器用だ

姉の手先が器用なのは先天的で、私とは大違いだ。
Unlike me, my sister is clever with her hands by nature.
姐姐手巧是天生的，我和她完全不一样。

## 善良
善良な市民　善良な人間

人間は常に善良でありたいものだ。
People should always strive to be good-natured.
人总是希望善良能永在。

## 素朴
素朴な人　素朴な疑問

彼の素朴なところが好きだ。
I like his simplicity.
我喜欢他的素朴。

## ぞんざい
ぞんざいな口のきき方　ぞんざいに扱う

店員の口のきき方がぞんざいだったので、頭にきた。
The sales clerk's rough manner of speaking made me angry.
店员说话很粗鲁，让人生气。

## 大胆
大胆な試み　大胆に立ち向かう

たった一人で社長に直訴するなんて大胆なことをする。
You are so bold to petition directly to the company president on your own.
就他一个人直接向总经理投诉，做得也太大胆了。

## 巧み
巧みな答弁　巧みにだます

首相は巧みな答弁で記者の質問に応じた。
The Prime Minister handled reporters' questions with clever replies.
首相巧妙地回答了记者的提问。

## 多忙
多忙な毎日　多忙を極める

社長は海外出張に会議に社外会合にと多忙を極めている。
The company president is extremely busy, what with overseas trips, meetings and off-site gatherings.
社长要去国外出差、还要开会、在外会晤等忙得不可开交。

## 多様
多様な考え　多様化する

会議では自然エネルギーに関する多様な意見が出されたが、見解はまとまらなかった。
Various opinions on natural energy were presented at the meeting but no agreement was reached.
关于自然能源，会议上大家各抒己见，最后意见还是不能统一。

## 知的(ちてき)

知的な話し方　知的な仕事

彼は知的な話し方をする人だと思っていたら、弁護士をしているらしい。
I thought he sounded intellectual. He is apparently a lawyer.
听说他好像是个律师，怪不得总觉得他说话充满智慧，。

## 月並み(つきな)

月並みなことば　月並みなお世辞

月並みなお世辞は聞きたくない。
I don't want to hear clichéd compliments.
一般的恭维话我不想听。

## つぶら

つぶらな瞳　つぶらな目

赤ちゃんのつぶらな瞳がかわいらしい。
The baby's beady eyes are cute.
婴儿圆溜溜的眼珠很可爱。

## 和やか(なご)　(→和む P212)

和やかな雰囲気　和やかに話し合う

私たちは和やかな雰囲気の中で話し合いを進めた。
Our discussions proceeded in an amicable atmosphere.
我们在和谐的气氛中进行了协商。

## 滑らか(なめ)

滑らかな肌　滑らかな口調

彼女は滑らかに日本語を話すが、日本に行ったことがないそうだ。
Although she speaks Japanese fluently, she says she has never been to Japan.
她好像没去过日本，但日语说得很流利。

第5週5日目　形容詞　ナ形容詞（2）

## のどか
のどかな風景　心がのどかだ

のどかな風景を見ながらのんびり散歩する。
I had a carefree walk while enjoying the peaceful scenery.
边欣赏恬静的风景边悠闲地散步。

## 華やか （→華やぐ P213）
華やかな生涯　華やかに着飾る

和服で華やかに着飾った若い女性で会場は埋め尽くされていた。
The venue was filled with young women who were gorgeously dressed in kimono.
身穿艳丽和服的年轻女性挤满了会场。

## 悲惨
悲惨な最期　悲惨な交通事故

彼女は華やかな芸能生活を送っていたが、孤独死という悲惨な最期を遂げた。
She had a brilliant career in show business. But she had a sad end, dying alone.
她曾经有着辉煌的演艺生涯，但最后却悲惨孤独地死去。

## ひそか
ひそかな取り決め　ひそかに尊敬する

2国間で核の輸送に関するひそかな取り決めがあったと言われている。
It is said that the 2 countries had a secret agreement on nuclear transport.
据说两国秘密签订了有关核武器运输的协议。

## 敏感
敏感な肌　敏感⇔鈍感

肌が敏感なので、化粧品には気を使っている。
I have sensitive skin so I am careful with cosmetics.
因为是敏感性皮肤，所以对化妆品比较注意。

## 不可欠（ふかけつ）

不可欠な道具　睡眠は不可欠だ

健康な体と健康な生活に睡眠は不可欠だ。
Sleep is essential to a healthy body and life.
要想有健康的身体和生活，睡眠是不可缺少的。

## 無邪気（むじゃき）

無邪気な子供　無邪気に微笑む

子供は無邪気でいいなあ。
I admire children for their innocence.
小孩天真烂漫，真好啊！

## 有益（ゆうえき）

有益な情報　有益に使う

新しく開設したホームページでより多くの人に有益な情報を提供したい。
We want to provide useful information to more people on the newly opened website.
希望能在新开的网页上为更多的人提供有益的信息。

## 緩やか（ゆるやか）

緩やかな坂道　規則を緩やかにする

ここは緩やかな坂道になっているのでスピードが出すぎないように気をつけてください。
Please be careful not to gain too much speed because this is actually a mild slope.
这是一段缓坡路，请注意速度不要太快。

## ろく

ろくな番組　ろくなことにならない

この時間帯はろくなテレビ番組がない。
There is no decent program on the TV at this time of hour.
这个时间段没有像样的电视节目。

第5週5日目　形容詞　ナ形容詞（2）

# 確認テスト

【問題Ⅰ】（　　）に入れる最もよいものを一つ選びなさい。

1）何事も成功するには努力が（　　）だ。
　　1. ぞんざい　　2. 月並み　　3. 不可欠　　4. ろく

2）（　　）な毎日ですが、充実した日々を送っています。
　　1. 多忙　　2. 鈍感　　3. つぶら　　4. しなやか

【問題Ⅱ】　＿＿＿の言葉の意味に最も近いものを一つ選びなさい。

1）私の作品が入賞するかもしれないとひそかに期待している。
　　1. 人に気付かれないように　　2. ずっと前から長い間
　　3. 周りの人に知らせるために　　4. 確実だろうと予測して

2）先天的な才能を持つ彼は世界で活躍するピアニストになった。
　　1. 教師のような　　2. 人間味のある　　3. 生まれつきの　　4. 華々しい

【問題Ⅲ】　次の言葉の使い方として最もよいものを一つ選びなさい。

1）大胆
　　1. 入社式に汚い服を着ていくのは大胆にない。
　　2. 田舎には大胆な味わいのある料理がたくさんある。
　　3. 大胆な雰囲気の中、お見合いが行われた。
　　4. 次回の公演のポスターは大胆なデザインで人目を引く。

解答は275ページ

---

（P263 確認テストの解答）
　　【問題Ⅰ】1）1　2）2　【問題Ⅱ】1）3　2）2　【問題Ⅲ】1）4

# 第6週 1日目　副詞など　時

## あらかじめ
あらかじめ決めておく　あらかじめ調べる

旅行先のおいしいレストランをあらかじめ調べておいた。
I did some research beforehand on the good restaurants in the places we are travelling.
提前查好了旅游目的地的好餐厅。

## 一挙に
一挙に追い上げる　一挙に仕上げる

昨日のサッカーの試合では後半に一挙に追い上げ、4点入れた。
In yesterday's soccer match, the team caught up in a sweep in the 2nd half by scoring 4 goals.
昨天的足球比赛，在后半场时进行了激烈反攻，一挙取得了4分。

## 今更
今更言う　今更ながら～

今更言っても、もう変更はできない。
It's too late to ask for any changes now.
现在才说，已经不能更改了。

## 未だ（に）
未だに忘れられない　未だかつて

学生時代の友人との旅行は未だ忘れられない。
The trips I went with my friends in college are still unforgettable.
至今都难以忘记学生时代与朋友的旅游。

## 延々と
延々と話す　延々5時間

昨日の会議は休憩も取らず、延々5時間にも及んだ。
Yesterday's meeting dragged on for 5 hours without a break.
昨天的会议中途没有休息，一直持续了5个小时。

時間的局面や頻度に関係することば

## 遅かれ早かれ
おそ　　はや

遅かれ早かれ行くことになる
遅かれ早かれ解決する

遅かれ早かれこの問題は解決できるだろう。
This problem will be solved sooner or later.
这个问题早晚会解决吧。

## かつて

かつての親友　　かつてない〜

かつてない規模のテロ事件が起きた。
A terror attack of an unprecedented scale occurred.
发生了前所未有的大规模恐怖事件。

## かねて

かねて知っていた　　かねてからの望み

家族みんなで京都を旅行するのが母のかねてからの望みだった。
It was my mother's long held dream for the family to travel together to Kyoto.
全家一起去京都旅游是母亲的夙愿。

## 来る
きた

来る15日　　来る開催日

来る15日にスピーチ大会を行う。
A speech contest will be held on the coming 15th.
下个15日举行演讲比赛。

## 急きょ
きゅう

急きょ病院へ行く　　急きょ予定を変更する

祖母が倒れたと聞いて急きょ帰国した。
As soon as I heard that my grandmother was ill, I hurried back to my country.
听到祖母病倒的消息，急忙回国了。

271

## さしあたって　　さしあたって必要な物　さしあたって急ぐ仕事

さしあたって急ぐ仕事は今日終わらせたので、明日は休んでも差し支えない。
Today, I finished all the work that had to be hurried for the time being. So, it won't be a problem if I take tomorrow off.
目前急着要完成的工作今天都做好了，明天可以休息了。

## 早急に　さっきゅう/そうきゅう　　早急に対応する　早急に話し合う

災害が起こったら、早急に医療チームを派遣すべきだ。
In the event of a disaster, a medical team should be sent immediately.
灾害发生后，应该立即派遣医疗队。

## じきに　　じきに治る　じきに一人立ちする

こんなけがは放っておけば、じきに治るだろう。
An injury like this will soon heal on its own.
这点伤不用处理自然就会好的。

## 終始　しゅうし　　終始笑顔だ　福祉事業に終始する

彼は終始笑顔で接客していて、みんなの手本となる人だ。
He is always attending to customers with a smile. He serves as a model for everybody.
他始终面带微笑地接待客人，可以成为大家的榜样。

## しょっちゅう　　しょっちゅう会っている　しょっちゅう話す

田中さんとは会社も同じで家も近いので、しょっちゅう会っている。
I see Tanaka very often as we work in the same company and also live close by.
田中与我在同一个公司工作，再加上家离得又很近，所以我们常常见面。

第6週1日目　副詞など　時

## すかさず
すかさず問い返す　すかさず攻撃する

質問の答えがあいまいだったので、すかさず問い返した。
The answer to the question was ambiguous, so I immediately asked back.
问题的回答有点模糊，所以又及时进行了追问。

## 先だって
先だってのお礼　先だって注文した品

先だってはありがとうございました。
Thank you for the other day.
上次，谢谢您了。

## 即座に
即座に答える　即座に決断する

難しい質問に即座に答えなければならなので大変だ。
It is demanding because I have to respond immediately to difficult questions.
对很难的问题需要当即作答，真够呛。

## つかの間
つかの間の休息　喜びもつかの間だ

喜びもつかの間、すぐに次の問題が起こり、私たちを悩ませた。
Our joy was short-lived. Another problem quickly popped up to torment us.
没高兴一会儿，又出现了新的问题，让我们十分头疼。

## 突如
突如現れる　突如として～

昨日まで王として君臨していた者が突如として国から追放された。
The person who had reigned as king until yesterday was suddenly banished from the country.
昨天还君临天下，今天就突然被驱逐出国了。

273

## 日夜(にちや)

日夜仕事に励む　日夜努める

土砂崩れで通れなくなった道路の復旧のため、彼らは日夜努力を続けた。
They worked day and night to restore the road that was blocked by a landslide.
为了修复因塌方而不能通行的道路，他们日夜不停地努力。

## 早々と(はやばや)

早々と到着する　早々と店を閉める

道路がすいていたので早々と到着してしまい、時間をつぶす必要があった。
We arrived early because there was little traffic, so we had to kill time.
因为路上车少早早就到了，需要打发多余的时间。

## ひっきりなしに

ひっきりなしに電話がかかってくる
ひっきりなしに車が通る

このホテルの前はひっきりなしに車が通るから夜もうるさくて眠れない。
There is incessant traffic in front of the hotel. The noise keeps me awake a night.
这个宾馆前车辆川流不息，吵得人晚上都睡不着。

## 前もって(まえ)

前もって準備する　前もってメールしておく

旅行へ行く時は前もって地図を手に入れておくべきだ。
When you travel, you should get hold of a map beforehand.
去旅游时应该事先准备好地图。

## もはや

もはや手遅れだ　もはやどうしようもない

入学試験は明日なんだから今更焦ってももはや手遅れだ。
The entrance exam is tomorrow, so it's too late to fret now.
明天就是入学考试了，现在着急也来不及了。

第6週1日目　副詞など　時

月　日　／5

# 確認テスト

【問題Ⅰ】（　　）に入れる最もよいものを一つ選びなさい。

1) （　　）入院に必要な物はここに書いてあります。
　　1. 未だ　　2. すかさず　　3. つかの間　　4. さしあたって

2) レポートは昨晩寝ずに書いて（　　）仕上げた。
　　1. もはや　　2. 先だって　　3. 一挙に　　4. ひっきりなしに

【問題Ⅱ】　＿＿＿の言葉の意味に最も近いものを一つ選びなさい。

1) ゲームですかさず攻撃されて惨敗した。
　　1. 好きではないので　　2. 間をあけず　　3. 笑顔のまま　　4. 何回か

2) 教授を訪ねる時は前もってメールしておいたほうがいい。
　　1. あらかじめ　　2. いまさら　　3. かつて　　4. じきに

【問題Ⅲ】　次の言葉の使い方として最もよいものを一つ選びなさい。

1) 日夜
　　1. この国の北の方では美しい日夜が見られる。
　　2. 兄は老人ホームで日夜仕事に励んでいる。
　　3. 日夜どうせ行くんだから、今行ってしまったほうが後でのんびりできていい。
　　4. 父は一生を教育事業に日夜した。

解答は281ページ

(P269 確認テストの解答)
　【問題Ⅰ】 1) 3　 2) 1　 【問題Ⅱ】 1) 1　 2) 3　 【問題Ⅲ】 1) 4

# 副詞など　○○○り

第6週 2日目

## あっさり（と）　あっさり引き受ける　あっさりした食べ物

病気で出演できなくなったので代役を彼に頼んだら、あっさり引き受けてくれた。
I asked him to stand in for me because I was unable to perform due to ill health and he easily accepted.
由于生病不能演出了，请他临时代理，他爽快地答应了。

## うんざり（と）　暑さにうんざりする　うんざりとした表情

覚えなければならない単語と漢字の多さにうんざりする。
I am fed up the huge amount of vocabulary and kanji characters that I have to learn.
要记住的单词和汉字多得让人厌烦。

## がっくり（と）　がっくりくる　がっくりと座り込む

不合格の知らせを聞いて、彼女はがっくりきている。
She is broken up by the news of her rejection.
听到了不及格的消息，她很灰心丧气。

## がっしり（と）　体格ががっしりしている　がっしりとした肩と胸

ラグビーの選手は体格ががっしりしている。
Rugby players have a very stout build.
橄榄球选手的身体很健壮。

## がっちり（と）　がっちりとした体格　がっちり稼ぐ

がっちり稼いで、母に楽をさせてあげたい。
I want to earn good money to provide my mother with comfort.
好好赚钱，想让母亲轻松一些。

きっちり覚えて、がっちり点を取ろう！

## きっかり（と）　3時きっかり　きっかり1万円

客は3時きっかりにやって来た。
The guest arrived exactly at 3 o'clock.
客人三点准时来了。

## きっちり（と）　ひもをきっちり結ぶ　きっちりした人

あの人はきっちりした人だから、待ち合わせには遅れないほうがいいよ。
That person is very punctual so you better not be late for the appointment.
那个人做事一丝不苟，跟他约好了最好不要迟到。

## きっぱり（と）　きっぱり断る　きっぱりとやめる

彼はたばこをきっぱりとやめた。
He gave up smoking once and for all.
他毅然地把烟戒了。

## くっきり（と）　くっきり写っている　くっきりと見える

ここからでも富士山がくっきりと見える。
Mount Fuji is clearly visible even from here.
从这里也可以清楚地看见富士山。

## げっそり（と）　げっそりやせる　げっそりした様子

しばらく会っていなかった母がげっそりやせていたので心配になった。
It made me worried to find my mother, who I had not seen for a long time, so haggard.
看到好久没见的母亲异常消瘦，很担心。

## こざっぱり（と）　こざっぱりとした服装　こざっぱりと片付いている

彼はいつもこざっぱりとした服装をしていて好印象だ。
He is always neatly dressed and gives a good impression.
他总是穿得利落大方，给人留下很好的印象。

## ざっくり（と）　ざっくりとしたかばん　ざっくり話す

先輩は留学中に経験したことをかいつまんでざっくりと話してくれた。
A senior told me roughly about the events experienced while studying abroad.
前辈简单扼要地讲了留学中的经验。

## じっくり（と）　じっくり考える　じっくり煮込む

今すぐに返事をする必要はないので、じっくり考えてみてください。
There is no need to respond immediately, so please take your time to think it over.
不需要立即回答，请好好考虑考虑。

## ずしり（と）　ずしりと重い　ずしりと胸にこたえる

課長に昇進し、ずしりと重い責任がかかってきたのを感じる。
My promotion to section manager has made me feel the heavy weight of responsibility.
升为科长后，觉得肩上的担子很沉重。

## ずばり（と）　ずばり言い当てる　ずばりと言う

人が気にしていることをずばりと言ってくれたものだ。
He does not beat around the bush in pointing out my concerns.
直截了当地说出了人家在乎的事情。

第6週2日目　副詞など　○○○り

## すんなり（と）　すんなり受け入れる　すんなりと解決する

そんな考えがすんなり受け入れられるわけがないだろう。
There is no way such idea would be easily accepted.
那种想法不可能被简单地接受。

## てっきり　　てっきり思い込んでいた　てっきり～と思う

てっきり私の上着だと思い込んで、着て帰ってきてしまった。
I totally thought it was my coat and wore it home.
以为肯定是自己的大衣，所以就穿着回来了。

## どんぴしゃり（と）　どんぴしゃりの答え　テーマがどんぴしゃりだ

彼の答えはどんぴしゃりの答えだったようで、先生が感心していた。
His answer must have been spot-on because the teacher was very impressed.
看来他的回答准确无误，令老师都叹服。

## どんより（と）　どんよりした天気　どんより濁る

どんよりした天気が続いているので、私の気分までどんよりしてきた。
The prolonged dull weather has made me feel dreary too.
因为阴郁的天气一直持续着，我的心情也变得沉重起来了。

## ばったり（と）　ばったりと倒れる　ばったり出会う

歩行者が突然気を失ってばったりと倒れた。
A passerby suddenly lost consciousness and fell heavily to the ground.
那个步行者突然晕倒在地上了。

279

## ぱったり（と）　ぱったり途絶える　ぱったり止まる

その電話を最後に彼からの連絡がぱったり途絶えてしまった。
After that phone call, communication from him suddenly ceased.
那次电话以来，他就再也没有跟我联系了。

## ぽっきり（と）　ぽっきり折れる　100円ぽっきり

強風で庭の木がぽっきり折れてしまった。
Strong winds caused a tree in the garden to snap.
院子里的树被大风吹断了。

## まるっきり　まるっきり違う　まるっきり分からない

料理を注文したら、想像していたのとまるっきり違うものが出てきた。
The food served was completely different from what I had imagined upon ordering.
点了菜后，没想到端出来的和预料的完全不一样。

## やんわり（と）　やんわり言う　やんわりと断る

図書館では静かにするようにやんわり注意した。
I gently advised them to be quiet in the library.
委婉地提醒了要在图书馆内保持安静。

## ゆったり（と）　ゆったりくつろぐ　ゆったりした服

暖炉の前の大きなソファに座って、ゆったりくつろいだ。
I sat on the big sofa in front of the fireplace and relaxed in a leisurely manner.
坐在暖炉前的大沙发上，舒舒服服地休息。

第6週2日目　副詞など　○○○り

# 確認テスト

【問題Ⅰ】（　　）に入れる最もよいものを一つ選びなさい。

1）親戚が亡くなったのを知って、母はその場に（　　）座り込んだ。
　1. がっくりと　2. がっちりと　3. きっかりと　4. きっぱりと

2）模擬試験の結果を見て、第一志望の大学は（　　）あきらめた。
　1. ばったり　2. ざっくり　3. げっそり　4. あっさり

【問題Ⅱ】＿＿＿の言葉の意味に最も近いものを一つ選びなさい。

1）そのテーマは今の私にとってどんぴしゃりだった。
　1. ちょうど今、感心を持っていること　2. 傷を負って痛いところ
　3. 大雨に降られて困っているところ　4. 以前から約束していたこと

2）彼女はいつもゆったりした服を着ていて、それが似合っている。
　1. 偶然買った　2. ゆとりのある　3. 流行遅れの　4. 外国から運んだ

【問題Ⅲ】次の言葉の使い方として最もよいものを一つ選びなさい。

1）まるっきり
　1. この皿はまるっきり可愛らしい。
　2. タガログ語はまるっきり分からない。
　3. 100円まるっきりじゃ、何も買えない。
　4. 写真には彼の顔がまるっきり写っている。

解答は287ページ

(P275 確認テストの解答)
　【問題Ⅰ】1) 4　2) 3　【問題Ⅱ】1) 2　2) 1　【問題Ⅲ】1) 2

# 第6週 3日目 — 副詞など　繰り返しのことば等

## いやいや
いやいや薬を飲む　いやいや承諾する

研究会の司会をいやいや引き受けた。
I grudgingly accepted to preside over the seminar.
不得已接受了研究会主持这一职务。

## うかうか（と）
うかうかと過ごす　うかうかしている

うかうかと過ごしているうちに、今年も1か月が終わろうとしている。
The first month of the year is already about to finish while I spend the days inattentively.
稀里糊涂地过着日子，不知不觉今年已过了一个月了。

## おどおど（と）
おどおどした態度　おどおど話す

彼は部長が怖いのか、部長の前ではいつもおどおどした態度になる。
He is probably afraid of the department chief. He always behaves nervously before him.
他也许很怕部长，因为他在部长面前总是怯怯懦懦的。

## じわりじわり（と）
じわりじわり進行する
じわりじわり近付く

病気がじわりじわりと彼の体をむしばんでいた。
Illness slowly ruined his body.
疾病慢慢地侵蚀着他的身体。

## ずるずる（と）
ずるずると運ぶ　ずるずる引き延ばす

結論を出すのをずるずると引き延ばしていても仕方ない。
There is no point dragging one's feet in making a decision.
迟迟不下结论，再拖延下去也不是办法。

## そこそこ　　そこそこにとび出す　そこそこ楽しむ

彼は朝食もそこそこに、仕事へとび出して行った。
He took a hasty breakfast and rushed off to work.
他匆匆吃完早餐就赶着去上班了。

## そもそも　　そもそもことばとは何か　そもそも無理な話だ

周りの人は頑張れと励ましてくれるが、そもそも司法試験に1回で合格するなんて無理な話だ。
People around me are encouraging me to try hard. But, to begin with, it's a tall order to pass the bar test at one go.
虽然周围的人都在鼓励我，但一次就想通过司法考试根本是不可能的。

## そわそわ（と）　　そわそわしている　そわそわと落ち着かない

彼女はオーディションの前に緊張してそわそわし、じっとしていられない様子だった。
She was so nervous and restless ahead of her audition that she seemed unable to keep still.
她在试演前紧张得坐立不安，一直静不下心来。

## だぶだぶ　　だぶだぶの服　お腹がだぶだぶする

ビールでお腹がだぶだぶになる。
My stomach is bloated from drinking a lot of beer.
喝多了啤酒，肚子咣当咣当地响。

## ちやほや　　ちやほやする　ちやほやされて育つ

彼女は小さい頃に周りからちやほやされて育ったせいか、負けず嫌いな性格だ。
She hates to lose. That may be because she grew up being pampered by people around her.
她可能从小就被周围的人宠爱着长大，所以很好强。

## ちょくちょく　　ちょくちょく会う　ちょくちょく顔を出す

彼は年老いた母を心配して、ちょくちょく実家に顔を出している。
Anxious about his elderly mother, he often visits his parents' home.
他挂念着上了年纪的母亲，常常回老家探望。

## つくづく　　つくづく感じる　つくづく嫌になる

失敗ばかりしている自分がつくづく嫌になる。
I am utterly disgusted with myself for always making mistakes.
深深地厌恶总是失败的自己。

## なくなく　　なくなく諦める　なくなく別れる

猫を飼いたいと思ったが自分の体に動物アレルギーがあると知って、なくなく諦めた。
I wanted to keep a cat but begrudgingly gave up after learning I had pet allergies.
我以前很想养猫，但后来发现自己对动物过敏，只好死心了。

## のびのび（と）　のびのび育つ　のびのびとした気分

試験が終わってのびのびとした気分になった。
I feel relaxed now that my exams are over.
考试结束了，感到很放松。

## はらはら　　はらはらする　はらはらドキドキ

アクション映画をはらはらドキドキしながら見た。
I watched an action movie with a pounding heart.
忐忑不安地捏着汗看了动作片。

第6週3日目　副詞など　繰り返しのことば等

## ひやひや
ひやひやする　ひやひやものだ

部長と課長が口論するのをひやひやして聞いていた。
I nervously listened as the department head and section chief quarreled.
提心吊胆地看着部长和科长吵架。

## ぶかぶか
ぶかぶかのずぼん　靴がぶかぶかだ

こんなぶかぶかの靴では走れない。
I cannot run in such baggy shoes.
穿这么肥大的鞋跑不了步。

## ぺこぺこ（と）
お腹がぺこぺこだ　ぺこぺことお辞儀をする

あの営業マンはうちの部長の前でいつもぺこぺことお辞儀をしている。
That salesman is always kowtowing to our company's department head.
那个销售员在我们部长面前总是点头哈腰的。

## ぼつぼつ（と）
ぼつぼつ集まってきた　ぼつぼつ出掛ける

聴衆がぼつぼつ集まってきたので、彼は演説を始めた。
As the audience began to arrive little by little, he began his speech.
听众渐渐地聚集了起来，他开始了演讲。

## ぽつりぽつり（と）
ぽつりぽつり話す
ぽつりぽつり家が建っている

彼は戦時中の体験をぽつりぽつりと話し始めた。
He began talking bit by bit about his experience during the war.
他开始断断续续地讲述战争中的体验。

## まちまち　意見がまちまちだ　まちまちな背景

参加者の育ってきた背景はまちまちだから、様々な体験談が出てきて興味深かった。
The participants grew up in various backgrounds so it was interesting listening to their varying experiences.
参加者的成长背景各不相同，讲了许多各式各样的经验之谈，非常有趣。

## 丸々（と）　丸々と太った猫　丸々損をする

株を買ったらその会社が倒産して、丸々損をしてしまった。
I bought stocks in a company. But the company went bankrupt making me suffer an outright loss.
我买了那家公司的股票，但它倒闭了，全都赔了进去。

## よくよく　よくよく考える　よくよくのこと

彼女が途中で帰ってしまうなんて、よくよくのことがあるに違いない。
There must be some unavoidable circumstances for her to leave halfway.
她中途回去了，一定有万不得已的事吧。

## よたよた（と）　よたよたする　よたよたと歩く

つえをついたおばあさんがよたよたと歩道を歩いている。
An old woman with a stick is tottering along the pavement.
拄着拐棍的老太婆蹒跚地走在人行道上。

## わざわざ　わざわざ出掛ける　わざわざお出でいただく

わざわざ新しいものを買わなくても、家にあるもので十分だ。
Don't have to bother buying a new one. What we have at home will do.
不要特意买新的了，家里有的就足够了。

# 確認テスト

【問題Ⅰ】（　　）に入れる最もよいものを一つ選びなさい。

1) 昨日の職場の飲み会は（　　）楽しむことができた。
   1. うかうか　2. なくなく　3. まちまち　4. そこそこ

2) 子どもがナイフを使うのを（　　）しながら見守った。
   1. ちやほや　2. ひやひや　3. ぺこぺこ　4. よくよく

【問題Ⅱ】＿＿＿の言葉の意味に最も近いものを一つ選びなさい。

1) 相手チームとの得点差をじわりじわり縮める。
   1. かなり強引に
   2. 急に、そして大幅に
   3. 弱そうに見えるが積極的に
   4. 少しずつゆっくりだが確実に

2) ぼつぼつ出掛けようか。
   1. そくそく　2. そもそも　3. そろそろ　4. そわそわ

【問題Ⅲ】次の言葉の使い方として最もよいものを一つ選びなさい。

1) わざわざ
   1. 柔道でわざわざがたくさん出て、緊迫した試合だった。
   2. 遠くからわざわざお出でくださり、ありがとうございます。
   3. わざわざして、メールより電話をしたほうがいいと思います。
   4. 彼女はわざわざの服を着ていて、あまり似合っていなかった。

解答は293ページ

---

(P281 確認テストの解答)

【問題Ⅰ】1) 1　2) 4　【問題Ⅱ】1) 1　2) 2　【問題Ⅲ】1) 2

# 第6週 4日目 副詞など その他（1）

## あえて
あえて厳しくする　あえて言えば～

部長は部下の成長を願っているから、あえて厳しく接しているのだ。
Wanting his subordinates to mature, the department head is deliberately being strict to them.
部长希望下属能成长，无奈才采取严厉的态度。

## あながち
あながち言えない　あながち嘘でもない

あながち彼の提案した方法が非現実的だとは言えない。
The method he proposed is not altogether unrealistic.
他提出的方案也未必是不现实的。

## 改めて
改めて電話する　改めて設置する

ご都合のいい時にまた改めてお電話いたします。
I will call you back at another time that is convenient to you.
等您方便的时候再给您打电话。

## あわや
あわやおぼれそうになった
あわや大惨事になるところだった

昨日はたまたま電車で出掛けたが、車を使っていたら、あわや大惨事になるところだった。
Yesterday, I happened to travel by train. But if I had used the car, I would have been dangerously close to disaster.
昨天碰巧是坐电车出去的，如果是开车的话差点就会被卷入大惨祸中了。

## いざ
いざ出発だ　いざとなれば～

フランス語が不十分なまま留学することが決まったが、いざとなればことばは何とかなるだろう。
I will be studying abroad although my French is still imperfect. But at a pinch, I think I will manage.
还没学好法语就决定了去留学，就算万一出现紧急情况，语言问题也总会有办法解决的吧。

## いささか

いささか驚く　いささかもやましいことはない

私はその日は仕事の後、友人と会って食事をしてから帰っただけで、いささかもやましいことはしていない。
That day, I had a meal with a friend after work and then went home. I have nothing to hide whatsoever.
我那天下班后，见了朋友，一起吃完饭就回家了，一点可疑的事情也没做。

## いずれにせよ

いずれにせよ明日までに決める
いずれにせよ返事をする

行くか行かないか迷っていますが、いずれにせよ明日までに決めてお返事いたします。
I am still thinking whether I should go or not. But either way, I will decide and let you know by tomorrow.
去不去还在考虑中，但无论怎样到明天一定给您答复。

## いっそ

いっそやめようか　いっそのこと～

こんな面白くない仕事、いっそやめようかと思う。
This job is so dull. I might as well quit.
这么无聊的工作，不如辞掉算了。

## 多かれ少なかれ

多かれ少なかれ夢がある
多かれ少なかれ脱落者が出る

誰にでも多かれ少なかれ夢があるものだ。
Everybody has a dream, whether big or small.
每个人都有或大或小的梦想。

## おおむね

おおむね終わった　おおむね賛成だ

留学の準備はおおむね終わった。
I have mostly finished preparing for my study abroad.
留学的准备差不多好了。

## 及び
東京及び横浜　看護師及び介護士

東京及び横浜にお住まいの方はこちらの電話番号におかけください。
Residents of Tokyo and Yokohama, please phone this number.
住在东京及横滨的人请拨打这个电话号码。

## 且つ
驚き且つ喜ぶ　知識もあり、且つ経験もある

合格の知らせを聞いて、その場にいた一同は驚き、且つ喜んだ。
Everyone present was surprised as well as happy to hear that they passed the exam.
听到考上的消息，在场的人都在惊讶的同时很高兴。

## かろうじて
かろうじて勝つ　かろうじて間に合う

なかなかの強敵だったが、試合にかろうじて勝つことができた。
Our opponent was quite tough but we won the match by a narrow margin.
这场比赛的对手相当强，但总算赢了。

## 極めて
極めて興味深い　極めて遺憾だ

このような悲惨な事件が起こり、極めて遺憾だ。
It is extremely regrettable that such a tragic incident has happened.
发生了这么悲惨的事情，让人觉得非常遗憾。

## 現に
現にこの目で見た　現に起こっている

現にこの目で見たんだから、彼女がそこにいたことは間違いない。
I actually saw her with my own eyes. She was definitely there.
我亲眼看见的，那时她确实在那里。

## さぞ（や）　　さぞ美しいことだろう　さぞお疲れでしょう

砂漠で見る日の出はさぞ美しいことでしょう。
The sunrise you see in the desert must be so beautiful.
沙漠里看到的日出想必一定很美丽吧！

## さも　　さもおいしそうだ　さも見たかのようだ

ダイエット中の私の前で弟はさもおいしそうにケーキを食べた。
My little brother ate his cake with evident relish in front of me when I was on a diet.
在正在减肥的我的面前，弟弟看起来很香地把蛋糕吃完了。

## 所詮　　所詮勝てない　所詮かなわぬ恋

人気アイドルを好きになったって、所詮かなわぬ恋だ。
After all, falling in love with an idol will get you nowhere.
喜欢上了人气偶像，但这终究是无法实现的恋情。

## それとなく　　それとなく聞く　それとなく忠告する

彼に新プロジェクトに加わる気があるかどうか、それとなく聞いてみるよ。
I will ask him casually whether he is interested in joining the new project.
他愿不愿意参加新的项目，我婉转地问问他吧。

## ちらっと　　ちらっと見える　ちらっと思う

彼が乱暴な言い方をしたのは照れているからで、本当は喜んでいるのではないかとちらっと思った。
For a moment, I thought he spoke roughly to hide his embarrassment and that he was happy inside.
我忽然觉得他说话粗鲁可能是由于害羞，其实本来很高兴吧。

## てんで　　てんで望みがない　てんで当てにならない

父に相談してもあいまいな返事ばかりで、てんで当てにならない。
I turned to my father for advice but he kept giving vague answers and was totally unreliable.
跟父亲商量也只能得到暧昧的答复，根本就靠不住。

## とかく　　とかく失敗しがちだ　とかく思い通りにならぬ

とかくこの世は思い通りにならぬものだ。
Life doesn't go as you want to. That's the way it is.
这世上总是不让人称心如意。

## とことん　　とことん話し合う　とことんまでやり通す

一度やると決めたことはとことんまでやり通せ。
Once you decide to do something, you must carry it right through to the end.
一旦决定要做的事，就坚持做到底吧。

## とっさ（に）　　とっさによける　とっさの出来事

車が暴走してきたので、とっさによけた。
A runaway car came in my direction and I instantly stepped aside.
汽车突然开了过来，我猛一闪身避开了。

## とりあえず　　とりあえず相談してみる　とりあえず話だけ聞いておく

とりあえず話だけ聞いておいたが、双方の話し合いの場を設けたほうが良さそうだ。
For the time being, I listened to what they had to say. But I think the two sides should hold discussions.
我姑且先听取你的意见，但最好还是创造一个双方能协商的机会比较好。

第6週4日目　副詞など　その他（1）

# 確認テスト

【問題Ⅰ】（　　）に入れる最もよいものを一つ選びなさい。

1) 長期のご出張、大変でしたね。（　　）お疲れでしょう。
   1. いざ　　2. かつ　　3. さぞ　　4. さも

2) 全力で戦いはしたが、（　　）勝てない試合だった。
   1. 改めて　　2. いささか　　3. 極めて　　4. 所詮

【問題Ⅱ】　＿＿＿の言葉の意味に最も近いものを一つ選びなさい。

1) 漫画は子どもの成長に害があるとはあながち言えない。
   1. 一概に　　2. 一気に　　3. 一心に　　4. 一変に

2) 道路が渋滞していて、途中でもう無理かとも思ったが、かろうじて飛行機に間に合った。
   1. ちょうどいいタイミングで　　2. 渋滞が緩くなって
   3. やっとのことで　　　　　　　4. 働き過ぎて

【問題Ⅲ】　次の言葉の使い方として最もよいものを一つ選びなさい。

1) とっさ
   1. とっさとなって、あの男は頼りにならない。
   2. とっさに怖いので、今から心の準備をしておこう。
   3. 大学の授業に出ても面白くないから、とっさやめよう。
   4. とっさの出来事で、その瞬間のことはよく覚えていない。

解答は299ページ

(P287 確認テストの解答)
　【問題Ⅰ】1) 4　2) 2　【問題Ⅱ】1) 4　2) 3　【問題Ⅲ】1) 2

# 副詞など　その他（2）

第6週 5日目

## ないし

2年ないし4年　バスないしタクシー

留学期間は2年ないし4年になる見込みだ。
I will be studying overseas for 2 to 4 years.
留学时间预计为2年或者4年。

## 何はともあれ

何はともあれ無事だ
何はともあれ、まず話を聞こう

何はともあれ、みんな無事で一安心だ。
Anyhow, we are relieved that everybody is safe.
总之大家都没事，我就暂且放心了。

## なまじ

なまじ知っている　なまじ口を出す

なまじ知っているから、余計たちが悪い。
It makes things worse that I have half knowledge.
只是一知半解，所以才让人更麻烦。

## なんだかんだ（と）

なんだかんだ言う
なんだかんだ心配している

なんだかんだ言って、結局彼はあなたのことが好きなのよ。
He might say this or that. But in the end, he likes you.
不管怎么说，他毕竟是喜欢你的。

## なんやかや（と）

なんやかやとうるさい
なんやかや世話を焼く

実家へ帰ると母がなんやかやといちいちうるさいことを言う。
When I go to by parents' house my mother annoys me by going on about one thing or another.
一回到老家，母亲就东拉西扯唠叨个不停。

## 軒並み
(のきなみ)

軒並み合格する　軒並み不通になる
(のきなみ ごうかく)　(のきなみ ふつう)

地震の影響で電車は軒並み不通となった。
(じしん えいきょう　のきなみ ふつう)
All trains were suspended due to the earthquake.
受到地震的影响，各铁道都停运了。

## 延べ
(の)

延べ人数　延べで500時間
(の にんずう)　(の)

5回の大会の参加者は延べ1000人を超えた。
(かい たいかい さんかしゃ の)
The total number of people who attended the five events was over 1,000.
5次大会的参加者累计超过1000人。

## のらりくらり（と）

のらりくらりする
のらりくらりと過ごす
(す)

彼は就職もせず、のらりくらりと遊んで毎日を過ごしている。
(かれ しゅうしょく　あそ　まいにち す)
He does not have a job and spends his days in idleness.
他也不找工作，整天游手好闲地过日子。

## 甚だ
(はなは)

甚だ気分がいい　甚だ迷惑だ
(はなは きぶん)　(はなは めいわく)

今日は朝から褒められたし、天気もいいし、甚だ気分がいい日だ。
(きょう あさ ほ　てんき　はなは きぶん ひ)
I feel awfully good today because I received a compliment in the morning and the weather's fine.
今天一大早就受到了表扬，天气也很好，真是非常愉快的一天。

## 反面
(はんめん)

優しい反面〜　丈夫な反面〜
(やさ はんめん)　(じょうぶ はんめん)

彼女は誰にでも優しい反面、断ることができなくて様々なことを抱えてしまうところがある。
(かのじょ だれ やさ はんめん ことわ　さまざま かか)
She is kind to everybody. On the other hand, she is prone to be burdened by problems because she can't say no to people.
她对谁都好，但同时又不会拒绝别人，所以心里有很多烦恼。

## はるか　　　はるか昔　はるかに大きい

人間ははるか昔から自然とともに生きてきた。
Humans have lived with nature from a very long time ago.
人类自古以来一直与自然共生。

## ひたすら　　　ひたすら没頭する　ひたすら謝る

彼はひたすらiPS細胞の研究に没頭した。
He devoted himself entirely to research of iPS cells.
他只顾埋头研究iPS细胞。

## 不意に　　　（→不意 P304）　不意に現れる　不意に思いつく

木の陰から鹿が不意に現れて驚いた。
A deer suddenly appeared from under a tree and took me by surprise.
从树丛中忽然蹿出来了一头鹿，吓了我一跳。

## 正しく　　　正しく私のものだ　正しく合格通知だ

これはまさしく私が探していたものだ。
This is exactly what I have been looking for.
这正是我要找的东西。

## まんざら　　　まんざらでもない　まんざら似合わなくもない

彼のことを少し大げさに褒めてみたら、まんざらでもない顔をしていた。
I exaggerated a little in complimenting him and he seemed quite pleased.
我有点夸张地表扬了他，他喜形于色。

第6週5日目　副詞など　その他（2）

## まんまと
まんまとだます　まんまと逃げおおせる

まんまとだまされて、偽物の腕時計を買ってしまった。
I was completely fooled into buying a fake watch.
轻易地上当受骗了，买了块假手表。

## 無性に（むしょうに）
無性にお腹がすく　無性に会いたい

彼女に無性に会いたくなって、夜の道を車をとばして会いに行った。
Unable to resist the urge to see her, I drove my car at top speed to visit her in the middle of the night.
非常地想见她，于是连夜开车去见了她。

## むしろ
むしろ一人で行くべきだ　むしろ歌手として有名だ

あの外科医は医者としてより、むしろ歌手として名高い。
That surgeon is well-known as a singer rather than a doctor.
那个外科医生与其说是作为医生，不如说作为歌手更有名。

## 目下（もっか）
目下の状態　目下準備中

目下のところ、来場者は20名しかいない。
At the moment, there are only 20 visitors.
目前，到场的人只有20人。

## 専ら（もっぱら）
専ら家にいない　専らのうわさ

父は休日は専ら釣りを楽しんでおり、ほとんど家にいません。
My father spends his holidays mostly enjoying fishing and is hardly at home.
父亲假日里一般都是去钓鱼，基本上不在家。

297

## もとより

子どもはもとより大人も

この映画は子どもはもとより大人も楽しめる。
Even adults can enjoy this movie, let alone children.
这部电影儿童爱看大人们也喜欢。

## 故に

故に～　～が故に

我思う。故に我あり。
I think. Therefore I am.
我思故我在。

## よくも

よくもやり遂げた　よくもそんなことが言える

よくもここまでやり遂げられたものだ。自分一人ではできなかっただろう。
It's amazing that we've come this far. It would have been impossible on my own.
居然能做到这个地步，还以为自己一个人做不了呢。

## よほど

よほど嬉しかった　よほどの事

よほどの事でもない限り、彼は授業を欠席したりしない。
He would never miss a class unless something extraordinary happens.
要是没有什么特殊事，他一般是不会缺课的。

## よもや

よもや思ってもみなかった　よもや嘘ではあるまい

彼が予選で負けるなんて、よもやそんなことはあるまい。
Surely he cannot lose in the preliminaries.
他在预赛就输掉了，不至于有这种事吧。

第6週5日目　副詞など　その他（2）

月　日　／5

# 確認テスト

【問題Ⅰ】（　　）に入れる最もよいものを一つ選びなさい。

1) 山本さんは大酒のみだと（　　）のうわさだ。
　　1. 専ら　　2. 甚だ　　3. 延べ　　4. 故に

2) （　　）自分がリーダーに選ばれるとは思ってもみなかった。
　　1. よもや　　2. ないし　　3. のらりくらり　　4. なんやかやと

【問題Ⅱ】　　　　の言葉の意味に最も近いものを一つ選びなさい。

1) 彼は教師だが、むしろ研究者になったほうが成功するのではないか。
　　1. いざ　　2. いっそ　　3. とかく　　4. とっさ

2) 運動は、するのはもとより、見るのも好きじゃない。
　　1. かえって　　2. ずっと　　3. もしかして　　4. もちろん

【問題Ⅲ】　次の言葉の使い方として最もよいものを一つ選びなさい。

1) まんまと
　　1. 昨日の試合ではまんまと相手の作戦に引き込まれてしまい、勝てなかった。
　　2. まんまと口を出すと面倒なことになる。
　　3. まんまと彼女は諦めないだろう。
　　4. 大風でまんまと被害に遭った。

解答は305ページ

（P293 確認テストの解答）
【問題Ⅰ】 1) 3　2) 4　【問題Ⅱ】 1) 1　2) 3　【問題Ⅲ】 1) 4

## 第7週 1日目　漢語　圧／暗／異／移／意

### 圧倒（あっとう）　（「～する」OK）　相手を圧倒する　圧倒的多数

彼の強い確信に満ちた発言に、皆圧倒された。
He was so full of confidence in making his remarks that everyone was overwhelmed.
大家被他充满强烈信念的发言折服了。

### 圧迫（あっぱく）　（「～する」OK）　家計を圧迫する　圧迫を受ける

これは言論の自由を圧迫するような行為だ。
This is a kind of behavior that oppresses freedom of speech.
这是压制言论自由的行为。

### 圧力（あつりょく）　（「～する」×）　圧力がある　圧力に屈する

国家の圧力に屈せず、彼は民衆の権利を訴える小説を書き続けた。
Resisting pressure from the state, he continued to write novels advocating people's rights.
他不屈服于国家的压力，继续写着呼吁民众权利的小说。

### 威圧（いあつ）　（「～する」OK）　威圧感がある　威圧的な態度

初対面の人は彼の威圧的な態度に面食らう。
People meeting him for the first time are taken aback by his overbearing attitude.
他骄横的态度常常将初次见面的人弄得不知所措。

### 抑圧（よくあつ）　（「～する」OK）　感情の抑圧　言論の自由を抑圧する

感情の抑圧が異常な行動につながることがある。
Suppression of emotions can lead to abnormal behavior.
太压抑感情可能会出现异常行动。

「〜する」OK は〈する動詞〉で使えるもの、
「〜する」× は〈する動詞〉にならないもの。

## 暗殺 (「〜する」OK)　　暗殺を企てる　暗殺計画

大統領の暗殺を企てた男が逮捕された。
The man suspected of plotting to assassinate the President was arrested.
图谋暗杀总统的男人被逮捕了。

## 暗算 (「〜する」OK)　　暗算で計算する　暗算が得意だ

斉藤さんは暗算が得意だから飲み会の計算は彼女に任せよう。
Ms. Saito is good at doing sums in her head. Let's trust her with the accounts for the drinking party.
齐藤很擅长心算，宴会费用的计算就让她负责吧。

## 暗示 (「〜する」OK)　　暗示にかかる　将来を暗示する

この事件は日本の将来を暗示しているようだった。
The incident seemed to be an indication of Japan's future.
这个事件好像暗示了日本的将来。

## 暗証 (「〜する」×)　　暗証番号

暗証番号を入力するとサイト内に入ることができる。
You can access the site by entering your personal identification number.
只要输入密码就可以进入网站。

## 暗唱 (「〜する」OK)　　詩の暗唱　九九を暗唱する

大勢の人の前で詩を暗唱した。
I recited a poem in front of many people.
我当着很多人的面背诵了诗。

301

### 異議 (「〜する」×)　　異議を唱える　異議を申し立てる

原子力発電所の建設に異議を唱える。
Object to the construction of a nuclear power plant.
对核电站的建设提出了反对意见。

### 異見 (「〜する」×)　　異見立てする

会議が終わりそうな時に彼女が異見立てをしたせいで、1時間も長引いてしまった。
The meeting dragged on for an extra hour because she raised objections when it was about to finish.
她在会议就要结束的时侯提出了异议，让会议延长了一个小时。

### 異性 (「〜する」×)　　異性を意識する　同性異性問わず〜

彼女は同性の友人はもとより、異性の友人も多い。
She has many male friends let alone female friends.
她有很多同性朋友这自然不必说，异性朋友也不少。

### 異動 (「〜する」OK)　　異動になる　人事異動

会社では4月に人事異動を行うことが多い。
Many companies make personnel changes in April.
公司一般大多在4月进行人事变动。

### 驚異 (「〜する」×)　　大自然の驚異　驚異的な記録

彼女はオリンピックの陸上競技で驚異的な記録を出した。
She set an extraordinary record in a track and field event at the Olympics.
她在奥运会上的田径比赛中创下了惊人的记录。

第7週1日目　漢語　圧／暗／異／移／意

## 移行（いこう）　（「～する」OK）　新体制に移行する　移行期間
しんたいせい　いこう　　いこうきかん

新体制への移行にあたって、社長から趣旨の説明があった。
しんたいせい　いこう　　　　　　しゃちょう　しゅし　せつめい
In transferring to a new system, the president explained the purpose of the change.
在新体制过渡之际，总经理对其宗旨进行了说明。

## 移住（いじゅう）　（「～する」OK）　海外へ移住する　移住先
かいがい　いじゅう　　いじゅうさき

家族で海外へ移住することを決心した。
かぞく　かいがい　いじゅう　　　　　けっしん
Our family decided to emigrate to a foreign country.
我决定了全家一起移民到国外。

## 移民（いみん）　（「～する」OK）　移民の流入　移民政策
いみん　りゅうにゅう　　いみんせいさく

我が国の移民政策は遅れていると言わざるをえない。
わ　くに　いみんせいさく　おく
I must say that our country's immigration policy is lagging.
不得不承认我国的移民政策很落后。

## 感情移入（かんじょういにゅう）　（「～する」OK）　感情移入が激しい
かんじょういにゅう　はげ

映画を見ると感情移入して涙が止まらなくなる。
えいが　み　　かんじょういにゅう　なみだ　と
When I watch movies, I get so emotionally involved that I cannot stop crying.
我看这部电影时感情很投入，一直泪流不止。

## 推移（すいい）　（「～する」OK）　事態の推移　時代が推移する
じたい　すいい　　じだい　すいい

事態の推移を見守ることにしよう。
じたい　すいい　みまも
Let's keep an eye on how things develop.
暂且先关注事态的发展吧。

## 意向 （「～する」×）　　意向に沿う　意向を汲む

お客様の意向に沿うように、見積書を作成する。
Draw up an estimate in line with the customer's intention.
根据客户的意向，做估价单。

## 意図 （「～する」OK）　　意図を読み取る　意図的

この絵は意図的に傾けて壁に掛けてある。
This painting on the wall is deliberately tilted.
这幅画被故意斜挂在了墙上。

## 決意 （「～する」OK）　　決意を固める　決意が固い

彼女は立候補の決意を固めた。
She has made a firm resolution to stand as a candidate.
她下定决心参加竞选了。

## 合意 （「～する」OK）　　合意に達する　合意を得る

自然エネルギー政策について、専門家の会議で合意が得られない。
An experts' meeting is unable to reach an agreement on natural energy policy.
关于自然能源的政策，在专家会议上意见得不到统一。

## 不意 （「～する」×）　　不意の出来事　不意を突く

敵に不意を突かれてゴールを決められた。
Our opponent caught us off guard and scored a goal.
被对手出其不意地攻进了一球。

第7週1日目　漢語　圧/暗/異/移/意

月　日　／5

# 確認テスト

【問題Ⅰ】（　　）に入れる最もよいものを一つ選びなさい。

1) この国は2000年以降、（　　）的な経済発展を遂げた。
　1. 異見　2. 圧力　3. 驚異　4. 不意

2) 教育費が家計を（　　）する。
　1. 合意　2. 移行　3. 圧迫　4. 暗算

【問題Ⅱ】　＿＿＿の言葉の意味に最も近いものを一つ選びなさい。

1) 移住先が決まったら連絡いたします。
　1. 仕事する日　2. 仕事する場所　3. 引っ越す日　4. 引っ越す場所

2) 時代の推移と共に、人の価値観も変わっていくものだ。
　1. 通り掛かり　2. 移り変わり　3. 盛り返し　4. 取り組み

【問題Ⅲ】　次の言葉の使い方として最もよいものを一つ選びなさい。

1) 異動
　1. 来月から上海支社に異動になります。
　2. 来月家族全員で異動するつもりです。
　3. 異動的な人生に憧れる。
　4. IT技術は異動的に進歩した。

解答は311ページ

(P299 確認テストの解答)
【問題Ⅰ】　1) 1　2) 1　【問題Ⅱ】　1) 2　2) 4　【問題Ⅲ】　1) 1

# 第7週 2日目 — 漢語　運／画／回／改／開

## 運営　（「〜する」OK）　大会の運営　運営を任せる

この会の運営は地域のボランティアの方々に任されている。
Local volunteers are responsible for the management of the association.
这个会的运营让地区的志愿者们负责。

## 運搬　（「〜する」OK）　荷物の運搬　運搬業

引っ越し荷物の運搬は業者に頼んだ。
We commissioned professionals to carry the goods to be moved from our house.
搬家时行李的搬运委托给了搬家公司

## 運命　（「〜する」×）　運命の人　運命を共にする

彼を見た瞬間、運命の人に出逢ったと感じた。
As soon as I saw him, I sensed that he was the man of my destiny.
我一看到他就觉得他是冥冥中注定的人。

## 海運　（「〜する」×）　海運業

祖父の会社は海運業を営んでいる。
My grandfather conducts a marine transportation business.
祖父的公司经营着海运业务。

## 社運　（「〜する」×）　社運をかける　社運を背負う

今回の出張は社運をかけた出張だ。
The fate of the company is at stake in this business trip.
这次出差是决定我公司命运的出差。

同じ漢字を使うことばはまとめて覚えよう。

## 画期 （「〜する」×）　　画期的な試み　画期的なデザイン
かっき　　　　　　　　　　　　　　かっきてき　こころ　　かっきてき

エジソンは人間の生活をすっかり変えてしまうような画期的な発明をした。
Thomas Edison made groundbreaking inventions that would totally change people's lives.
爱迪生划时代的发明完全改变了人们的生活。

## 企画 （「〜する」OK）　　旅行を企画する　商品企画
きかく　　　　　　　　　　　　　　りょこう　きかく　　しょうひんきかく

会社で新商品の企画をするチームが組まれた。
A team for planning new products was assembled in the company.
公司组建了新商品企划小组。

## 区画 （「〜する」×）　　土地の区画　区画を整理する
くかく　　　　　　　　　　　　　　とち　くかく　　くかく　せいり

この空地は8つの区画に分けて家が建てられる。
This vacant land is to be divided into 8 lots, on which houses will be built.
将这个空地分成八块建房屋。

## 自画自賛 （「〜する」OK）　　絵を自画自賛する
じがじさん　　　　　　　　　　　　　え　じがじさん

彼女は自分が考案した新商品の売れ行きを自画自賛して社内を回っている。
She is going around the office praising herself for the sales of the new product she designed.
她自吹自擂地在公司到处说自己设计的新产品销路很好。

## 版画 （「〜する」×）　　版画を刷る　版画家
はんが　　　　　　　　　　　　　　はんが　す　　はんがか

趣味として版画を始めた。
I have taken up block printing as a hobby.
作为爱好，我开始了制作版画。

## 回顧 （「～する」OK）　　学生時代を回顧する　回顧録を書く

引退した野球選手が回顧録を出版した。
A retired baseball player has published a memoir.
退役的职业棒球选手出版了回忆录。

## 回収 （「～する」OK）　　不良品の回収　アンケートを回収する

発売になったばかりのテレビの故障が相次いだので、企業はその商品の回収を始めた。
The company began recalling its just-released television set following a spate of troubles with the product.
刚上市的电视机因接二连三地出现故障，所以企业开始了商品回收。

## 回路 （「～する」×）　　回路を開く　電子回路

この機械は電子回路が複雑で、自分では直せない。
I cannot repair this machine on my own because it has a complex electronic circuit.
这个机器的电子电路很复杂，自己修理不了。

## 巡回 （「～する」OK）　　巡回診療　巡回パトロール

あの医者は巡回診療を続けていて、お年寄りに頼りにされている。
The doctor has gained the trust of elderly people for continuing to travel around the region, making rounds.
那位医生继续进行着巡回诊疗，被老人们依赖着。

## 撤回 （「～する」OK）　　要求の撤回　発言を撤回する

ひどい記事を書かれたので、新聞社に謝罪記事を求めていたが、和解して要求を撤回した。
I demanded an apology from the newspaper publisher for the terrible article on me. But we reached a settlement and I retracted my demand.
刊登了太不像话的报道，本来要求报社公开道歉，不过最后因达成和解而撤销了这样的要求。

第7週2日目　漢語　運／画／回／改／開

## 改革　（「～する」OK）
きょういくせいどの改革　改革を図る

赤字続きでも危機感のない社員の意識改革を図る。
We plan to change the mentality of employees who lack a sense of crisis despite the company being mired in the red.
虽然持续亏损但员工们毫无危机感，对这样的员工努力进行意识改革。

## 改行　（「～する」OK）
改行の位置

読みにくいので改行して書いたほうがいい。
You better start a new line to make your writing easier to read.
因为太长以至于阅读起来很困难，最好换行写。

## 改修　（「～する」OK）
ホテルを改修する　改修工事

このホテルは改修して地震に強い建物に生まれ変わった。
This hotel underwent renovation and was turned into a quake-resistant building.
这家酒店修缮后，成了抗震建筑。

## 改定　（「～する」OK）
運賃の改定　規則を改定する

運賃が改定されて、ここから東京駅まで少し高くなった。
Train fares were revised. The fare from here to Tokyo Station has slightly gone up.
重新调整车费后，从这里到东京站的票价比以前贵了一点。

## 改訂　（「～する」OK）
辞書の改訂

この辞書は全面改訂して、新しいことばも追加された。
The dictionary has been thoroughly revised and also incudes new words.
这本辞典进行了全面的修订，并追加了新的单词。

## 開催 (「〜する」OK)　　オリンピックの開催　開催中

2016年のオリンピックはリオデジャネイロで開催される。
The 2016 Olympic Games will be held in Rio de Janeiro.
2016年的奥运会将在里约热内卢举行。

## 開拓 (「〜する」OK)　　森を開拓する　新しい分野の開拓

彼は物理学での新しい分野の開拓が認められて賞を取った。
He received the award for his development of a totally new field in physics.
他因开拓物理学的新领域而获了奖。

## 開発 (「〜する」OK)　　能力の開発　技術開発

社員の能力開発のため、定期的に研修を行う。
The company offers regular training for its employees for the purpose of capacity building.
为了开发员工的能力，定期进行培训。

## 公開 (「〜する」OK)　　映画の公開　市民に公開する

待ちに待った映画が明日公開される。
The movie I've been waiting for a long time will be released tomorrow.
盼望已久的电影将在明天公开上映。

## 打開 (「〜する」OK)　　金融危機の打開　難局を打開する

これだけの金融危機を打開するためには、既存の方法では無理だろう。
It is impossible to overcome such a large-scale financial crisis using existing means.
要打破这样的金融危机，用原有的方式可能会不行。

第7週2日目　漢語　運／画／回／改／開

月　日　／5

# 確認テスト

【問題Ⅰ】（　　）に入れる最もよいものを一つ選びなさい。

1) エネルギー技術の（　　）を国が積極的に援助するべきだ。
   1. 海運　　2. 画期　　3. 改訂　　4. 開発

2) さっき言ったことを（　　）ください。
   1. 撤回して　　2. 回路して　　3. 回収して　　4. 回顧して

【問題Ⅱ】　＿＿＿の言葉の意味に最も近いものを一つ選びなさい。

1) 誘拐事件が起こった地域を警察官が巡回している。
   1. たいほしている　　2. ちょうさしている
   3. みまわりしている　　4. あとかたづけしている

2) 会社倒産という難局を打開する策はあるのだろうか。
   1. 入りきる　　2. 降りかける　　3. 踏みはずす　　4. 乗りこえる

【問題Ⅲ】　次の言葉の使い方として最もよいものを一つ選びなさい。

1) 運命
   1. 彼は運命の共に親友がいない。
   2. 私は彼と運命を共にすると誓った。
   3. 2人の男は運命の共に死んでいった。
   4. 運命を共にして私は彼と出会うことになっていた。

解答は317ページ

（P305 確認テストの解答）
【問題Ⅰ】 1) 3　2) 3　【問題Ⅱ】 1) 4　2) 2　【問題Ⅲ】 1) 1

# 第7週 3日目 漢語 解／確／観／規／強

## 解除 （「～する」OK）　契約の解除　ロックを解除する

一方的に契約の解除をするわけにはいかない。
We cannot just unilaterally dissolve the contract.
不能单方面地解除合同。

## 解析 （「～する」OK）　データの解析　徹底的に解析する

この大量のデータを解析するには2か月ぐらいかかるだろう。
It will take about 2 months to analyze the huge amount of data.
解析这些大量数据大概需要两个月。

## 解剖 （「～する」OK）　カエルの解剖　人体解剖

死体を解剖して、死因を調べる。
An autopsy will be carried out to find out the cause of death.
解剖尸体，调查死因。

## 弁解 （「～する」OK）　苦しい弁解　弁解を聞く

いくらでも時間はあったはずなのに、電話もかけられないほど忙しかったなんて、苦しい弁解だ。
There should have been plenty of time. What a lame excuse to say you were too busy to make a phone call.
应该有很多时间的，但你说太忙，连打电话的时间也没有，这借口太牵强了。

## 了解 （「～する」OK）　了解を得る　メール内容を了解する

先生の了解を得てから実験器具を使わせてもらった。
We obtained the teacher's permission before using the laboratory instruments.
在得到老师的同意后，使用了实验器具。

## 確信 (「〜する」OK)　　無罪の確信　確信に満ちている

私たちは彼の無罪を確信している。
We are convinced of his innocence.
我们相信他是无罪的。

## 確定 (「〜する」OK)　　当選の確定　日程が確定する

筆記試験のあとに面接を受けてからでないと合格は確定しない。
You have to take a written test and then undergo an interview before your passing status is finalized.
笔试后不进行面试是不能确定是否合格的。

## 確保 (「〜する」OK)　　席の確保　食料を確保する

早めに行って4人分の席を確保した。
I went early to secure 4 seats.
提前去了那里，占好了四个人的座位。

## 確立 (「〜する」OK)　　方針の確立　アイデンティティの確立

この団体が発足して5年経ち、ようやく運営方針が確立してきた。
Five years from the group's launch, its operational policy is gradually being established.
这个团体成立了五年后，才终于确立了运作方针。

## 確固 (「〜する」×)　　確固たる信念　確固とした証拠

確固たる信念を持って、私は映画作りをしている。
I am making films with conviction.
我抱着坚定的信念制作电影。

## 概観（がいかん） （「〜する」OK）　概観を述べる　南アメリカ文学の概観

日本の文学を概観して、レポートにまとめる。
Take an overview of Japanese literature and put it into a report.
将日本文学大致浏览一下，归纳成报告。

## 観衆（かんしゅう） （「〜する」×）　大勢の観衆　観衆の応援

演説を聞いた観衆が一斉に拍手をした。
After listening to the speech, the crowd began clapping their hands all at once.
听演讲的观众一齐鼓起了掌。

## 観点（かんてん） （「〜する」×）　観点が違う　環境保護の観点に立つ

２人の専門家の問題を捉える観点が異なるので、議論がかみ合わない。
The two experts view the problem from different perspectives so their arguments were unproductive.
因为两位专家对这个问题的观点不同，所以说不到一块。

## 観覧（かんらん） （「〜する」OK）　美術館の観覧　観覧席

この通路からの観覧はご遠慮ください。
Please refrain from viewing from the passageway.
谢绝从这条道路观看。

## 悲観（ひかん） （「〜する」OK）　悲観的に考える　悲観⇔楽観

物事を悲観的に考えないで、楽しいことを考えよう。
Don't take things pessimistically. Let's think of something fun.
对事物的看法不要太悲观，想一些快乐的事情吧。

第7週3日目　漢語　解/確/観/規/強

## 規格（「〜する」×）　　商品の規格　規格に合う
きかく　　　　　　　　　　　　しょうひん きかく　きかく あ

規格に合わない商品は廃棄するしかない。
きかく あ　　　　しょうひん はいき
We have no choice but to discard products that do not meet the specifications.
不符合规格的商品只能报废。

## 規制（「〜する」OK）　　規制を緩和する　規制を加える
きせい　　　　　　　　　　　　きせい かんわ　　きせい くわ

輸出入品の規制を緩和して、市場の拡大を狙う。
ゆしゅつにゅうひん きせい かんわ　　しじょう かくだい ねら
Seek an expansion of the market by easing regulations on imports and exports.
放宽进出口品的限制，寻求市场的扩大。

## 規定（「〜する」OK）　　規定の方針　規定に従う
きてい　　　　　　　　　　　　きてい ほうしん　きてい したが

これより先は関係者以外入れない規定になっている。
かんけいしゃ いがい　　　　きてい
Under the rules, only authorized personnel are allowed beyond this point.
规定工作人员以外不得进入。

## 規模（「〜する」×）　　規模を拡大する　世界的規模
きぼ　　　　　　　　　　　　　きぼ かくだい　せかいてき きぼ

営業組織の規模を拡大し、販売の促進に努める。
えいぎょうそしき きぼ かくだい　はんばい そくしん つと
We expand the scale of the sales department to promote sales.
扩大营业组织的规模，致力于销售的促进。

## 規約（「〜する」×）　　規約に従う　規約どおり
きやく　　　　　　　　　　　　きやく したが　きやく

規約どおりに行っているので何ら問題ないはずだ。
きやく　　　　　　　　　　　もんだい
We are abiding by the provisions so there should be no problem.
因是按照规定进行的，应该没有什么问题。

315

## 強硬（「～する」×）　　強硬なスケジュール　強硬に反対する
きょうこう　　　　　　　　　　　　きょうこう　　　　　　きょうこう　　はんたい

出張中は強硬なスケジュールで、観光はもとより、お土産を買う時間もなかった。
しゅっちょうちゅう　きょうこう　　　　　　　かんこう　　　　　　　　みやげ
I had such a tough schedule for my business trip that I had no time to buy a souvenir, let alone go sightseeing.
出差的日程安排得很紧张，不要说观光了，连买礼物的时间都没有。

## 強制（「～する」OK）　　参加を強制する　強制的
きょうせい　　　　　　　　　　　　さんか　きょうせい　　きょうせいてき

強制して契約書にサインさせるなんて、許されない行為だ。
きょうせい　けいやくしょ　　　　　　　　　　　ゆる　　　　　こうい
To force someone into signing a contract is an unacceptable behavior.
强迫他人在合同书上签名，这是不可饶恕的行为。

## 強烈（「～する」×）　　強烈な印象　強烈な色彩
きょうれつ　　　　　　　　　　　　きょうれつ　いんしょう　きょうれつ　しきさい

この映画の冒頭の戦闘シーンは強烈な印象を与える。
えいが　ぼうとう　せんとう　　　きょうれつ　いんしょう　あた
The movie's opening battle scene makes a strong impression.
这部电影开头的战斗场面给人留下强烈的印象。

## 増強（「～する」OK）　　生産量の増強　軍事力を増強する
ぞうきょう　　　　　　　　　　　　せいさんりょう　ぞうきょう　ぐんじりょく　ぞうきょう

工場での生産量を増強するために、最新の機器を投入した。
こうじょう　せいさんりょう　ぞうきょう　　　　　さいしん　きき　とうにゅう
State-of-the-art machinery was introduced to increase the factory's production volume.
工厂为了提高生产量，投入了最新的机器设备。

## 補強（「～する」OK）　　チームの補強　補強工事
ほきょう　　　　　　　　　　　　　ほきょう　　　ほきょうこうじ

トンネルの補強工事が終わり、今日から開通する。
ほきょうこうじ　お　　　　　　　　　かいつう
The tunnel will reopen today following the completion of reinforcement work.
隧道的加固施工结束了，今天开始通行。

第7週3日目　漢語　解/確/観/規/強

月　日　／5

# 確認テスト

【問題Ⅰ】（　　）に入れる最もよいものを一つ選びなさい。

1) 彼女が部長に昇格するのは（　　）的だ。
   1. 強烈　　2. 概観　　3. 了解　　4. 確定

2) アイデンティティーは何歳になっても（　　）せず、常に変化していると言える。
   1. 確立　　2. 規制　　3. 観覧　　4. 解析

【問題Ⅱ】＿＿＿の言葉の意味に最も近いものを一つ選びなさい。

1) この美術館にある美術品は歴史的価値も量も他の美術館とは規模が違う。
   1. ニュアンス　　2. カテゴリー　　3. スケール　　4. ユニーク

2) ホームページに規定の方法が書いてあるので、それに従って申し込んでください。
   1. 決められた　　2. 参考になる　　3. 責任者が考えた　　4. 大きさの定まった

【問題Ⅲ】次の言葉の使い方として最もよいものを一つ選びなさい。

1) 解除
   1. 試験では解除の問題が一番難しい。
   2. 会社を解除され、新たな職を探している。
   3. 顧客からのクレームに対応し、何とか解除した。
   4. 大雨警報が出ていたので、解除されてから外出した。

解答は323ページ

（P311 確認テストの解答）
【問題Ⅰ】1) 4　2) 1　【問題Ⅱ】1) 3　2) 4　【問題Ⅲ】1) 2

# 漢語 共／協／極／興／決

**第7週 4日目**

## 共学（きょうがく） (「〜する」×)　　共学の学校　共学⇔別学

私は高校から男女共学の学校に通った。
I studied at a coed school from senior high school.
我从高中开始上男女同校的学校。

## 共感（きょうかん） (「〜する」OK)　　共感を呼ぶ　共感を覚える

彼女の物を大事にする精神は多くの人の共感を呼び、節約が社会現象になった。
Her spirit of cherishing material goods aroused sympathy in many people that frugality became a social phenomena.
她爱惜物品的精神引起了许多人的共鸣，令节约成为了一种社会现象。

## 共存（きょうぞん） (「〜する」OK)　　人間と自然の共存　平和に共存する

世界中の人々と平和に共存できる日が必ず到来する。
The day will definitely come when all people in the world can coexist peacefully.
全世界的人们共享和平的日子一定会到来。

## 共謀（きょうぼう） (「〜する」OK)　　共謀して事件を起こす　共謀者

彼らは5人で共謀して、盗みをはたらいた。
The five conspired with each other to carry out the robbery.
是他们五人合谋偷盗的。

## 共鳴（きょうめい） (「〜する」OK)　　共鳴を引き起こす　共産主義に共鳴する

彼女の意見には共鳴するところがあるので、実現に向け協力したい。
I sympathize with some of her ideas so I would like to help realize them.
她的意见有的地方我也有同感，我想协助她实现。

> 漢語は動詞（ex. 共感する）、名詞（ex. 協議の～）、ナ形容詞（ex. 極端な～）などになる。

## 協議（「～する」OK）　協議を行う　協議の上で～

では早速一つ目の議題の協議に入りたいと思います。
Let's begin discussing the first item on the agenda.
那么，我们开始从第一个议题进行商讨吧。

## 協調（「～する」OK）　他の人の意見に協調する　協調性

人の意見に協調してばかりいないで、自分の考えを述べてください。
Please voice your own opinion instead of always agreeing with what other people say.
不要只顺着别人的意见，也请说说自己的想法。

## 協定（「～する」×）　協定を結ぶ　協定が成立する

7か国で協定を結び、関税撤廃が実現した。
The seven countries concluded an agreement to eliminate tariffs among them.
七个国家缔结了协定，令关税的废除得以实现。

## 妥協（「～する」OK）　料理に妥協しない　妥協案

意見が平行線のままなので、妥協案を提示した。
Their opinions remained far apart so I proposed a compromise plan.
意见始终不能达成一致，因此提出了妥协方案。

## 不協和音（「～する」×）　不協和音が生じる　不協和音を奏でる

領土問題で両国に不協和音が生じている。
Discord is erupting between the two countries over a territorial dispute.
因领土问题使两国之间产生了不和谐的声音。

319

## 究極 （「〜する」×）　　究極の目的　究極のところ〜

ことばを学ぶ究極の目的は人間としての幅を広げることだ。
The ultimate goal of learning languages is to acquire magnanimity as a person.
学习语言的最终目的是开拓人生的可能性。

## 極端 （「〜する」×）　　極端な意見　極端な言い方をすれば〜

極端なことを言えば、環境問題をこのまま放っておけば人類が滅亡するかもしれないのだ。
To put it in an extreme way, if nothing is done to address environmental problems, the human race could perish.
极端地说，若一直无视环境问题的话，人类可能会灭亡。

## 極意 （「〜する」×）　　フランス料理の極意　極意を極める

彼は修行を重ね、剣道の極意を極めた。
After much training, he mastered the secrets of kendo.
他反复修行刻苦钻研剑道的精髓。

## 極楽 （「〜する」×）　　極楽の世界　〜とは極楽だ

仕事を忘れてうまいものを食べ、温泉に入ってのんびりできるなんて、正に極楽だ。
Leaving my work behind to eat delicious food and relax in a hot spa is just like paradise.
不仅可忘记工作的事，还可大饱口福，舒舒服服地泡温泉，真像是在天堂啊。

## 両極 （「〜する」×）　　南北両極　両極にある要求

環境問題に関する各国の意見は両極に分かれている。
Each country has a completely different stance over environmental issues.
有关环境的问题，各国的意见呈两极分化。

第7週4日目　漢語　共／協／極／興／決

## 興奮 （「～する」OK）　　興奮を静める　興奮のあまり～
こうふん　　　　　　　　　　　　　　こうふん　しず　　こうふん

観衆は興奮のあまり、終了後も会場からなかなか帰ろうとしなかった。
かんしゅう　こうふん　　　　しゅうりょうご　かいじょう　　　　　　　　かえ
The audience was so excited that they were reluctant to leave the hall for a while after the show ended.
兴奋的观众在结束后也迟迟不愿离开会场。

## 新興 （「～する」×）　　新興国　新興住宅
しんこう　　　　　　　　　　　　　　しんこうこく　しんこうじゅうたく

この辺りは新興住宅地で、若い夫婦と小さい子どものいる家庭が多い。
あた　しんこうじゅうたくち　わか　ふうふ　ちい　　　　　　　かてい　おお
This is a new residential area, where many families comprise of a young couple and their children.
这一带是新兴住宅区，年轻的夫妇和年少的孩子的家庭很多。

## 即興 （「～する」×）　　即興でスピーチする　即興で作る
そっきょう　　　　　　　　　　　　　そっきょう　　　　　　　　そっきょう　つく

彼は即興でスピーチしたが、大勢の人の前で話し慣れているので聴衆を惹きつけるのがうまい。
かれ　そっきょう　　　　　　　　おおぜい　ひと　まえ　はな　な　　　　　　　ちょうしゅう　ひ
He made an impromptu speech. He is used to speaking in front of many people and is good at appealing to the audience.
他虽说是即兴演讲，但因已习惯在众人前讲话，所以很会吸引听众。

## 復興 （「～する」OK）　　被災地の復興　復興を支援する
ふっこう　　　　　　　　　　　　　ひさいち　ふっこう　ふっこう　しえん

地震の被害に遭った地域の復興に全力を尽くしたい。
じしん　ひがい　あ　　ちいき　ふっこう　ぜんりょく　つ
We will do all we can to reconstruct areas that suffered damage from the earthquake.
想竭尽全力地振兴受到震灾的地区。

## 余興 （「～する」×）　　余興に～する
よきょう　　　　　　　　　　　　　よきょう

忘年会の余興に私は得意の手品をした。
ぼうねんかい　よきょう　わたし　とくい　てじな
I showed my skills in magic as an entertainment at the year-end party.
在年终联欢会上我表演了拿手的魔术为大家助余兴。

## 議決 (「〜する」OK)　　予算案の議決　多数決で議決される
　　ぎけつ　　　　　　　　　　　　　　よさんあん　ぎけつ　　たすうけつ　ぎけつ

やっとのことで国会で予算案が議決された。
やっとのことでこっかいでよさんあんがぎけつされた。
The Diet finally reached a decision the budget plan.
国会好不容易通过了预算方案。

## 決勝 (「〜する」×)　　決勝まで残る　決勝戦に進出する
　　けっしょう　　　　　　　　　　　けっしょう　のこ　　けっしょうせん　しんしゅつ

我々のチームはついに決勝まで残ることができた。
われわれのチームはついにけっしょうまでのこることができた。
At last, our team was able to reach the final.
我们队终于进入了决赛。

## 決断 (「〜する」OK)　　決断を下す　決断力がある
　　けつだん　　　　　　　　　　　けつだん　くだ　　けつだんりょく

経営者としての決断を下す時が来た。
けいえいしゃとしてのけつだんをくだすときがきた。
It is time to make a decision as an executive.
作为经营者，是该下决定的时候了。

## 対決 (「〜する」OK)　　宿敵との対決　優勝をかけた対決
　　たいけつ　　　　　　　　　　　しゅくてき　たいけつ　　ゆうしょう　たいけつ

優勝をかけた宿敵との対決に備え、選手はトレーニングに励んでいる。
ゆうしょうをかけたしゅくてきとのたいけつにそなえ、せんしゅはトレーニングにはげんでいる。
The players are training hard ahead of the face-off against their arch rival for the championship.
为了能在与宿敌的决斗中获得冠军，选手刻苦地进行着训练。

## 判決 (「〜する」×)　　判決の理由　判決が下る
　　はんけつ　　　　　　　　　　　はんけつ　りゆう　　はんけつ　くだ

彼に無罪の判決が下った。
かれにむざいのはんけつがくだった。
He was given a not-guilty verdict.
对他无罪的判决下来了。

第7週4日目　漢語　共／協／極／興／決

# 確認テスト

【問題Ⅰ】（　　）に入れる最もよいものを一つ選びなさい。

1) 2国間で移民に関する（　　）が成立し、国を超えて看護師が行き来するようになった。
   1. 協調　　2. 協定　　3. 対決　　4. 判決

2) 料理の（　　）を極めるため、彼女はフランスに旅立っていった。
   1. 究極　　2. 極端　　3. 極意　　4. 極楽

【問題Ⅱ】＿＿＿の言葉の意味に最も近いものを一つ選びなさい。

1) 彼の力強い訴えは観衆の共鳴を引き起こし、やがて大きなデモ行進に発展した。
   1. 賛成を得て　2. 反感を買って　3. 涙をぬぐって　4. 暴力が起こって

2) 経営方針に対する考え方の違いから、役員の間に不協和音が生じている。
   1. 伝統的でない楽器を演奏する　2. 全員が反対を表明している
   3. 絶望的な音楽が聞こえる　　　4. 仲の悪い雰囲気がある

【問題Ⅲ】次の言葉の使い方として最もよいものを一つ選びなさい。

1) 即興
   1. 即興の国々が発言力を増してきた。
   2. 応援で即興しすぎて、声が出なくなってしまった。
   3. 叔父は学問の即興に力を尽くした人だった。
   4. これは有名な詩人が即興で作った詩だ。

解答は329ページ

（P317 確認テストの解答）
【問題Ⅰ】1) 4　2) 1　【問題Ⅱ】1) 3　2) 1　【問題Ⅲ】1) 4

323

## 第7週 5日目 — 漢語　経／結／原／合／採

### 経緯（けいい）　（「～する」×）
事件の経緯　経緯を説明する

事件の経緯をみんなに説明する。
Explain the circumstances of the incident to everyone.
向大家说明事件的来龙去脉。

### 経過（けいか）　（「～する」OK）
手術後の経過　途中経過

兄が外国で働くようになって、5年が経過した。
My elder brother has been working abroad for 5 years now.
哥哥在国外工作过了五年了。

### 経費（けいひ）　（「～する」×）
経費がかかる　経費を節減する

事務所を移転するにはかなりの経費がかかる。
It will cost a lot of money to move the office to a different place.
迁移办事处要花费相当多的费用。

### 経歴（けいれき）　（「～する」×）
政治家としての経歴　経歴が立派だ

彼は珍しい経歴の持ち主で、いろいろな国のいろいろな資格を持っている。
He has a unique background. He has various qualifications of various countries.
他的经历很罕见，有很多国家的各种资格证书。

### 経路（けいろ）　（「～する」×）
入手の経路　伝染の経路

この情報の入手経路は複雑で、すぐには分からない。
The information was obtained through a complex channel that cannot immediately be known.
这个消息的获得途径非常复杂，不能马上弄清楚。

## 結晶 （「～する」OK）　氷の結晶　努力の結晶
けっしょう　　　　　　　　　こおり けっしょう　どりょく けっしょう

交渉がうまくいって契約が成立したのは、彼らの努力の結晶だ。
こうしょう　　　　　　けいやく せいりつ　　　　かれ　　どりょく けっしょう
It is the fruits of their labor that the negotiations went well and a contract was concluded.
谈判得以顺利进行并能签订合同，都是他们努力的结晶。

## 結成 （「～する」OK）　チームの結成　お笑いコンビを結成する
けっせい　　　　　　　　　　　　けっせい　　わら　　　　　　けっせい

全国から実力のあるバレーボール選手が集められ、全日本チームが結成された。
ぜんこく　じつりょく　　　　　　　　　　せんしゅ あつ　　　ぜんにほん　　　　　けっせい
Powerful volleyball players were gathered from across Japan to form the national team.
从全国汇集了有实力的排球选手，组成了全日本队。

## 結束 （「～する」OK）　結束が固い　結束を図る
けっそく　　　　　　　　　　　けっそく かた　けっそく はか

私たちは結束して相手チームの弱点を突く攻撃をし、勝つことができた。
わたし　　　けっそく　　あいて　　　　　じゃくてん つ こうげき　　　か
We were able to win because we were united in our efforts to exploit the opponent's weakness.
我们团结一致向对方的弱点进攻，战胜了对方。

## 妥結 （「～する」OK）　交渉の妥結　妥結の条件
だけつ　　　　　　　　　　　こうしょう だけつ　だけつ じょうけん

２国間の貿易協定の交渉が妥結する。
こくかん　ぼうえききょうてい　こうしょう だけつ
The two countries concluded their negotiations on a trade pact.
两国之间贸易协定谈判达成协议。

## 団結 （「～する」OK）　団結して闘う　団結心
だんけつ　　　　　　　　　　だんけつ　たたか　だんけつしん

私達のチームは団結心だけはどのチームにも負けない。
わたしたち　　　　　だんけつしん　　　　　　　　　　　ま
We are the best when it comes to team spirit.
我们队的团结精神，不输于任何一个队。

## 原形 (「〜する」×)   原形をとどめる　原形を保つ

この建物は原形をとどめないほど崩れてしまった。
The building was destroyed beyond recognition.
这个建筑物不留旧貌的崩塌了。

## 原作 (「〜する」×)   映画の原作　原作者

このアニメ映画の原作はカナダの長編小説だ。
This animated film is based on a Canadian novel.
这部动画片的原作是加拿大的长篇小说。

## 原子 (「〜する」×)   原子の構造　原子力

原子力エネルギーに代わるものが世界的に期待されている。
The world is waiting for an alternative to nuclear energy.
全世界都在期待能代替核能的能源。

## 原則 (「〜する」×)   原則に従う　原則から外れる

原則として仕事中の私用電話は禁止だ。
In principle, you are forbidden from making personal calls at work.
原则上在工作中禁止打私人电话。

## 原文 (「〜する」×)   原文のまま引用する　原文で読む

有名な経済書を原文で読んだ。
I read a famous economics book in the original.
我阅读了一本有名的经济书的原著。

第7週5日目　漢語　経／結／原／合／採

## 合致　（「〜する」OK）　趣旨に合致する　見解が合致する
がっち　　　　　　　　　　　　　　しゅし　　がっち　　けんかい　　がっち

このシンポジウムの趣旨に合致する発表内容になるように考えてください。
　　　　　　　　しゅし　がっち　はっぴょうないよう　　　　　　　　かんが
Please come up with a presentation subject that is consistent with the aim of the symposium.
请考虑一下符合这个研讨会宗旨的发表内容。

## 合併　（「〜する」OK）　町村の合併　企業の合併
がっぺい　　　　　　　　　　　　　ちょうそん　がっぺい　きぎょう　がっぺい

３つの町が合併して、市になった。
　　　まち　がっぺい　　　し
Three towns were merged to form a city.
将三个城镇合并成了一个市。

## 結合　（「〜する」OK）　分子が結合する　強く結合する
けつごう　　　　　　　　　　　　　ぶんし　　けつごう　　つよ　けつごう

酸素と水素が結合して水になる。
さんそ　すいそ　けつごう　みず
Oxygen and hydrogen combine to form water.
氧气和氢气结合变成水。

## 照合　（「〜する」OK）　写真を照合する　受験番号と照合する
しょうごう　　　　　　　　　　　　しゃしん　しょうごう　じゅけんばんごう　しょうごう

受験票の写真と照合しますので、皆さん顔を上げてお待ちください。
じゅけんひょう　しゃしん　しょうごう　　　　　　みな　　かお　　あ　　　　　ま
Please keep your heads raised as I check your faces with the photos on the exam admission cards.
现在核对准考证和照片，请各位抬头起来等候。

## 複合　（「〜する」OK）　複合的　様々な要因が複合する
ふくごう　　　　　　　　　　　　　ふくごうてき　さまざま　よういん　ふくごう

カウンセラーはどんなことばをかけるかを、患者の状況をよく聞き、複合的に考える。
　　　　　　　　　　　　　　　　　　　　かんじゃ　じょうきょう　　き　ふくごうてき　かんが
The counselor will use a composite approach to consider what to say to the patients after listening carefully about their situations.
心理顾问要说什么样的内容是要先听完患者的情况，进行综合性考虑后才说的。

327

## 採掘 (「〜する」OK)　　金の採掘

昔はこの辺りで金の採掘ができたそうだ。
I hear that gold was mined in this area in the old days.
听说以前这边可采掘黄金。

## 採算 (「〜する」×)　　採算が取れる　採算を無視する

この事業は採算が取れないため撤退することになった。
We decided to withdraw from the business because it was unprofitable.
这个事业不合算，所以决定撤退。

## 採集 (「〜する」OK)　　民話の採集　昆虫の採集

民話を採集するために全国を旅した。
They travelled across the country to collect folk tales.
为了收集民间故事，周游了全国各地。

## 採択 (「〜する」OK)　　議案の採択　提案を採択する

平和宣言が採択され、世界は平和実現のための努力をすることが約束された。
The international community adopted a peace declaration and promised efforts to bring about world peace.
大会通过了和平宣言，各国承诺为实现和平而努力。

## 採用 (「〜する」OK)　　新人の採用　採用試験

景気が回復してきたので、我が社は来年度から新人の採用を復活させる予定だ。
Our firm has decided to start hiring new recruits again from the next fiscal year due to the recovering economy.
因为经济得以复苏，我公司预定从明年开始恢复应届生的招聘。

# 確認テスト

【問題Ⅰ】（　　）に入れる最もよいものを一つ選びなさい。

1) 祖母の手術後の（　　）は良いようです。
   1. 経過　2. 経費　3. 経歴　4. 経路

2) 交渉の（　　）の条件として、我々は税率の引き下げを迫った。
   1. 結合　2. 照合　3. 団結　4. 妥結

【問題Ⅱ】＿＿＿の言葉の意味に最も近いものを一つ選びなさい。

1) 議論を重ね、ようやく二人の見解の合致を見た。
   1. 考え方に共通する部分があった
   2. 視界がほとんど同じだと分かった
   3. 理解できることとできないことがあった
   4. 2人の意見を合わせていいものを作った

2) 私の投稿が採用され、紙面に掲載された。
   1. 放り出され　2. 突き詰められ　3. 取り上げられ　4. 書き込められ

【問題Ⅲ】次の言葉の使い方として最もよいものを一つ選びなさい。

1) 結束
   1. 彼らは結束的に交渉を進めることができた。
   2. 映画の結束は予想どおりだったので、あまり面白くなかった。
   3. チームの結束を図るために、全員寮で生活し、昼も夜も一緒に過ごした。
   4. 美しい雪の結束が見られた。

解答は335ページ

（P323 確認テストの解答）
【問題Ⅰ】1) 2　2) 3　【問題Ⅱ】1) 1　2) 4　【問題Ⅲ】1) 4

## 第8週 1日目 — 漢語　再/失/実/主/承

### 再会（「～する」OK）　　恩師との再会　再会を果たす

5年ぶりに故郷で恩師と再会した。
I was reunited with my old teacher for the first time in five years in my hometown.
时隔五年我在故乡与恩师再次相见。

### 再建（「～する」OK）　　会社を再建する

新たに任命された役員が航空会社の再建に乗り出した。
The newly-appointed board members embarked on the reconstruction of the company.
被任命的新董事开始着手重建航空公司。

### 再現（「～する」OK）　　忠実な再現　当時の様子を再現する

映画を作るにあたって、当時の街並みをそっくり再現した。
We wholly reproduced the streets of those days to make the film.
制作电影时，再现了当时的全部街景。

### 再生（「～する」OK）　　再生の道　音の再生

経済再生の道を確かなものにするための対策が練られている。
Strategies are being worked out to ensure the path of economic recovery.
为确保经济复苏想对策。

### 再発（「～する」OK）　　病気の再発　再発の防止

同じような事故が起こらないように、再発の防止に努める。
Efforts are being made to prevent a recurrence of similar accidents.
努力防止再发生同样的事故。

漢語はリズムに乗って覚えるといいぞ！

## 失格 （「〜する」OK）　　失格になる　予選で失格する
しっかく　　　　　　　　　　　　　　しっかく　　よせん　しっかく

彼女はマラソンコースを間違えて失格になってしまった。
かのじょ　　　　　　　　　　まちが　　　　しっかく
She was disqualified for running the wrong course in the marathon.
在跑马拉松时，她跑错了路线，因而失去了资格。

## 失脚 （「〜する」OK）　　汚職で失脚する　大臣が失脚する
しっきゃく　　　　　　　　　　　　　　おしょく　しっきゃく　　だいじん　しっきゃく

あの大物政治家は汚職で失脚したが、国民からの人気は衰えなかった。
おおものせいじか　おしょく　しっきゃく　　こくみん　　　　にんき　おとろ
The political heavyweight lost his job in a corruption scandal but remained popular among the people.
那个政界要人因贪污下了台，但在国民中的人气并没有衰退。

## 喪失 （「〜する」OK）　　自信を喪失する　記憶喪失
そうしつ　　　　　　　　　　　　　　じしん　そうしつ　　きおくそうしつ

あの頃の私は自信を喪失していて、何事に対しても悲観的だった。
ころ　わたし　じしん　そうしつ　　　　なにごと　たい　　　　ひかんてき
At the time, I had lost my confidence and was pessimistic about everything.
那时候的我丧失了信心，对什么事都感到悲观。

## 損失 （「〜する」×）　　損失を被る　損失を埋める
そんしつ　　　　　　　　　　　　　　そんしつ　こうむ　そんしつ　う

彼が亡くなったことは歌舞伎界にとって大きな損失だ。
かれ　な　　　　　　　　かぶきかい　　　　　おお　　そんしつ
His death was a big loss for the kabuki world.
他的去世对歌舞伎界来说是很大的损失。

## 紛失 （「〜する」OK）　　パスポートの紛失　入場券を紛失する
ふんしつ　　　　　　　　　　　　　　　　　　ふんしつ　にゅうじょうけん　ふんしつ

旅行中にパスポートを紛失して、警察や大使館へ行かなければならなかった。
りょこうちゅう　　　　　　　　ふんしつ　　　けいさつ　たいしかん　い
I had to go to the police and the embassy because I lost my passport during my trip.
在旅游时丢失了护照，不得已去了警察那儿以及大使馆。

## 実況 （「～する」OK）　　実況中継する　実況放送

テニスの試合の実況放送をテレビで見た。
I watched a live coverage of a tennis match on television.
我在电视上看了网球比赛的现场直播。

## 実験 （「～する」OK）　　科学の実験　実験に取り掛かる

機材の準備ができたので、早速実験に取り掛かった。
We began our experiment as soon as the equipment were ready.
器材已准备好了，所以马上就开始了实验。

## 実在 （「～する」OK）　　実在の人物　実在した企業

このドラマは実在の人物をモデルにして作られた。
This drama was made based on a real person.
这部电视连续剧是以真实人物为原型制作的。

## 真実 （「～する」×）　　真実の究明　真実を明らかにする

真実を明らかにするために、私は大勢の関係者に話を聞いて回った。
To uncover the truth I went around listening to the stories of many people concerned.
为了弄清楚真相，我问了很多有关的人。

## 切実 （「～する」×）　　切実な悩み　切実に願う

たくさん食べてもなかなか体が大きくならないのが今の私の切実な悩みだ。
A pressing problem for me at the moment is that my body is not getting bigger although I'm eating a lot.
吃再多也长不高，这是我现在最切实的烦恼。

## 君主　（「〜する」×）　国家の君主　君主制

この国は今も君主制を守っている。
This country is still governed by a monarchy.
这个国家现在也还坚持君主制。

## 自主　（「〜する」×）　自主的に練習する　自主性がある

彼女にはもっと自主性が欲しいところだ。
I would like her to have much more independence of mind.
希望她有更多的主动性。

## 主権　（「〜する」×）　主権の侵害　主権を守る

他国の主権を侵害するようなことがあってはいけない。
We should never infringe upon the sovereignty of another country.
不得有侵害他国主权的行为。

## 主催　（「〜する」OK）　パーティーの主催　主催者

先生のお別れ会を主催したのは卒業生達だった。
It was the graduates who organized the farewell party for the teacher.
举办老师告别会的是毕业生们。

## 主体　（「〜する」×）　主体的に考える　卒業生が主体となって〜

環境問題について一人ひとりが主体的に考えるべきだ。
Each and every person should think subjectively about environmental problems.
关于环境问题，每个人都应该主动地思考。

## 継承 (「〜する」OK)　　伝統芸能の継承　戦争体験を継承する

彼は伝統芸能の継承に多大な貢献をした。
He made significant contributions to the passing down of traditional performing arts.
他对传统艺能的继承做了很大的贡献。

## 承諾 (「〜する」OK)　　承諾を得る　依頼を承諾する

参加者の承諾を得てビデオ撮影をした。
We took the video with the approval of the participants.
得到参加者的同意后录了像。

## 承認 (「〜する」OK)　　承認を求める　承認を得る

未成年者の申し込みには保護者の承認が必要です。
Applications from minors require parental consent.
未成年人的申请需要家长的同意。

## 伝承 (「〜する」OK)　　民間の伝承　伝承文学

この地方に伝わる民話の伝承を目的として、博物館を作る計画がある。
There is a plan to build a museum for the purpose of passing down the region's traditional folktales.
为了让这个地方的民间故事世代相传，计划建座博物馆。

## 了承 (「〜する」OK)　　快く了承する　了承済み

この件については部長も了承済みです。
The department manager has also approved this issue.
关于这件事情，部长也已同意。

# 確認テスト

【問題Ⅰ】（　　　）に入れる最もよいものを一つ選びなさい。

1) 体調管理ができないようでは、プロのスポーツ選手として（　　　）だ。
　1. 了承　　2. 再建　　3. 自主　　4. 失格

2) この（　　　）がうまく行けば、人間が若返ることも夢ではない。
　1. 再発　　2. 実験　　3. 主催　　4. 失脚

【問題Ⅱ】　　　　の言葉の意味に最も近いものを一つ選びなさい。

1) 大企業が倒産すると世界経済全体が莫大な損失を被ることになる。
　1. 利益を失う　　　　　　2. 失ったものを取り返す
　3. 損をしそこなう　　　　4. 損しても回復する

2) この地方に古くから伝えられてきた音楽を継承している楽曲が全国で流行った。
　1. 嘆いている　　2. 盛んにしている　　3. 受けついでいる　　4. 見守っている

【問題Ⅲ】次の言葉の使い方として最もよいものを一つ選びなさい。

1) 再現
　1. 大切にしていた写真をなくした場合、カメラが再現されます。
　2. 10年以上会っていなかった懐かしい友人に故郷で再現することができた。
　3. 病気が再現したので、またしばらくは入院生活を送ることになりそうです。
　4. 50年前に流行したジーパンを細かい部分まで忠実に再現し、この度限定販売します。

解答は341ページ

---

(P329 確認テストの解答)
　【問題Ⅰ】 1) 1　 2) 4　　【問題Ⅱ】 1) 1　 2) 3　　【問題Ⅲ】 1) 3

# 漢語　処／推／制／設／然

**第8週　2日目**

## 処置 (しょち)　(「〜する」OK)　　適切な処置（てきせつ しょち）　応急処置をする（おうきゅうしょち）

けが人は応急処置（おうきゅうしょち）をしてから救急車（きゅうきゅうしゃ）で病院（びょういん）へ運（はこ）んだ。
We took the injured to hospital by ambulance after giving them first aid.
对伤者进行了应急处理后，用救护车送到了医院。

## 処罰 (しょばつ)　(「〜する」OK)　　学校の処罰（しょばつ）　処罰を受ける（しょばつ う）

学校の規則（きそく）に違反（いはん）した者（もの）は処罰（しょばつ）を受（う）けなければならない。
Those who break school rules must be punished.
违反校规的学生要受到处罚。

## 処分 (しょぶん)　(「〜する」OK)　　いらない物を処分する（もの しょぶん）　廃棄処分する（はいき しょぶん）

引越（ひっこ）しするにあたって、いらない物（もの）を大量（たいりょう）に処分（しょぶん）した。
I disposed of many unnecessary items when moving to a new place.
搬家时，把很多不要的东西处理掉了。

## 処理 (しょり)　(「〜する」OK)　　苦情の処理（くじょう しょり）　汚染水の処理（おせんすい しょり）

顧客（こきゃく）からの苦情（くじょう）を迅速（じんそく）に処理（しょり）した。
I quickly processed complaints from customers.
迅速地处理了顾客的投诉。

## 対処 (たいしょ)　(「〜する」OK)　　災害に対処する（さいがい たいしょ）　ストレスの対処法（たいしょほう）

コンピュータウイルスに対処（たいしょ）するために、新しいソフトを手に入れた。
To deal with computer viruses, I obtained new software.
为了防御电脑病毒，我弄到了新的软件。

336

## 推奨 （「～する」OK）　　運動の推奨　観劇を推奨する
すいしょう　　　　　　　　　　うんどう　すいしょう　かんげき　すいしょう

子ども達に夏休みに読む本としてこの5冊を推奨する。
こ　たち　なつやす　　　よ　ほん　　　　　　　さつ　すいしょう
I recommend these five books for children to read during their summer vacation.
作为孩子们在暑假中要阅读的书，我推荐这五本。

## 推進 （「～する」OK）　　計画の推進　環境保護を推進する
すいしん　　　　　　　　　　けいかく　すいしん　かんきょうほご　すいしん

この企業は環境保護計画を推進している。
　　きぎょう　かんきょうほごけいかく　すいしん
This corporation is promoting an environmental protection project.
这家企业正在推进环保计划。

## 推測 （「～する」OK）　　推測が当たる　原因を推測する
すいそく　　　　　　　　　　すいそく　あ　　　げんいん　すいそく

飛行機のエンジン故障の原因を推測する。
ひこうき　　　　　　こしょう　げんいん　すいそく
I am guessing the cause of the plane's engine failure.
推测飞机引擎故障的原因。

## 推理 （「～する」OK）　　推理が当たる　推理小説
すいり　　　　　　　　　　すいり　あ　　　すいりしょうせつ

刑事ドラマの犯人が誰なのか母の推理が当たった。
けいじ　　　　はんにん　だれ　　　はは　すいり　あ
My mother's speculation on who is the culprit in a detective drama turned out to be correct.
刑警剧的犯人是谁，妈妈推理对了。

## 類推 （「～する」OK）　　～から類推する　意味を類推する
るいすい　　　　　　　　　　　　るいすい　　　いみ　るいすい

過去の例から類推すれば、経済の回復には相当の時間を要するだろう。
かこ　れい　　るいすい　　　　けいざい　かいふく　　　そうとう　じかん　よう
Based on an analogy with past cases, I reason it will take considerable time for the economy to recover.
从过去的例子可以推测出，经济恢复会需要相当长时间。

337

## 制裁（せいさい）　（「～する」OK）　制裁がある　制裁を加える

国民の生きる権利を侵すような国に対しては諸外国が経済的な制裁を加えることがある。
Many nations sometimes impose economic sanctions against countries that violate their peoples' right to live.
对侵害国民生存权的国家，其他国家会加以经济制裁。

## 制定（せいてい）　（「～する」OK）　法律の制定　2000年に制定された

今の日本の憲法は1946年に制定された。
Japan's current Constitution was established in 1946.
现在的日本宪法是1946年制定的。

## 制約（せいやく）　（「～する」×）　時間の制約　字数に制約がある

字数に制約はないので、思ったことを自由に書いてください。
The number of words is not restricted. So please freely write what you think.
无字数限制，请自由地写出自己所想的。

## 統制（とうせい）　（「～する」OK）　言論の統制　統制がとれる

シンクロナイズドスイミングで統制のとれたチームが優勝した。
A team in great control won a synchronized swimming competition.
在花样游泳比赛中，协调好的队获得了冠军。

## 抑制（よくせい）　（「～する」OK）　感情の抑制　デフレを抑制する

妹は何か欲しいと思ったら、その気持ちを抑制することができない。
When my younger sister wants something, she cannot control her desire.
妹妹如有什么想要的，就会控制不住。

第8週2日目　漢語　処／推／制／設／然

## 開設　かいせつ　（「〜する」OK）
老人ホームの開設　ろうじん　かいせつ
ホームページを開設する　かいせつ

お年寄りが増えていて、この地域でも老人ホームの開設が相次いでいる。
As the elderly population has been growing, elderly people's homes have opened one after another also in this area.
随着老年人口的增加，连这一带也相继开设了养老院。

## 施設　しせつ　（「〜する」×）
高齢者のための施設　こうれいしゃ　しせつ　　娯楽施設の建設　ごらくしせつ　けんせつ

この大学には図書館や体育館はもちろん、劇場やコンサートホールなどの施設も充実している。
This university has many facilities including a theater and a concert hall, not to mention a library and a gymnasium.
这所大学内当然有图书馆和体育馆，甚至连剧场以及音乐厅等设施也很充实。

## 設置　せっち　（「〜する」OK）
消火器を設置する　しょうかき　せっち　　設置基準を設ける　せっち　きじゅん　もう

危機管理委員会を設置し、会社の危機管理体制を見直すことになった。
ききかんりいいんかい　せっち　　　ききかんりたいせい　みなお
The company decided to set up a crisis management committee to review its crisis management system.
成立了危机管理委员会，并对公司的危机管理体制进行了重新修改。

## 設定　せってい　（「〜する」OK）
物語の設定　ものがたり　せってい　　携帯電話の画面設定　けいたいでんわ　がめんせってい

携帯電話の着信音を好きなメロディーに設定しなおした。
けいたい　ちゃくしんおん　す　　　　　　　せってい
I set my favorite melody as a ringtone for my cell phone.
将手机的来电铃声设置成了我喜欢的铃声。

## 設立　せつりつ　（「〜する」OK）
会社を設立する　せつりつ　　設立当初　せつりつとうしょ

自分のやりたいことを実現するために会社を設立した。
じぶん　　　　　　　じつげん　　　　　　　せつりつ
I found a company to realize what I wanted to do.
为了让自己想做的事得以实现，我创立了公司。

## 依然 (「～する」×)　依然として同じだ　依然、有効だ

彼の営業のやり方は依然として変わっていないので、このままでは営業成績は伸びないだろう。
His sales style is still unchanged. If no action is taken, his sales will not grow.
他的营业方式依然如故，一点儿没改变，这样下去的话营业成绩一定不会提高的。

## 整然 (「～する」×)　整然と並ぶ　理路整然としている

商品が棚に整然と並べられている。
Products are displayed on shelves in an orderly manner.
商品被整齐的陈列在架子上。

## 漠然 (「～する」×)　漠然とした不安　漠然とした説明

はっきりした根拠はないが、この企画に漠然とした不安を覚える。
Without any clear reasons, I have a vague feeling of anxiety about this project.
虽然没有确凿的根据，但我总觉得这个计划哪里不妥，有点儿不安。

## 呆然 (「～する」×)　呆然とする　呆然と立ち尽くす

彼は火事で焼けた自分の家を前にして、しばらく呆然としていた。
In front of his burned house, he stood in a daze for a while.
他在因火灾而烧毁的家门前，愣了一会儿。

## 漫然 (「～する」×)　漫然と日を過ごす

卒業後、就職せず漫然と日を過ごしているうちに冬がやってきた。
Winter came while I was aimlessly spending days without finding a job after graduation.
毕业后，也没找工作，糊里糊涂地过日子，不知不觉就到了冬天。

# 確認テスト

【問題Ⅰ】（　　）に入れる最もよいものを一つ選びなさい。

1）兄は小さい頃から（　　）小説が好きだった。
　　1. 対処　　2. 類推　　3. 処理　　4. 推理

2）このクイズを解くのに時間の（　　）があるから、みんなでゆっくり相談している暇はない。
　　1. 制裁　　2. 制約　　3. 制定　　4. 抑制

【問題Ⅱ】＿＿＿の言葉の意味に最も近いものを一つ選びなさい。

1）商品が棚に整然と並べられている。
　　1. しぜんに　　2. きちんと　　3. さびしく　　4. あきらかに

2）これだけインターネットが普及した世界で言論の統制は難しい。
　　1. 決まりを作って突き詰めること　　2. 決まりを作って放り出すこと
　　3. 決まりを作って取り締まること　　4. 決まりを作って凝り固まること

【問題Ⅲ】次の言葉の使い方として最もよいものを一つ選びなさい。

1）設定する
　　1. 自分で会社を設定して社長になり、ついに長年の夢がかなった。
　　2. ドラマの時代を500年ほど前に設定し、衣装や家具をそろえた。
　　3. 病院が患者に薬を設定し、症状が少しずつ改善した。
　　4. 監督が選手に設定を加えて、チームが強化された。

解答は347ページ

（P335 確認テストの解答）
【問題Ⅰ】1) 4　2) 2　【問題Ⅱ】1) 1　2) 3　【問題Ⅲ】1) 4

# 第8週 3日目 漢語 装／対／着／定／転

## 改装（「～する」OK）
店を改装する　改装オープン

喫茶店を改装して、料理教室を開いた。
I renovated a café and opened a cooking class.
将咖啡店改建后，开了家烹饪学校。

## 装飾（「～する」OK）
額縁の装飾　装飾を施す

教室を装飾して、立派なパーティー会場に変身させた。
We decorated our classroom and turned it into a splendid party venue.
将教室装饰布置成华丽的宴会场。

## 装備（「～する」OK）
軽装備で出掛ける　フル装備

山に登るのにそんな軽装備で出掛けるのは危ないよ。
It is dangerous to climb a mountain with such light equipment.
那么简单的装备去登山，很危险呀。

## 武装（「～する」OK）
武装した警官　武装を解除する

武装した警官があちこちに立っているが何かあったのだろうか。
Armed police officers are standing here and there. I wonder if there was any incident.
到处都是武警，好像发生了什么事？

## 舗装（「～する」OK）
舗装された道路　舗装工事を行う

舗装された道路はここまでで、ここから先は車は通れない。
The pavement ends here. The area beyond is not passable to vehicles.
铺好的路只到这里，这前面汽车就开不过去了。

## 相対（「〜する」OK）　相対的な価値　相対的に見る

前回の発表より相対的に良くなったが、まだ改善すべきところがある。
Your presentation has comparatively improved from the last one. But there is still room for improvement.
比上次发表的相对好一些，但还有需要改进的地方。

## 対抗（「〜する」OK）　ライバル社に対抗した商品　対抗策を練る

現職の市長に対抗して、若い候補者が立てられた。
To counter the incumbent city mayor, a young candidate was fielded.
为了与现任市长对抗，将年轻人推为候选人。

## 対等（「〜する」×）　対等に話し合う　立場が対等だ

監督と選手が対等に意見が言える関係を羨ましく思う。
I envy a relationship in which coaches and players can talk on equal footing.
教练与选手之间可平等地交换意见，这样的关系令我很羡慕。

## 対面（「〜する」OK）　10年ぶりの対面　対面を果たす

30年ぶりに親子が対面し、涙を流した。
The parents and their child cried after meeting each other face to face for the first time in 30 years.
时隔三十年之后与父母重逢，流下了热泪。

## 対話（「〜する」OK）　対話の機会　対話の効果

市長が市民と対話する機会を設ける。
We create an opportunity for the city mayor to talk with local residents.
创造市长和市民对话的机会。

## 愛着 （「～する」×）　　愛着がある　愛着を持つ

初めて買ったギターはもう壊れてしまったが、愛着があるので捨てられない。
The first guitar I bought has already broken. But I cannot throw it away because I feel attached to it.
我第一次买的吉他虽然坏了，但因对它已有了特殊的感情，所以扔不掉。

## 執着 （「～する」OK）　　金に執着する　執着心が強い

そんなつまらないことにいつまでも執着するな。忘れろ。
Don't be obsessed with such a trivial thing any longer. Forget it.
不要固执于那些鸡毛蒜皮的事，忘掉吧！

## 着手 （「～する」OK）　　調査に着手する　工事に着手する

そろそろ研究発表の準備に着手しないと間に合わなくなる。
I will not make the deadline if I do not begin preparing for the research presentation soon.
再不开始准备研究的发表报告，就来不及了。

## 着想 （「～する」×）　　着想を得る　着想がいい

このスピーチは着想が素晴らしく、人々に訴えるものがある。
The idea of this speech is wonderful. Something about it strikes a chord with people.
这个演讲的构思很好，令人深思。

## 着目 （「～する」OK）　　遺伝子への着目　着目に値する

民話に出てくる動物の種類に着目して分類を試みた。
I tried to sort out animals in folk tales by focusing my attention on their types.
着眼于民间故事中的动物种类，将其试着进行了分类。

第8週3日目　漢語　装／対／着／定／転

## 固定　(「～する」OK)　棚を固定する　固定観念

地震が起こっても倒れないように棚を壁に固定する。
We fix shelves to walls to prevent them from falling even if earthquakes hit.
把架子固定在墙上，即使发生地震也不会倒下来。

## 暫定　(「～する」×)　暫定的な取り決め

これは暫定的に決められた予算なので、今後変更される可能性がある。
This budget is subject to change because it is a temporary one.
由于这是暂时决定的预算，今后有可能会改变。

## 所定　(「～する」×)　所定の用紙　所定の期日

申し込みをする方は所定の用紙に記入の上、事務所に提出してください。
Applicants are requested to submit designated forms to our office after filling them out.
请申请人按规定的表格填写后，提交给办公室。

## 定義　(「～する」OK)　辞書による定義　定義によれば～

コミュニケーションとは何かを一言で定義するのは難しい。
It is difficult to define communication in one word.
交流是什么？很难用一句话做出定义。

## 定理　(「～する」×)　ピタゴラスの定理

ピタゴラスの定理を証明する。
I will prove Pythagoras' theorem.
证明勾股定理。

## 機転 (「〜する」×)　　機転が利く　機転を利かす

彼女は機転が利く人で、余計なことを質問しない。
She is full of wit and does not ask unnecessary questions.
她很机灵，不过问多余的事情。

## 逆転 (「〜する」OK)　　逆転のチャンス　逆転勝ち

試合の残り時間2分になって、逆転のチャンスが巡ってきた。
With two more minutes to go before the end of the game, we had an opportunity to come from behind.
比赛还剩两分钟的时候，逆转的机会来了。

## 転換 (「〜する」OK)　　発想の転換　気分転換

気分転換にジョギングをする。
I jog for a change of air.
我为了换心情开始慢跑。

## 転機 (「〜する」×)　　人生の転機　転機が訪れる

彼にとってイタリアに留学したことが人生の転機となった。
Studying in Italy became a turning point in his life.
对他来说，去意大利留学是他人生的转折点。

## 転落 (「〜する」OK)　　転落した人生　5位に転落する

彼女はずっと首位を守っていたが、今回の大会で5位に転落した。
She had held the top post for a long time. But she fell to fifth place during this championship.
她一直稳居首位，但这次大会跌落到了第五名。

第8週3日目　漢語　装／対／着／定／転

月　日　／5

# 確認テスト

【問題Ⅰ】（　　　）に入れる最もよいものを一つ選びなさい。

1) 中世ヨーロッパの雰囲気が出るように店内に（　　　）を施した。
   1. 舗装　2. 装飾　3. 愛着　4. 着手

2) レポートは（　　　）の期日までに必ず提出すること。
   1. 固定　2. 所定　3. 定義　4. 定理

【問題Ⅱ】　＿＿＿＿＿の言葉の意味に最も近いものを一つ選びなさい。

1) この本に着想を得て、新商品のコンセプトが浮かんだ。
   1. キャリアを積んで　2. データが載っていて
   3. ヒントをもらって　4. ファンタジーがあって

2) この国のサッカー界は世界と対等に戦える力をつけてきた。
   1. 話し合いで　2. 整然として　3. きれいに　4. 大差なく

【問題Ⅲ】　次の言葉の使い方として最もよいものを一つ選びなさい。

1) 転換
   1. 我が国はエネルギー政策の転換を迫られている。
   2. バッテリーが故障したので新しいものに転換した。
   3. 馬から転換して、腰の骨を折ってしまった。
   4. 恩師との出会いが人生の転換となった。

解答は353ページ

---

(P341 確認テストの解答)
【問題Ⅰ】1) 4　2) 2　【問題Ⅱ】1) 2　2) 3　【問題Ⅲ】1) 2

# 第8週 4日目 — 漢語 同／特／入／配／廃

## 一同（いちどう）　（「～する」×）　卒業生一同　スタッフ一同

皆さまのご来店をスタッフ一同、お待ちしております。
All staff members are looking forward to your visit to the store.
全体员工盼望着大家的光临。

## 混同（こんどう）　（「～する」OK）　公私の混同　似た名前の二人を混同する

会社の車を私用で使うなんて、彼は公私を混同している。
He uses a company car for personal purposes. That means he mixes business with personal affairs.
用公司的车办私事，他这是公私混淆。

## 同情（どうじょう）　（「～する」OK）　同情を寄せる　同情を買う

テロの犠牲になった方やそのご家族に心から同情する。
I sympathize with terrorist attack victims and their families with my heart.
对恐怖事件中的遇难者以及遇难者家属表示深切地同情。

## 同調（どうちょう）　（「～する」OK）　意見に同調する　会の方針に同調する

私以外に彼の意見に同調した人はいなかった。
No one but I agreed with his opinion.
除了我之外，没有人赞同他的意见。

## 同盟（どうめい）　（「～する」×）　同盟を結ぶ　経済同盟

A国とB国が同盟を結ぶことで国民の安全が守られるという意見がある。
Some people say the two countries will be able to protect their nationals by forming an alliance.
有意见表示若A国和B国结成同盟就能保障国民安全。

## 特技 (「〜する」×)   特技を生かす　特技を披露する

彼女は特技を生かしてアクセサリーのデザイナーになった。
She used her special skills to become an accessory designer.
她发挥专长，成了个饰品的设计师。

## 特集 (「〜する」OK)   雑誌の特集　特集を組む

彼は砂漠を旅し、その体験で雑誌に特集記事を書いた。
After a trip to a desert, he wrote a feature article based on his experience during the trip.
他去沙漠旅游，并将其体验写成了专题报道发表在杂志上。

## 特性 (「〜する」×)   特性を生かす　特性を発揮する

この地域の土の特性を生かして、新種の野菜を育てている。
We are growing new types of vegetables by utilizing the characteristics of the soil in this area.
利用这个地区的土壤特点，栽培新品种蔬菜。

## 特許 (「〜する」×)   特許を取得する　特許を申請する

当社が開発した食品の包み方には特徴があり、その方法で特許を取得した。
Our company developed and patented a special method to wrap food.
我公司开发的食品包装方式很有特点，已取得了专利权。

## 特権 (「〜する」×)   若者の特権　特権を与える

失敗が許されるのは若者の特権だ。
Young people enjoy the privilege of being forgiven for their mistakes.
允许失败是年轻人的特权。

## 介入（かいにゅう） （「〜する」OK）　警察が介入する　他国の政策に介入する

政府が為替相場に介入するのは好ましくない。
Governments' intervention in the foreign exchange market is undesirable.
政府介入外汇市场是件不太理想的事。

## 潜入（せんにゅう） （「〜する」OK）　スパイが潜入する　潜入捜査

舞台裏にカメラが潜入し、スタッフの仕事ぶりが放送された。
A TV camera was sneaked into the backstage to broadcast how the staff was working.
拿着摄像机潜入到幕后，将工作人员在工作时的样子播放了出来。

## 導入（どうにゅう） （「〜する」OK）　新制度の導入　機械を導入する

工場に新しい機械を導入したら作業効率が上がった。
The factory's work efficiency rose after new machines were introduced.
工厂引进了新的机器，提高了工作效率。

## 入手（にゅうしゅ） （「〜する」OK）　入手が困難な物　情報を入手する

発売になったばかりのゲームソフトは人気があって入手するのが困難だ。
The newly launched game software is so popular that it is difficult to obtain it.
刚上市的游戏软件很有人气，难以弄到手。

## 納入（のうにゅう） （「〜する」OK）　会費の納入　納入金額

会費は所定の期日までに納入してください。
Please pay your membership fee by the designated date.
请在规定的日期内缴纳会费。

第8週4日目　漢語　同/特/入/配/廃

## 采配（「～する」×）　監督の采配　采配を振る

昨日の試合では監督の采配がうまくいき、逆転勝ちをした。
The coach took good command of [his/her] team in yesterday's game. The team came from behind and won.
昨天的比赛，教练指挥得很好，反败为胜了。

## 配給（「～する」OK）　救援物資の配給　映画の配給会社

様々な救援物資が避難住民に配給された。
Various aid supplies were distributed to evacuees.
将各种救援物资分配给了灾民。

## 配属（「～する」OK）　配属が決まる　新入社員を配属する

入社してすぐ経理部に配属された。
Shortly after joining the firm, I was assigned to the accounting department.
一进公司就被分配到了会计部门。

## 配慮（「～する」OK）　気持ちに配慮する　配慮に欠ける

相手の気持ちに配慮して、ことば遣いに気をつけている。
Out of consideration for other people's feelings, I am careful about the words I use.
要照顾到对方的心情，所以很注意自己的谈吐。

## 分配（「～する」OK）　平等に分配する　分配金

利益をみんなで平等に分配した。
Profits were equally divided among all people.
大家将利润平分了。

351

## 荒廃 (「～する」OK)　　心の荒廃　荒廃した建物

今では誰も住んでいない村に荒廃した家だけが残っている。
Only run-down houses are left in the village where no one lives any longer.
现在已没人住的村子，只留下荒废的房屋。

## 退廃 (「～する」OK)　　退廃的な雰囲気　退廃的になる

この絵には退廃的な雰囲気があり、それが魅力だ。
This painting has a decadent ambience, and that is appealing.
这幅画充满了颓废气息，但这正是其魅力所在。

## 廃棄 (「～する」OK)　　廃棄処分する　廃棄物

不要な物を廃棄処分する。
I dispose of unnecessary items.
将不要的东西处理掉。

## 廃墟 (「～する」×)　　廃墟になる　廃墟と化す

戦火に焼かれて、町が廃墟と化した。
During the war, the town was burned and ruined.
被战火烧毁的城市，成了一片废墟。

## 廃止 (「～する」OK)　　死刑制度の廃止　週休2日制を廃止する

死刑制度の廃止を訴える人々がプラカードを持って街を歩いた。
People calling for an end to the death penalty paraded through the city holding placards.
主张废除死刑制度的人们，拿着标语牌走上了街头。

# 確認テスト

【問題Ⅰ】（　　）に入れる最もよいものを一つ選びなさい。

1）国会議員は交通費が免除されるという（　　）が問題視されている。
　　1. 同情　　2. 特権　　3. 入手　　4. 分配

2）台所で母が（　　）を振って、大事な客が来る準備をしている。
　　1. 潜入　　2. 納入　　3. 采配　　4. 廃墟

【問題Ⅱ】＿＿＿の言葉の意味に最も近いものを一つ選びなさい。

1）父は周りの人への配慮に欠けるところがある。
　　1. 厳しく叱らない　　2. 考え方が幼い
　　3. 配るものが少ない　　4. 心遣いが足りない

2）一同、起立。
　　1. 全員　　2. 賛同者　　3. 同時に　　4. 一度だけ

【問題Ⅲ】次の言葉の使い方として最もよいものを一つ選びなさい。

1）退廃
　　1. 戦いに負けて私達は退廃した。
　　2. 父は今年60歳になるので仕事を退廃する。
　　3. いらない物でも退廃的に扱ってはいけない。
　　4. 自信が持てず、人と会いたくなくなり、自分が退廃的になっていくと感じる。

解答は359ページ

---

（P347 確認テストの解答）
　　【問題Ⅰ】1）2　2）2　【問題Ⅱ】1）3　2）4　【問題Ⅲ】1）1

# 漢語　反／繁／不／復／物

**第8週　5日目**

## 反感（「～する」×）　　反感を買う　反感を抱く

彼女は高級ブランドのかばんや服を自慢して、同僚から反感を買った。
She aroused antipathy among her colleagues by boasting her luxury brand bags and clothes.
她炫耀自己的高级名牌皮包和衣服，因而引起了同事的反感。

## 反響（「～する」OK）　　反響がある　反響を呼ぶ

俳優が環境保護を訴えたことが大きな反響を呼んだ。
An appeal for environmental conservation made by an actor received a great response.
因演员对环保问题的呼吁，从而引起了人们的强烈反响。

## 反射（「～する」OK）　　光の反射　反射的な行動

光が反射してまぶしい。
The reflection of light is too bright.
反射的光线很晃眼。

## 反発（「～する」OK）　　反発を招く　反発が強い

この国の首相の発言が諸外国からの反発を招いた。
Remarks made by this country's prime minister invited sharp reaction from other nations.
因这个国家首相的发言而遭到了其他国家的抗议。

## 反論（「～する」OK）　　反論の余地がない　意見に反論する

彼の意見に反論する人は一人もいなかった。
No one refuted his views.
没有一个人反驳他的意见。

## 繁栄 (はんえい)　(→「～する」OK)　文化の繁栄（ぶんかのはんえい）　国が繁栄する（くにがはんえいする）

マヤ文明が繁栄したのは紀元500年ごろである。
It was around A.D. 500 when the Mayan civilization prospered.
玛雅文明曾繁荣于公元500年左右。

## 繁雑 (はんざつ)　(→「～する」×)　繁雑な仕事（はんざつなしごと）　繁雑な業務（はんざつなぎょうむ）

経理部では書かなければならない書類が多すぎて、仕事が繁雑になる。
In the accounting department, we need to write too many documents. This makes our job complicated.
会计部的工作因要写得文件太多，使工作变得很繁琐。

## 繁盛 (はんじょう)　(→「～する」OK)　店が繁盛する（みせがはんじょうする）　商売繁盛を祈る（しょうばいはんじょうをいのる）

あの店は最近すごく繁盛しているね。
Recently, that shop has been thriving, hasn't it?
最近那家店的生意很红火啊。

## 繁殖 (はんしょく)　(→「～する」OK)　ねずみが繁殖する（ねずみがはんしょくする）　雑草が繁殖する（ざっそうがはんしょくする）

せみが大量に繁殖したせいか、鳴き声がうるさい。
The buzzing of cicadas is very noisy. That may be because their number has multiplied.
是不是因为蝉繁殖得太多，所以才这么吵。

## 頻繁 (ひんぱん)　(→「～する」×)　頻繁に訪問する（ひんぱんにほうもんする）　頻繁に出入りする（ひんぱんにでいりする）

最近、頻繁に地震が起こるので、大地震の前触れかと恐れている。
Nowadays, we frequently have earthquakes. I fear they may be a sign of a big one.
最近地震频繁发生，很担心会是大地震的前兆。

355

## 不穏（「～する」×）　　不穏な雰囲気　不穏な空気
ふおん　　　　　　　　　　　　　　　　　ふおん　ふんいき　ふおん くうき

私が遅れて会議室に入ったとき、不穏な空気が流れていた。
わたし おく　かいぎしつ はい　　　　　　 ふおん　くうき　なが
Something disturbing was in the air when I entered the meeting room later than others.
我开会来晚了，一进会议室就觉得里面弥漫着不祥的气息。

## 不振（「～する」×）　　業績が不振だ　食欲不振
ふしん　　　　　　　　　　　　　　　　　ぎょうせき ふしん　しょくよくふしん

祖母は最近食欲不振で急激にやせてしまった。
そぼ　さいきんしょくよくふしん　きゅうげき
Recently, my grandmother has sharply lost weight due to the loss of appetite.
祖母最近因食欲不振而急剧消瘦了下去。

## 不備（「～する」×）　　不備が見つかる　不備がある
ふび　　　　　　　　　　　　　　　　　　ふび み　　　　　　ふび

書類に不備があるので受け取れません。
しょるい ふび　　　　　　　 う と
The paperwork is flawed, so we cannot accept it.
因资料不齐全，所以不能受理。

## 不服（「～する」×）　　不服そうな表情　不服がある
ふふく　　　　　　　　　　　　　　　　　ふふく　　　ひょうじょう　ふふく

不服そうな表情をしているけど、何か不満でもあるの？
ふふく　　　ひょうじょう　　　　　　　　なに ふまん
You look dissatisfied. Do you have any complaints?
看你拉着一副脸，有什么不满吗？

## 不毛（「～する」×）　　不毛の地　不毛な議論
ふもう　　　　　　　　　　　　　　　　　ふもう ち　ふもう ぎろん

ここは一年のほとんどが雪に覆われた不毛の地だ。
　　　いちねん　　　　　　ゆき おお　　　ふもう ち
The land here is barren, covered with snow almost throughout the year.
这里是全年几乎都被冰雪覆盖着的不毛之地。

第8週5日目　漢語　反／繁／不／復／物

## 修復（「〜する」OK）　絵の修復　修復中

絵が修復されて、ミケランジェロが描いた当時の鮮やかさがよみがえった。
The painting was restored. It now looks as vivid as when Michelangelo painted it.
画被修复了，恢复了米开朗基罗当初描绘时的鲜艳色彩。

## 反復（「〜する」OK）　反復練習をする

どんな楽器でも反復練習をすればうまくなる。
You will be able to play any kinds of musical instruments if you practice repeatedly.
不论什么乐器只要反复练习就会演奏得很好。

## 復活（「〜する」OK）　キリストの復活　祭りが復活する

この村に古くから伝わっていた祭りを40年ぶりに復活させることができた。
People in this village successfully revived a time-honored local festival for the first time in 40 years.
这个村子在时隔40年之后恢复了传统的祭典。

## 復帰（「〜する」OK）　仕事に復帰する

出産して仕事を休んでいたが、明日から職場に復帰する。
I have been on a leave since childbirth. But I will return to work tomorrow.
因生孩休了产假，从明天开始就要回去工作了。

## 復旧（「〜する」OK）　水道が復旧する　復旧工事

地震のため使えなくなっていた水道が10日後に復旧した。
Water supplies were restored 10 days after an earthquake cut them off.
因地震不能使用的自来水，10日后得到了修复。

### 獲物（えもの）　（「〜する」×）　　獲物をとる　獲物を狙う

この辺（あた）りは獲物（えもの）が多いので、静（しず）かに待（ま）っていればきっと現（あらわ）れますよ。
This area is abundant with games. If we wait quietly, I am sure they will show up.
这一带猎物很多，安静地等一会儿一定会出现的。

### 禁物（きんもつ）　（「〜する」×）　　たばこは禁物だ　油断は禁物だ

病人（びょうにん）にたばこは禁物（きんもつ）だ。
We should not offer cigarettes to the sick.
对病人来说香烟是禁忌物。

### 物議（ぶつぎ）　（「〜する」×）　　物議をかもす

あの政治家（せいじか）は口（くち）が悪（わる）くて余計（よけい）なことを言うから、しょっちゅう物議をかもしている。
That politician has a bad mouth and says what [he/she] should not say. That is why [he/she] often sets off controversy.
那个政治家常常出言不逊说些无益的事，因此总是引起争议。

### 物資（ぶっし）　（「〜する」×）　　物資が不足している　救援物資（きゅうえんぶっし）

大災害（だいさいがい）に遭（あ）った国に即座（そくざ）に救援物資を送った。
We immediately sent aid supplies to a country hit by a major disaster.
立刻给遭受巨大灾害的国家送去了救援物资。

### 物体（ぶったい）　（「〜する」×）　　怪（あや）しい物体　動（うご）く物体

怪しい物体が空を飛（と）んでいるのを見た。UFOだろうか。
I spotted a suspicious object flying in the sky. I wonder if it was a UFO.
看到有奇怪的物体在天上飞，是飞碟吧？

# 確認テスト

【問題Ⅰ】（　　）に入れる最もよいものを一つ選びなさい。

1) 彼の主張はよく考えられていて、（　　）の余地はない。
   1. 反響　2. 反論　3. 不穏　4. 不振

2) その話は彼女の前では（　　）だよ。
   1. 繁盛　2. 頻繁　3. 獲物　4. 禁物

【問題Ⅱ】＿＿＿＿の言葉の意味に最も近いものを一つ選びなさい。

1) 電車は間もなく復旧する見込みです。
   1. 元どおりになる　　2. もう一度あらわれる
   3. 止まったままの　　4. 何度もくりかえす

2) 彼の不用意な発言が物議をかもし、信用を失うことになった。
   1. 会議を長引かせて　　　2. 人々の議論を引き起こし
   3. 必要なものが届かなくて　4. 秘密をあばくことになり

【問題Ⅲ】次の言葉の使い方として最もよいものを一つ選びなさい。

1) 不服
   1. 会議の決定に不服があるなら、その場で言うべきだ。
   2. 上司に不服するなら、それなりの覚悟が必要だ。
   3. 不服ではなく、制服を着ていきなさい。
   4. 不服の精神で諦めよう。

解答は365ページ

(P353 確認テストの解答)
【問題Ⅰ】1) 2　2) 3　【問題Ⅱ】1) 4　2) 1　【問題Ⅲ】1) 4

# 第9週 1日目　漢語　法／本／満／未／密

## 司法（「〜する」×）　司法の独立　司法試験

彼女は5年かけて司法試験合格を勝ち取った。
She spent five years to pass the bar exam.
她经过五年的学习通过了司法考试。

## 手法（「〜する」×）　新しい手法　交渉の手法

この手法で描かれた彼の作品は数少ない。
There are only a limited number of his works that were painted using this method.
他用这个手法描绘的作品不多。

## 法案（「〜する」×）　法案を可決する　法案を提出する

この法案は次の国会で可決されるだろう。
I think this bill will be passed during the next Diet session.
这个法案会在下次的国会通过吧。

## 法廷（「〜する」×）　法廷で争う　法廷が開かれる

この事件は法廷で争われることになった。
It has been decided that this case will be tried in a court.
这个案件在法庭引起了争论。

## 用法（「〜する」×）　用法を誤る　用法を読む

薬の用法をよく読んでから飲みましょう。
Let's take medicines after carefully reading instructions about their usage.
仔细阅读药品使用说明后再吃药吧。

漢語はたくさんあるから、「法」「本」がつく語をこのページにどんどん書き加えてもいいぞ！

## 根本（こんぽん）　(「〜する」×)　　根本から考え直す　根本的
（こんぽん　かんが　なお　こんぽんてき）

わが社は商品の市場を根本的に見直す時期に来ている。
The time has come for our firm to drastically reassess the market of its products.
我公司正面临着对商品市场进行从根本上重新认识的时候。

## 手本（てほん）　(「〜する」×)　　後輩の手本　手本になる
（こうはい　てほん　　てほん）

後輩の手本となるような言動を意識する。
I pay attention to what I say and do to be a model for my juniors.
为了给后辈们做榜样，我很注意自己的言行。

## 本質（ほんしつ）　(「〜する」×)　　本質を突く　本質を見極める
（ほんしつ　つ　　ほんしつ　みきわ）

彼の質問は問題の本質を突くものだった。
His question pinpointed the essence of the problem.
他的提问触及到了问题的核心。

## 本音（ほんね）　(「〜する」×)　　本音を吐く　本音を言う
（ほんね　は　　ほんね　い）

彼女はなかなか本音を吐かないが、本当はとてもつらいはずだ。
She rarely reveals her true feelings. But I am sure she is really agonizing.
她轻易不吐露真情，但其实应该很痛苦。

## 本能（ほんのう）　(「〜する」×)　　本能が働く　本能に従う
（ほんのう　はたら　　ほんのう　したが）

動物は本能で危険を察知する。
Animals detect danger by instinct.
动物利用本能察觉危险。

### 円満 （「～する」×）　円満な家庭　円満に解決する

従業員組合の雇用主に対する要求問題は話し合いで円満に解決した。
The workers' union and their employer amicably settled on a solution to the union's demands through talks.
工会对老板提出的要求通过协商得到了圆满解决。

### 充満 （「～する」OK）　においが充満する　煙が充満する

魚の焦げたにおいが家中に充満している。
The house is full of the smell of charred fish.
家里充满了鱼烧焦的味儿。

### 満月 （「～する」×）　満月の夜　美しい満月

今夜は美しい満月が見られる。
We will be able to see a beautiful full moon tonight.
今晚能看到美丽的满月。

### 満載 （「～する」OK）　面白い記事が満載だ　荷物を満載する

この雑誌は最先端のファッションが満載で、着まわしの参考になる。
This magazine is fully loaded with the latest fashion. It is a great source of information on how I should dress myself.
这本杂志上登满了最新的时尚信息，可以在衣着打扮时用来参考。

### 満場 （「～する」×）　満場からの拍手　満場一致

この法案は満場一致で可決した。
This bill was approved by the whole house without a dissenting vote.
这个法案得到了全场的一致通过。

第9週1日目　漢語　法／本／満／未／密

## 未開　（「〜する」×）　　未開の地　未開の領域

未開の地に足を踏み入れた彼らは見たことのない植物や生き物を発見した。
After setting foot in an uncharted territory, they discovered plants and animals that they had never seen before.
他们走进还未开发的区域，发现了从没见过的植物和生物。

## 未婚　（「〜する」×）　　未婚の母　未婚者

未婚の母になるには、何か事情があるのだろう。
I guess there is some reason for her to give birth to a baby without getting married.
成为未婚妈妈，可能是发生了什么事吧。

## 未熟　（「〜する」×）　　未熟な考え　未熟者

私はまだまだ未熟者なので、上司や先輩の指導がとてもありがたい。
Because I am still immature, I greatly appreciate guidance from my boss and seniors.
我还很不成熟，很感谢上司和前辈们对我的指导。

## 未知　（「〜する」×）　　未知の世界　未知の領域

私にとってアマゾンは未知の世界だ。
To me, the Amazon is an unknown world.
对我来说，亚马孙是个未知的世界。

## 未定　（「〜する」×）　　場所は未定だ　出演者未定

次回の会議は3月5日ですが、場所は未定です。
The next meeting is scheduled on March fifth. But the venue has yet to be decided.
下次会议将于3月5日举行，地点尚未决定。

## 過密 (「〜する」×)　　過密なスケジュール　人口が過密だ

こんな過密なスケジュールでは過労死してしまう。
With such a tight schedule, I could die from overwork.
这么紧张的日程安排会让人过劳死的。

## 厳密 (「〜する」×)　　厳密な検査　厳密に言うと〜

厳密に言うと、この飲み物はカロリーゼロではありません。
Strictly speaking, this drink is not calorie free.
严格地说，这个饮料的卡路里不是零。

## 密集 (「〜する」OK)　　人口が密集する　住宅密集地

一部の都市に人口が密集して、住みにくくなっている。
It is getting more difficult to live in some urban areas due to high population density.
人口密集在部分城市，使这些城市越来越难以居住。

## 密接 (「〜する」OK ※限定的な使い方をする。)　　密接な関係

当社は大手自動車メーカーと密接な関係にある。
Our company has close ties with a major carmaker.
我公司与大型汽车厂商有着密切的合作关系。

## 密度 (「〜する」×)　　密度が濃い　人口密度

密度の濃い5日間の合宿生活を送った。
We held a five-day camp that turned out to be meaningful.
度过了五天很充实的集训生活。

第9週1日目　漢語　法／本／満／未／密

# 確認テスト

【問題Ⅰ】（　　）に入れる最もよいものを一つ選びなさい。

1)（　　）を言えば行きたくないが、これも大切な人付き合いだと思って行くことにした。
　1. 根本　　2. 本質　　3. 本能　　4. 本音

2)（　　）に立って証言するように頼まれる。
　1. 司法　　2. 法廷　　3. 満載　　4. 満場

【問題Ⅱ】＿＿＿の言葉の意味に最も近いものを一つ選びなさい。

1) この制度は当時のフランスの制度を手本として作られたものだ。
　1. アイドル　　2. タレント　　3. モデル　　4. ファン

2) 彼女の奏でるピアノは技術的には未熟だが、力強さと勢いが感じられる。
　1. 満足できる　　2. 発展してきた　　3. 充分ではない　　4. 限界に達した

【問題Ⅲ】次の言葉の使い方として最もよいものを一つ選びなさい。

1) 密集
　1. この辺りは大型マンションが密集している。
　2. 私の趣味は切手を密集することだ。
　3. 家族にも話せないことが密集した。
　4. 会場にいた密集が、皆、大笑いした。

解答は371ページ

---

(P359 確認テストの解答)
【問題Ⅰ】1) 2　2) 4　【問題Ⅱ】1) 1　2) 2　【問題Ⅲ】1) 1

## 第9週 2日目 　漢語　民／無／名／明／模

### 庶民 (しょみん)　（「～する」×）　　庶民の生活　庶民的な店

革命が起こっても庶民の生活は何ら変わらなかった。
Even though a revolution broke out, ordinary people's lives did not change at all.
虽然进行了革命，但老百姓的生活一点儿也没改变。

### 民意 (みんい)　（「～する」×）　　民意を反映する　民意を問う

選挙は本当に民意を反映できているのだろうか。
I wonder if elections really reflect public views.
选举真的能反映民意吗？

### 民衆 (みんしゅう)　（「～する」×）　　民衆の声　民衆心理

民衆が声を上げないと世の中は変わらない。
Unless people raise their voice, the world will not change.
民众不出声，社会就不会有改变。

### 民族 (みんぞく)　（「～する」×）　　民族衣装　少数民族

民族衣装を着てパーティーに出席した。
I attended a party wearing a tribal costume.
穿着民族服装参加了派对。

### 民俗 (みんぞく)　（「～する」×）　　民俗音楽　民俗学

彼は民俗文学を集めるために全国を旅してまわっている。
He has been traveling around the country to collect works of folk literature.
他为了收集民俗文学而周游全国。

## 無効(むこう)　(「～する」×)　　無効の定期券　無効になる

このチケットは期限を過ぎているので無効だ。
This ticket is invalid because it has already expired.
此票已过期，无效了。

## 無断(むだん)　(「～する」×)　　無断で使う　無断欠勤

持ち主に無断で使ってはいけない。
You should not use anything without obtaining permit from the owners.
未经持有者同意，不能擅自使用。

## 無茶(むちゃ)　(「～する」OK)　　無茶な頼み　無茶をする

無茶をすると体を壊すよ。
If you push yourself to an unreasonable extent, you will develop health problems.
乱来会搞坏身体的。

## 無念(むねん)　(「～する」×)　　無念の涙　無念に思う

決勝戦で負けて、選手達は無念の涙を流した。
After losing the final, the players shed tears of regret.
在决赛中输了，选手们流下了悔恨的泪。

## 無用(むよう)　(「～する」×)　　無用の心配　遠慮は無用だ

無用の心配をしていないで、入学試験に向けて少しでも勉強したほうがいい。
You are advised to study for entrance exams without worrying needlessly.
别多余地担心了，最好为了入学考试多学一点儿。

## 汚名（おめい） (「～する」×)　　汚名を返上する　汚名を着せる

彼は怠け者という汚名を返上するかのように、素晴らしいプレゼンテーションをした。
He gave a wonderful presentation as if he were trying to clear his tarnished reputation of being lazy.
他好像要一洗懒汉的污名般，做了精彩的报告。

## 偽名（ぎめい） (「～する」×)　　偽名を使う　偽名で生活する

犯人は偽名を使って外国へ行こうとした。
The criminal tried to go abroad using a fake name.
犯人打算用假名去外国。

## 著名（ちょめい） (「～する」×)　　著名なピアニスト　小説家として著名だ

著名なピアニストが近所に住んでいる。
A well-known pianist lives in the neighborhood.
著名的钢琴家就住在附近。

## 名画（めいが） (「～する」×)　　ゴッホの名画　名画を見る

名画をたくさん模写して油絵の練習をしたものだ。
I used to practice drawing oil paintings by copying many masterpieces.
摹写了很多名画作为油画的练习。

## 名誉（めいよ） (「～する」×)　　名誉を重んじる　名誉を傷つける

彼は家の名誉を汚すようなことをした息子が許せなかった。
He could not forgive his son for his behavior that dishonored their family.
他不原谅做了辱没家门之事的儿子。

漢語　民／無／名／明／模

## 賢明（けんめい）（「～する」×）　賢明な判断　賢明に生きる

彼女の賢明な判断で大事な顧客を失わずに済んだ。
Thanks to her sensible decision, we did not lose our important customers.
由于她明智的判断，所以没有失去重要的顾客。

## 照明（しょうめい）（「～する」×）　照明が明るい　照明を落とす

照明を落とすだけで店の雰囲気がずいぶん変わる。
The shop's atmosphere considerably changes only by turning down the lights.
只是将灯光调暗，店里的气氛就改变了不少。

## 声明（せいめい）（「～する」×）　声明の発表　声明を出す

医学会が妊婦の血液検査に関する声明を発表した。
A medical academic society issued a statement on blood tests for pregnant women.
医学会发表了有关孕妇的血液检查的声明。

## 明瞭（めいりょう）（「～する」×）　明瞭な発音　明瞭さに欠ける

アナウンサーには明瞭な発音で話すことが求められる。
Announcers are required to speak with clear pronunciation.
要求播音员说话时发音要清楚。

## 明朗（めいろう）（「～する」×）　明朗な若者

今年入社した人は皆明朗な若者ばかりで期待が持てる。
All of those who joined our firm this year are cheerful and young. They give us hope.
今年进公司的人都是很开朗的年轻人，很令人期待。

**模型** (「～する」×)　　飛行機の模型　家の模型を作る

パイロットになりたかった弟は今でも飛行機の模型を集めている。
My younger brother who wanted to be a pilot still continues to collect model planes.
想成为飞行员的弟弟，现在也收集着飞机模型。

**模索** (「～する」OK)　　解決法を模索する

長引く不況から抜け出す方法を専門家さえも模索している。
Even experts are searching for ways to pull the economy out of the long-term slump.
连专家也正在摸索让经济走出长期萧条的方法。

**模範** (「～する」×)　　模範を示す　模範となる

コーチが模範を示し、子ども達はそれを真似てみた。
The coach showed a good example, and the children tried to imitate it.
教练做示范，孩子们跟着模仿。

**模倣** (「～する」OK)　　他人の模倣
ヨーロッパのやり方を模倣する

幼い子どもは身近な人の行動を模倣することで学習していく。
Young children learn from the behaviors of people close to them by imitating them.
年幼的孩子模仿学习周围人的行动。

**模様** (「～する」×)　　空模様　人間模様

空模様が怪しくなってきた。傘を持って出掛けよう。
The weather condition is apparently worsening. Let's take an umbrella.
天气要变了，带着雨伞出门吧。

第9週2日目　漢語　民／無／名／明／模

月　日　／5

# 確認テスト

【問題Ⅰ】（　　）に入れる最もよいものを一つ選びなさい。

1）大女優の彼女は意外と（　　）的な考えや生活をしているようだ。
　1. 庶民　2. 無念　3. 賢明　4. 明朗

2）彼は一度失った（　　）を取り戻すかのように真面目に働いた。
　1. 汚名　2. 偽名　3. 著名　4. 名誉

【問題Ⅱ】＿＿＿の言葉の意味に最も近いものを一つ選びなさい。

1）彼女は3日も無断欠勤して、周りを心配させた。
　1. 会社に連絡しないで　2. 知らない人と一緒に
　3. もう必要ないのに　4. 残念な気持ちで

2）先輩は後輩の模範となるように心掛けている。
　1. 推奨　2. 着目　3. 特技　4. 手本

【問題Ⅲ】次の言葉の使い方として最もよいものを一つ選びなさい。

1）模索
　1. 雨が降りそうな模索で、彼は傘を持っていくかどうか悩んでいる。
　2. 次世代にどんな世界を引継ぐべきか、誰もが模索している。
　3. 警察が犯人の居場所を模索しながら歩いている。
　4. 広大な模索が目の前に広がっている。

解答は377ページ

（P365 確認テストの解答）
【問題Ⅰ】1）4　2）2　【問題Ⅱ】1）3　2）3　【問題Ⅲ】1）1

# 漢語　野／優／誘／余／利

**第9週　3日目**

## 視野（「～する」×）　視野が広い　視野を広げる

大学での様々な人との出会いで自分の視野を広げることができた。
I could broaden my horizon by meeting various people at college.
在大学与各种各样的人相遇，开阔了自己的视野。

## 野心（「～する」×）　野心を抱く　野心を持つ

彼女には世界一流の大学に入学し、世界一の会社を作ろうという野心がある。
She has an ambition to enter one of the best colleges in the world and set up the world's number one company.
她的野心是进入世界一流的大学，创立世界最大的公司。

## 野生（「～する」×）　野生の馬　野生の花

こんなところで野生の馬を見るとは思いもしなかった。
I did not expect to see a wild horse in such a place.
没想到能在这样的地方看见野马。

## 野蛮（「～する」×）　野蛮な行為　野蛮な奴

人を殴るなんて野蛮な行為だ。
Hitting someone is an uncivilized behavior.
打人什么的是野蛮的行为。

## 野暮（「～する」×）　野暮な質問　野暮なことを言う

そんなこと、聞くだけ野暮だよ。
It is senseless to ask such a question.
这样的事，光听着就觉得很俗气。

## 優位 (「～する」×)　　優位にある　優位に立つ

今のところ私達のチームが優位に立っている。
So far, our team has been holding a dominant position.
目前，我们的队占着优势。

## 優越 (「～する」×)　　優越感に浸る　優越感⇔劣等感

提出したレポートの内容を授業中に先生に褒められ、優越感に浸った。
In class, the teacher praised the content of the report submitted by me. That gave me a sense of superiority.
我提出的报告被老师在课堂上表扬了，觉得很有优越感。

## 優雅 (「～する」×)　　優雅に振る舞う　優雅な踊り

彼女は美しく優雅に踊っていた。
She was dancing beautifully and gracefully.
她跳得美丽且优雅。

## 優先 (「～する」OK)　　お年寄りを優先する　優先席に座る

道路では車や自転車よりも歩行者を優先させて通る。
On roads, drivers give more priority to passersby than to other vehicles and bicycles.
在公路上，要让行人比汽车和自行车优先通过。

## 優劣 (「～する」×)　　優劣をつける　優劣を争う

どの人のスピーチも素晴らしく、優劣がつけられない。
Everyone's speech was wonderful. I cannot decide who is superior or inferior.
每个人的演讲都很好，分不出胜负。

## 勧誘 かんゆう （「～する」OK）　　しつこい勧誘　勧誘を断る

友達を国際交流サークルに入るよう勧誘した。
I invited a friend to join an international exchange group.
我劝朋友加入国际交流小组。

## 誘致 ゆうち （「～する」OK）　　工場を誘致する　留学生の誘致

観光客誘致のため、広報活動に力を入れる。
To attract tourists, we focus on PR activities.
为招徕游客，加大宣传力度。

## 誘導 ゆうどう （「～する」OK）　　乗客の誘導　誘導に従う

災害時は係員の誘導に従って避難してください。
In case of disasters, please follow instructions from the staff to evacuate.
一旦发生灾害，请在工作人员的引导下进行避难。

## 誘発 ゆうはつ （「～する」OK）　　病気を誘発する

仕事のし過ぎによるストレスが病気を誘発することがある。
Overwork-induced stress can trigger illness.
工作压力过大会引发疾病。

## 誘惑 ゆうわく （「～する」OK）　　誘惑に負ける　友人に誘惑される

ダイエット中なのに甘いケーキの誘惑に負けてしまった。
Although I was on diet, I gave in to the temptation of sweet cakes.
虽然正在减肥，但还是经不起甜蛋糕的诱惑。

第9週3日目　漢語　野／優／誘／余／利

## 余暇　（「～する」×）　　余暇を楽しむ　余暇の過ごし方

仕事がよくできる人は余暇の過ごし方もうまいものだ。
Those who excel at work are also good at spending their free time.
工作上能干的人，业余时间生活也很精彩。

## 余生　（「～する」×）　　静かな余生　余生を送る

王の座を奪われた皇帝は余生を山の中で静かに過ごした。
The emperor who was ousted from the throne spent the rest of his life on a mountain quietly.
被夺去王位的皇帝在山中静静地度过了余生。

## 余地　（「～する」×）　　再考の余地　余地がある／ない

彼の言っていることはもっともで、反論の余地はない。
What he says makes sense. There is no room for refuting it.
他说得很有道理，没有反驳的余地。

## 余命　（「～する」×）　　余命6か月　余命短い人生

彼は医者に余命6か月と言われてから、2年生きた。
He lived for two years after his doctor told him that he had only six more months to live.
他曾被医生宣告只有6个月的生命，但活了2年。

## 余力　（「～する」×）　　余力がある　余力を感じる

選手達は厳しい練習で疲れ切っていたが、彼女だけはまだ余力があった。
The athletes were exhausted after tough training. Only she had reserve energy.
其他选手都被严格的练习弄得精疲力竭，只有她还游刃有余。

375

## 砂利 （「〜する」×）　　砂利を敷く　砂利道
　　じゃり　　　　　　　　　　　　　　　じゃり し　　じゃりみち

車椅子で砂利道を通るのは大変だ。
It is difficult to travel on pebble roads in a wheel chair.
坐着轮椅走砂石路是件不容易的事。

## 勝利 （「〜する」OK）　　勝利の瞬間　勝利を収める
　　しょうり　　　　　　　　　　　しょうり しゅんかん　しょうり おさ

今大会で勝利を収めるのは一体誰であろうか。
Who will score a victory in this championship?
这次大会到底谁会获胜呢？

## 利潤 （「〜する」×）　　利潤の追求　利潤を求める
　　り じゅん　　　　　　　　　　りじゅん ついきゅう　りじゅん もと

会社経営においては利潤追求以外にも確固たる経営理念を持つべきだ。
In addition to profit-seeking, company management should also have other firm principles.
经营公司，除了追求利润之外，还要有坚定不移的经营理念。

## 利息 （「〜する」×）　　利息がつく　利息を受け取る
　　り そく　　　　　　　　　　　 りそく　　　　りそく う と

銀行に預けておいたお金に少しだけ利息がついた。
Money deposited at a bank bore a small amount of interest.
存在银行的钱有了一点儿利息。

## 利点 （「〜する」×）　　利点がある　利点を追求する
　　り てん　　　　　　　　　　　りてん　　　りてん ついきゅう

風力発電の利点のひとつは環境に優しいということだ。
One of the benefits of wind power is environmental friendliness.
风力发电的优点之一就是环保。

# 確認テスト

**【問題Ⅰ】** (　　) に入れる最もよいものを一つ選びなさい。

1) あの頃の私はまだ (　　) が狭くて、偏った考え方をしていた。
   1. 視野　2. 野暮　3. 優劣　4. 余地

2) 教育費の負担が大きくて、家族旅行できるような (　　) なんかない。
   1. 優先　2. 誘致　3. 余力　4. 利潤

**【問題Ⅱ】** ＿＿＿の言葉の意味に最も近いものを一つ選びなさい。

1) あの人はさすがに資産家の家庭に育っただけあって、振る舞いが優雅だ。
   1. エレガント　2. オリジナル　3. グローバル　4. シビア

2) 過去の実績の面では佐々木さんが優位に立っている。
   1. 他の人より優しさがあふれている
   2. 他の人よりすぐれている立場にある
   3. 他の人より優勝経験が多くある
   4. 他の人より先にやる権利を持っている

**【問題Ⅲ】** 次の言葉の使い方として最もよいものを一つ選びなさい。

1) 利点
   1. 彼女は少しわがままな性格で利点的だが、明るくて楽しい人だ。
   2. 銀行にお金を預けておくと利点がつくので、少しでも預けたほうがいい。
   3. 日常生活で体力をつけたいなら、エレベーターより階段を利点するといい。
   4. この会社に就職したら、規模は小さいが、自分のやりたいことがやれるという利点がある。

解答は383ページ

---

(P371 確認テストの解答)
【問題Ⅰ】 1) 1　2) 4　【問題Ⅱ】 1) 1　2) 4　【問題Ⅲ】 1) 2

## 第9週 4日目 漢語 立／良／連／論／和

### 孤立（「～する」OK）　仲間から孤立する　孤立状態

彼は仲間とけんかして孤立してしまった。
After fighting with his friends, he became isolated.
他跟伙伴吵架后，被孤立了。

### 自立（「～する」OK）　自立して働く　経済的自立

経済的にまだ自立していないのに結婚なんて考えられない。
I cannot think of getting married because I am not economically independent yet.
经济上还没自立，无法考虑结婚的事。

### 立体（「～する」×）　立体的に見える　立体的なデザイン

この眼鏡をかけると映画が立体的に見えるようになる。
By wearing these glasses, we can view movies stereoscopically.
只要戴上这副眼镜，电影看起来就会是立体的了。

### 立法（「～する」OK）　立法と司法　立法機関

立法と司法はお互いに独立した機関であるべきだ。
The legislative and judicial branches should be independent of each other.
立法和司法应该是互相独立的机构。

### 両立（「～する」OK）　勉強とアルバイトの両立

彼女は仕事と家事を立派に両立させ、子どもを育て上げた。
She raised her [child/children] by successfully striking a balance between her work and household chores.
她工作家务两不误，把孩子抚养成人了。

## 改良 (「～する」OK)　　改良を重ねる　改良を加える

この掃除機は改良を重ねて今の型になった。
This vacuum cleaner was given the current shape after changes were made repeatedly.
这个吸尘器经过多次改良才成为了现在的样子。

## 良好 (「～する」×)　　良好な関係　体調は良好だ

2国間において、ここ数年は良好な関係が続いている。
The two countries have been enjoying good ties for a couple of years.
两国之间近年来保持着良好的关系。

## 良識 (「～する」×)　　良識ある大人　良識を疑う

無断欠勤をするなんて、良識ある大人のすることとは思えない。
It is unthinkable for sensible adults to be absent from work without notice.
擅自旷工之类的事，不是一个有良知的成年人所做的。

## 良質 (「～する」×)　　良質の毛皮

これは良質の毛皮でできたコートだ。
This coat is made of high-quality fur.
这是用优质毛皮做成的大衣。

## 良心 (「～する」×)　　良心が許さない　良心に恥じない生き方

人をだますなんて、私の良心が許さない。
My conscience does not allow me to deceive other people.
骗人之类的事，我的良心不允许我这样做。

### 一連 (「〜する」×)　　一連の事件　一連の報道

一連の事件では犯人は複数いると見られている。
More than one person are believed to be behind the series of crimes.
这一连串的事件可以看出是有多名犯人在作案。

### 連携 (「〜する」OK)　　両者が連携する　教師と親の連携

教師と親が連携して子どもの成長を見守るべきだ。
Teachers and parents should work together to monitor children's growth.
教师和家长应该互相配合共同关心孩子的成长。

### 連帯 (「〜する」OK)　　連帯を強める　連帯感が増す

初めは知らない者同士だったが、オーケストラの練習を続けるうちに連帯感が出てきた。
We initially did not know one another. But we developed a sense of solidarity while continuing to practice as an orchestra.
开始的时候大家互不相识，但随着管弦乐练习的持续，渐渐地产生了连带感。

### 連中 (「〜する」×)　　クラスの連中　悪い連中と付き合う

クラスの連中と授業後にカラオケに行った。
After class, I went to karaoke with my classmates.
下课后与班里的同学一起去了卡拉OK。

### 連盟 (「〜する」×)　　連盟を組織する　全日本テニス連盟

この野球大会は全国学生野球連盟という団体が主催している。
This baseball tournament is organized by an organization called the national students' baseball federation.
此棒球大会是由一个叫全国学生棒球联盟的团体举办的。

第9週4日目　漢語　立／良／連／論／和

## 異論（「〜する」×）　　異論を唱える　異論が出される

いろいろと異論もあったが、最終的にこの法案は可決された。
This bill was finally passed even though there were various opinions objecting it.
虽然有各种各样的异议，但最后此法案还是被通过了。

## 言論（「〜する」×）　　言論の自由　言論の統制

彼の著作物の出版を禁止するなんて、言論の自由に反する。
It is against the freedom of the press to ban publishing his writings.
禁止他的著作出版，是违反言论的自由。

## 世論（「〜する」×）　　世論の調査　世論に耳を傾ける

あの市長はもっと世論に耳を傾けたほうがいい。
That mayor had better listen to public opinions more.
那个市长最好再多听取一些社会舆论。

## 論議（「〜する」OK）　　営業戦略について論議する　論議を呼ぶ

あの政治家の一言が世間で論議を呼んだ。
A comment by that politician set off public debate.
那个政治家的一句话就在世间引起了争论。

## 論理（「〜する」×）　　正しい論理　論理的な文章

彼の論理は正しいが、言い方がきついので反感を買うことがある。
His logic is correct. But he sometimes arouses antipathy because he speaks harshly.
他的道理是正确的，但说话太尖锐，所以引起了反感。

## 緩和 （「～する」OK）　　渋滞の緩和　緊張が緩和する
かんわ　　　　　　　　　　　　　　じゅうたい　かんわ　　きんちょう　かんわ

道路を２車線から３車線にする工事をして、渋滞が緩和された。
どうろ　しゃせん　　しゃせん　　こうじ　　　　じゅうたい　かんわ
Traffic jams were eased after road construction work to increase the number of lanes from two to three.
将双车道的道路改成了三车道，令交通堵塞得到了缓解。

## 調和 （「～する」OK）　　色彩の調和　家具と調和する
ちょうわ　　　　　　　　　　　　　しきさい　ちょうわ　　かぐ　ちょうわ

家具とカーテンの色が見事に調和して、落ち着きのある部屋になった。
かぐ　　　　　　いろ　みごと　ちょうわ　　　お　つ　　　　へや
The great harmony between the colors of furniture and curtains has made the room serene.
家具和窗帘的颜色搭配得很好，让房间变得很舒适。

## 飽和 （「～する」OK）　　供給量が飽和する　飽和状態
ほうわ　　　　　　　　　　　　　きょうきゅうりょう　ほうわ　　ほうわじょうたい

この都市の交通は飽和状態だ。
とし　こうつう　ほうわじょうたい
Traffic in this city is saturated.
这城市的交通已达到了饱和状态。

## 和解 （「～する」OK）　　和解の握手　和解が成立する
わかい　　　　　　　　　　　　　わかい　あくしゅ　　わかい　せいりつ

長い間二人は口を利かなかったが、友人の助けで和解することができた。
なが　あいだふたり　くち　き　　　　　　ゆうじん　たす　　わかい
The two people had not spoken to each other for a long time. But with help from friends, they were successfully reconciled.
两个人很长时间都没说话了，在朋友的帮助下才终于和好了。

## 和風 （「～する」×）　　和風の庭園　和風味のスパゲティ
わふう　　　　　　　　　　　　　わふう　ていえん　　わふうあじ

建物の前には和風の庭園が広がり、池には鯉が泳いでいた。
たてもの　まえ　　わふう　ていえん　ひろ　　　いけ　　こい　およ
A Japanese garden lied in front of a building, and carp was swimming in its pond.
建筑物前就是一个日式庭园，那里的池塘里有鲤鱼在游动。

# 確認テスト

【問題Ⅰ】（　）に入れる最もよいものを一つ選びなさい。

1) 多くの著名人が原子力エネルギーを使うことに対して（　）を唱えている。
   1. 孤立　2. 立法　3. 異論　4. 世論

2) 両国の大統領が会談し、国家間の緊張が（　）された。
   1. 緩和　2. 調和　3. 飽和　4. 和解

【問題Ⅱ】＿＿＿の言葉の意味に最も近いものを一つ選びなさい。

1) 今年、就職して、やっと自立した生活ができる。
   1. 独身の　2. ２本足で歩く　3. 自信を持った　4. ひとりだちした

2) １週間も無断欠勤するなんて、彼女の良識を疑う。
   1. 社会人としての知識がたくさんあることは間違いない
   2. 社会人としての判断が間違っていると思う
   3. 有名人としてやってはいけないことだと思う
   4. 有名人としての立場を失うことになる

【問題Ⅲ】次の言葉の使い方として最もよいものを一つ選びなさい。

1) 良好
   1. 私の大良好はチョコレートとマシュマロだ。
   2. 彼は初対面の時から良好的に接してくれた。
   3. 203号室の患者は手術後の経過が良好で、来週には退院できる。
   4. いつでもどこにいても誰に対しても良好に恥じない生き方をしたいものだ。

解答は389ページ

---

(P377 確認テストの解答)
【問題Ⅰ】1) 1　2) 3　【問題Ⅱ】1) 1　2) 2　【問題Ⅲ】1) 4

# 第9週 5日目 漢語 その他

## 逸材（いつざい）（「～する」×）　我が社の逸材　100年に1人の逸材

彼女の歌声は多くの人を魅了し、100年に1人の逸材と言われている。
Her singing attracts many people. She is said to be a talent who comes by only once a century.
她的歌声迷倒了很多人，被称为是百年难遇的人才。

## 栄光（えいこう）（「～する」×）　栄光に輝く　栄光を手に入れる

彼女はオリンピックで金メダルという栄光に輝いた。
In the Olympics, she basked in the glory of winning a gold medal.
她在奥运会上荣获了金牌。

## 温床（おんしょう）（「～する」×）　犯罪の温床　不正の温床

暴走族は騒音を起こしているだけでなく、犯罪の温床になっているから問題なのだ。
Bikers not only make loud noises. They are also a hotbed of crimes. That is why they are a problem.
飙车族不但制造噪音，而且还是犯罪的温床，所以很有问题。

## 葛藤（かっとう）（「～する」OK）　心の葛藤　親子の葛藤

彼女は自分の夢と親の期待との間で葛藤していた。
She was struggling, as she was sandwiched between her own dreams and her parents' expectations.
她曾纠结于追求自己的梦想还是实现父母的期待。

## 起伏（きふく）（「～する」OK ※限定的な使い方をする。）　山の起伏　起伏が激しい

彼女は感情の起伏が激しくて、怒り出すと誰も手がつけられなくなる。
Her emotion goes up and down very wildly. Once she gets angry, no one can deal with her.
她喜怒无常，一旦发起火来谁都束手无策。

最後のページまでしっかり学習しよう！

## 巨匠（きょしょう）　（「～する」×）　　芸術界の巨匠　ドイツ映画の巨匠

彼は芸術界の巨匠と呼ばれ、絵画、彫刻、写真、童話など幅広い作品を残した。
He is called a master in the art world. He has left behind a wide range of works including paintings, sculptures, photographs and fairy tales.
他被称为艺术界的大师，在绘画、雕刻、摄影、童话等多方面留下了作品。

## 君臨（くんりん）　（「～する」OK）　　産業界に君臨する　女王が君臨した国

彼は父の後を継いで一時期産業界に君臨したが、今は評論や小説を書いて余生を過ごしている。
He succeeded his father and temporarily reigned over the industrial sector. But he is now living as a retiree writing commentaries and novels.
他曾继承父业，在产业界称霸一时，但现在靠写评论和小说等度过余生。

## 警鐘（けいしょう）　（「～する」×）　　現代社会への警鐘　警鐘を鳴らす

原子力発電所の事故は現代科学の過信に対して警鐘を鳴らしていると言える。
It can be said that accidents at nuclear power plants are wake-up calls for overconfidence in modern science.
核电站的事故可以说是对过分相信现代科学敲了警钟。

## 激動（げきどう）　（「～する」OK）　　激動の時代　社会情勢が激動する

激動の時代を生きた祖父の人生もまた激動の連続だった。
My grandfather lived in a turbulent era, and his life itself was also full of turbulent events.
生活在动荡时代的祖父，他的人生也一直波澜壮阔。

## 検証（けんしょう）　（「～する」OK）　　事件の検証　背景を検証する

事件の背景を検証し、同じような事件が起きないように努める。
By examining the backgrounds of crimes, we try to prevent similar cases.
调查事情的背景，为今后不再发生同样的事情而努力。

## 酷使 (「〜する」OK)　　目の酷使　体を酷使する

現代人はパソコンの浸透により目を酷使している。
Due to the spread of personal computers, people nowadays overuse their eyes.
由于电脑的深入，令现代人用眼过度。

## 思索 (「〜する」OK)　　思索にふける　思索を深める

父は思索にふけると、食事することも忘れてしまう。
When being lost in his thoughts, my father even forgets to eat.
父亲一沉浸在思索中，就会忘记吃饭。

## 収拾 (「〜する」OK)　　難局を収拾する　収拾がつかない

部長会議ではそれぞれの立場の意見が対立して収拾がつかなくなった。
The meeting of department managers got out of control, as participants took different positions and voiced conflicting views.
在部长会议上，各种立场的意见对立，到了无法收拾的地步。

## 甚大 (「〜する」×)　　甚大な被害　影響力が甚大だ

この地域では台風による甚大な被害が出た。
A typhoon caused massive damage in this area.
这个地区因台风受到了很大的灾害。

## 尊厳 (「〜する」×)　　尊厳を守る　尊厳を保つ

尊厳のある死を迎えたい。
I want to die with dignity.
希望能有尊严地死去。

## 第9週5日目　漢語　その他

### 達者（たっしゃ）　（「〜する」×）　　体が達者だ　口が達者だ

祖父母が達者なうちに田舎に家を建ててみんなで住みたい。
While my grandparents are still healthy, I want to build a house in the countryside so that everyone can live together.
趁祖父母都还健在，想在乡下建房子一起住。

### 秩序（ちつじょ）　（「〜する」×）　　秩序を保つ　秩序が乱れる

卒業が近くなって秩序が乱れているが、最後まで気を緩めず学校生活を送るべきだ。
With graduation approaching, students are disorderly. They should spend their school life without relaxing until the end.
随着毕业的临近，秩序有点儿凌乱，还是不要松懈地度过最后的学校生活。

### 中断（ちゅうだん）　（「〜する」OK）　　話が中断する　放送を中断する

電車の通る音で話が中断された。
The sound of a passing train disrupted talks.
由于电车通过的声音，打断了说话。

### 適性（てきせい）　（「〜する」×）　　適性を判断する　適性に欠ける

社員一人一人の適性を判断して配属を決める。
Companies decide the postings of individual employees based on their aptitude.
先判断每个员工的适应性，然后再决定分配。

### 途上（とじょう）　（「〜する」×）　　開発の途上　発展途上

この技術はまだ開発の途上にあり、実用化には至っていない。
The development of this technology is still in progress. It has yet to be put into practical use.
这个技术还正在开发中，还没到实用化。

## 匹敵 (「～する」OK)　　プロ選手に匹敵する
ひってき　　　　　　　　　　　　　　　　　せんしゅ　ひってき
　　　　　　　　　　　　　　　　　給料1年分に匹敵する
　　　　　　　　　　　　　　　　　きゅうりょう　　　ぶん　ひってき

あの12歳の新人プレーヤーの実力はオリンピック選手に匹敵する強さだ。
さい　　しんじん　　　　　　　　じつりょく　　　　　　　　　せんしゅ　ひってき　　つよ
That 12-year-old rookie has skills as strong as Olympic athletes'.
那个12岁的新选手的实力强到能与奥运会代表选手匹敌。

## 品位 (「～する」×)　　品位を保つ　品位を落とす
ひんい　　　　　　　　　　　　　　　ひんい　たも　　ひんい　お

品位のある美しい女性が歩いてきて、みとれてしまった。
ひんい　　　うつく　じょせい　ある
I gazed at a graceful and beautiful woman, as she walked toward me.
走来了一位很有风度的美女，我都看得入迷了。

## 弊害 (「～する」×)　　弊害を取り除く　弊害が伴う
へいがい　　　　　　　　　　　　　　　へいがい　と　のぞ　　へいがい　ともな

円高の弊害として海外からの旅行者の減少がある。
えんだか　へいがい　　　かいがい　　　りょこうしゃ　げんしょう
The strong yen is having adverse effects on the number of travelers from abroad.
受日元升值的影响从国外来的游客减少了。

## 劣勢 (「～する」×)　　劣勢を挽回する　劣勢に追い込まれる
れっせい　　　　　　　　　　　　　　　れっせい　ばんかい　　れっせい　お　こ

応援しているチームの劣勢が伝えられ、一同がっかりした。
おうえん　　　　　　　　　れっせい　つた　　　いちどう
Everyone was disappointed by the news that their favorite team was trailing behind.
听到自己支持的队处于劣势，我们全都失望了。

## 惑星 (「～する」×)　　太陽系の惑星　惑星が回っている
わくせい　　　　　　　　　　　　　　　たいようけい　わくせい　わくせい　まわ

私達の住む地球は、太陽の周りを回る、青く美しい惑星だ。
わたしたち　す　ちきゅう　　たいよう　まわ　まわ　　あお　うつく　わくせい
The earth we live in is a beautiful blue planet that rotates around the sun.
我们居住的地球，是一颗围绕着太阳转动的蓝色美丽的行星。

第9週5日目　漢語　その他

# 確認テスト

【問題Ⅰ】（　　）に入れる最もよいものを一つ選びなさい。

1) 彼女は教師としての（　　）に欠ける。
   1. 逸材　2. 君臨　3. 尊厳　4. 適性

2) 佐藤さんは中国語が（　　）だから、来月の中国出張に連れていこう。
   1. 巨匠　2. 酷使　3. 達者　4. 弊害

【問題Ⅱ】　＿＿＿の言葉の意味に最も近いものを一つ選びなさい。

1) これは200年ほど前の女性が男性と同じように社会で活躍していく時の心の葛藤を描いたドラマだ。
   1. 貧しさ　2. 時代　3. 進歩　4. 迷い

2) 当時の300万円といえば、現在の国家予算1年分に匹敵する。
   1. が敵にまわる　2. を無駄にした　3. が害を与える　4. と同じぐらいだ

【問題Ⅲ】　次の言葉の使い方として最もよいものを一つ選びなさい。

1) 収拾
   1. 会場の入り口で会費を収拾してから中にお入りくださるようお願いします。
   2. 国際的緊張が続いていて、当分事態を収拾するのは無理だろう。
   3. 船が港に収拾し、乗船客が一度にたくさん降りてきた。
   4. ごみを収拾する車が家の前を通っていった。

解答は125ページ

---

（P383 確認テストの解答）
【問題Ⅰ】 1) 3　2) 1　【問題Ⅱ】 1) 4　2) 2　【問題Ⅲ】 1) 3

# 漢字チェックリスト

この参考書で学習する漢字の一覧です。総画数順に並んでいます。
覚えた漢字には □ 欄にチェックを入れましょう。
まだ覚えていないものや、よくわからないものは、ページ番号を参照して優先的に勉強するなど、あなたの学習に役立ててください。

### 1画
- □ 乙 …………… 34

### 2画
- □ 刀 …………… 66
- □ 又 …………… 91

### 3画
- □ 及 …………… 19
- □ 己 …………… 25
- □ 刃 …………… 30
- □ 凡 …………… 34
- □ 丈 …………… 39
- □ 弓 …………… 66
- □ 巾 …………… 83
- □ 寸 …………… 83
- □ 乞 …………… 103

### 4画
- □ 乏 …………… 32
- □ 牙 …………… 48
- □ 刈 …………… 53
- □ 仁 …………… 65
- □ 幻 …………… 69
- □ 凶 …………… 69
- □ 厄 …………… 69
- □ 爪 …………… 72
- □ 弔 …………… 82
- □ 尺 …………… 83
- □ 丹 …………… 84

- □ 屯 …………… 96
- □ 斗 …………… 98
- □ 升 …………… 99
- □ 斤 …………… 99
- □ 匂 …………… 103
- □ 勾 …………… 107
- □ 孔 …………… 108

### 5画
- □ 叱 …………… 14
- □ 甲 …………… 34
- □ 巧 …………… 39
- □ 功 …………… 58
- □ 矛 …………… 60
- □ 尼 …………… 65
- □ 矢 …………… 66
- □ 仙 …………… 69
- □ 尻 …………… 73
- □ 弁 …………… 78
- □ 斥 …………… 81
- □ 旦 …………… 82
- □ 凹 …………… 91
- □ 凸 …………… 91
- □ 且 …………… 91
- □ 奴 …………… 96
- □ 囚 …………… 96
- □ 瓦 …………… 97
- □ 氾 …………… 106
- □ 丙 …………… 111

### 6画
- □ 扱 …………… 12
- □ 伏 …………… 13
- □ 尽 …………… 16
- □ 劣 …………… 19
- □ 仰 …………… 24
- □ 芋 …………… 27
- □ 壮 …………… 33
- □ 至 …………… 35
- □ 旬 …………… 35
- □ 迅 …………… 39
- □ 妄 …………… 40
- □ 芝 …………… 42
- □ 巡 …………… 52
- □ 朱 …………… 63
- □ 后 …………… 67
- □ 妃 …………… 67
- □ 吉 …………… 69
- □ 吏 …………… 88
- □ 如 …………… 90
- □ 弐 …………… 90
- □ 旨 …………… 93
- □ 匠 …………… 93
- □ 伎 …………… 93
- □ 朽 …………… 97
- □ 朴 …………… 100
- □ 帆 …………… 106
- □ 伐 …………… 107
- □ 臼 …………… 109
- □ 汎 …………… 110

## 7画

- ☐ 抑 ……… 12
- ☐ 抗 ……… 12
- ☐ 妨 ……… 15
- ☐ 伴 ……… 15
- ☐ 忍 ……… 21
- ☐ 狂 ……… 21
- ☐ 系 ……… 22
- ☐ 伯 ……… 22
- ☐ 孝 ……… 24
- ☐ 忌 ……… 26
- ☐ 芳 ……… 31
- ☐ 妙 ……… 34
- ☐ 尾 ……… 43
- ☐ 亜 ……… 44
- ☐ 没 ……… 45
- ☐ 汽 ……… 52
- ☐ 択 ……… 54
- ☐ 把 ……… 54
- ☐ 妥 ……… 54
- ☐ 佐 ……… 54
- ☐ 克 ……… 57
- ☐ 志 ……… 58
- ☐ 秀 ……… 58
- ☐ 肖 ……… 63
- ☐ 廷 ……… 67
- ☐ 呈 ……… 68
- ☐ 肘 ……… 73
- ☐ 肝 ……… 74
- ☐ 尿 ……… 74
- ☐ 却 ……… 79
- ☐ 邦 ……… 81
- ☐ 汰 ……… 82
- ☐ 寿 ……… 82
- ☐ 呉 ……… 83
- ☐ 芯 ……… 84
- ☐ 扶 ……… 87
- ☐ 抄 ……… 88
- ☐ 壱 ……… 90
- ☐ 岐 ……… 91
- ☐ 但 ……… 91
- ☐ 吟 ……… 92
- ☐ 妖 ……… 93
- ☐ 戒 ……… 95
- ☐ 串 ……… 98
- ☐ 呂 ……… *99*
- ☐ 坑 ………107
- ☐ 那 ………110
- ☐ 沙 ………110
- ☐ 弄 ………114
- ☐ 沃 ………114
- ☐ 冶 ………115

## 8画

- ☐ 披 ……… 12
- ☐ 抵 ……… 12
- ☐ 迫 ……… 17
- ☐ 抽 ……… 17
- ☐ 免 ……… 19
- ☐ 併 ……… 19
- ☐ 抹 ……… 19
- ☐ 奔 ……… 21
- ☐ 侮 ……… 21
- ☐ 叔 ……… 22
- ☐ 奉 ……… 24
- ☐ 忠 ……… 24
- ☐ 昆 ……… 27
- ☐ 沸 ……… 28
- ☐ 炊 ……… 28
- ☐ 炒 ……… 28
- ☐ 舎 ……… 29
- ☐ 邸 ……… 29
- ☐ 房 ……… 29
- ☐ 卓 ……… 31
- ☐ 炉 ……… 31
- ☐ 奇 ……… 34
- ☐ 斉 ……… 35
- ☐ 宜 ……… 36
- ☐ 怪 ……… 40
- ☐ 茎 ……… 42
- ☐ 芽 ……… 42
- ☐ 苗 ……… 42
- ☐ 茂 ……… 42
- ☐ 沿 ……… 45
- ☐ 虎 ……… 49
- ☐ 岳 ……… 50
- ☐ 岬 ……… 51
- ☐ 拓 ……… 52
- ☐ 祉 ……… 56
- ☐ 拠 ……… 57
- ☐ 佳 ……… 58
- ☐ 析 ……… 61
- ☐ 弦 ……… 64
- ☐ 尚 ……… 65
- ☐ 典 ……… 65
- ☐ 侍 ……… 66
- ☐ 肢 ……… 73
- ☐ 盲 ……… 74
- ☐ 肥 ……… 76
- ☐ 拘 ……… 81
- ☐ 阻 ……… 81

391

| □采 …… 86 | □削 …… 18 | □皇 …… 67 |
| □枢 …… 88 | □挟 …… 18 | □帝 …… 67 |
| □迭 …… 88 | □姻 …… 22 | □冠 …… 68 |
| □弥 …… 90 | □威 …… 24 | □紀 …… 70 |
| □刹 …… 90 | □貞 …… 25 | □染 …… 71 |
| □垂 …… 91 | □郎 …… 25 | □眉 …… 72 |
| □径 …… 91 | □弧 …… 25 | □肺 …… 74 |
| □玩 …… 92 | □故 …… 26 | □胆 …… 74 |
| □拐 …… 94 | □柿 …… 27 | □疫 …… 75 |
| □拉 …… 94 | □垣 …… 29 | □胎 …… 75 |
| □征 …… 95 | □亭 …… 29 | □施 …… 77 |
| □劾 …… 95 | □盆 …… 30 | □是 …… 78 |
| □邪 …… 96 | □臭 …… 31 | □牲 …… 80 |
| □坪 …… 97 | □卑 …… 33 | □拶 …… 82 |
| □枕 …… 99 | □恒 …… 34 | □畏 …… 82 |
| □苛 …… 101 | □哀 …… 37 | □訃 …… 82 |
| □拙 …… 101 | □俊 …… 39 | □赴 …… 86 |
| □旺 …… 101 | □悔 …… 40 | □括 …… 91 |
| □狙 …… 102 | □恨 …… 40 | □孤 …… 91 |
| □享 …… 102 | □郊 …… 42 | □叙 …… 92 |
| □妬 …… 104 | □狩 …… 43 | □架 …… 93 |
| □呪 …… 104 | □虹 …… 46 | □幽 …… 93 |
| □斧 …… 107 | □柳 …… 50 | □窃 …… 94 |
| □泌 …… 108 | □峠 …… 50 | □虐 …… 94 |
| □股 …… 108 | □峡 …… 51 | □拷 …… 94 |
| □附 …… 111 | □派 …… 55 | □糾 …… 95 |
| | □宣 …… 55 | □勃 …… 95 |
| **9画** | □卸 …… 55 | □柵 …… 97 |
| □為 …… 12 | □軌 …… 55 | □昧 …… 101 |
| □拭 …… 12 | □訂 …… 59 | □甚 …… 101 |
| □挑 …… 15 | □盾 …… 60 | □冒 …… 102 |
| □耐 …… 16 | □怠 …… 61 | □怨 …… 104 |
| □促 …… 17 | □俗 …… 63 | □胞 …… 108 |
| □砕 …… 18 | □奏 …… 64 | □咽 …… 108 |

392

| □厘 | …………110 |
| --- | --- |
| □某 | …………111 |
| □侶 | …………111 |
| □帥 | …………111 |
| □侯 | …………112 |
| □勅 | …………112 |

## 10画

| □悟 | ………… 16 |
| --- | --- |
| □陥 | ………… 17 |
| □挿 | ………… 18 |
| □紛 | ………… 19 |
| □辱 | ………… 21 |
| □恩 | ………… 23 |
| □称 | ………… 25 |
| □俺 | ………… 25 |
| □匿 | ………… 25 |
| □逝 | ………… 26 |
| □桃 | ………… 27 |
| □栗 | ………… 27 |
| □倉 | ………… 29 |
| □栓 | ………… 30 |
| □朗 | ………… 32 |
| □烈 | ………… 33 |
| □徐 | ………… 35 |
| □逐 | ………… 35 |
| □殊 | ………… 36 |
| □悦 | ………… 37 |
| □剛 | ………… 38 |
| □敏 | ………… 39 |
| □粋 | ………… 39 |
| □素 | ………… 44 |
| □浦 | ………… 45 |
| □蚊 | ………… 47 |

| □烏 | ………… 48 |
| --- | --- |
| □狼 | ………… 49 |
| □竜 | ………… 49 |
| □蚕 | ………… 50 |
| □桑 | ………… 50 |
| □峰 | ………… 50 |
| □郡 | ………… 51 |
| □貢 | ………… 52 |
| □耕 | ………… 53 |
| □栽 | ………… 53 |
| □託 | ………… 56 |
| □哲 | ………… 58 |
| □倫 | ………… 58 |
| □索 | ………… 59 |
| □浸 | ………… 60 |
| □透 | ………… 60 |
| □班 | ………… 60 |
| □娯 | ………… 62 |
| □剣 | ………… 66 |
| □宮 | ………… 67 |
| □陛 | ………… 67 |
| □姫 | ………… 67 |
| □鬼 | ………… 69 |
| □祥 | ………… 70 |
| □唇 | ………… 72 |
| □胴 | ………… 73 |
| □脇 | ………… 73 |
| □疾 | ………… 75 |
| □耗 | ………… 75 |
| □衰 | ………… 76 |
| □秘 | ………… 77 |
| □脅 | ………… 80 |
| □陣 | ………… 81 |
| □挨 | ………… 82 |

| □恭 | ………… 82 |
| --- | --- |
| □紡 | ………… 83 |
| □紋 | ………… 83 |
| □珠 | ………… 83 |
| □扇 | ………… 83 |
| □唐 | ………… 84 |
| □袖 | ………… 84 |
| □紐 | ………… 84 |
| □俸 | ………… 86 |
| □倹 | ………… 86 |
| □租 | ………… 86 |
| □唆 | ………… 86 |
| □准 | ………… 87 |
| □宰 | ………… 88 |
| □宵 | ………… 90 |
| □桁 | ………… 90 |
| □既 | ………… 91 |
| □唄 | ………… 92 |
| □冥 | ………… 93 |
| □殉 | ………… 96 |
| □桟 | ………… 96 |
| □俵 | ………… 98 |
| □釜 | ………… 99 |
| □酎 | ………… 99 |
| □衷 | ………… 99 |
| □恋 | …………100 |
| □泰 | …………101 |
| □凄 | …………101 |
| □剥 | …………102 |
| □傲 | …………103 |
| □捉 | …………103 |
| □浪 | …………106 |
| □隻 | …………106 |
| □飢 | …………106 |

| | | |
|---|---|---|
| □畔 …… 107 | □偏 …… 36 | □貫 …… 79 |
| □脊 …… 108 | □惨 …… 38 | □逮 …… 80 |
| □拳 …… 108 | □寂 …… 38 | □偵 …… 81 |
| □剖 …… 109 | □粗 …… 39 | □麻 …… 83 |
| □挫 …… 109 | □悠 …… 41 | □累 …… 86 |
| □逓 …… 111 | □猟 …… 43 | □逸 …… 86 |
| □哺 …… 111 | □室 …… 44 | □捗 …… 86 |
| □翁 …… 112 | □蛍 …… 47 | □粛 …… 87 |
| □朕 …… 112 | □亀 …… 47 | □旋 …… 87 |
| □畝 …… 115 | □蛇 …… 47 | □措 …… 87 |
| | □雀 …… 48 | □喝 …… 94 |
| **11画** | □猪 …… 49 | □陪 …… 95 |
| □掲 …… 12 | □隆 …… 51 | □虚 …… 96 |
| □唱 …… 14 | □渓 …… 51 | □陵 …… 97 |
| □眺 …… 14 | □舶 …… 52 | □郭 …… 97 |
| □添 …… 14 | □培 …… 53 | □殻 …… 98 |
| □排 …… 14 | □渉 …… 54 | □淫 …… 100 |
| □偽 …… 18 | □勘 …… 56 | □爽 …… 100 |
| □控 …… 18 | □釈 …… 57 | □庸 …… 101 |
| □惜 …… 20 | □推 …… 58 | □据 …… 102 |
| □粘 …… 20 | □啓 …… 59 | □斬 …… 102 |
| □貪 …… 21 | □庶 …… 62 | □惧 …… 103 |
| □戚 …… 22 | □釣 …… 62 | □悼 …… 103 |
| □涯 …… 23 | □彫 …… 62 | □萎 …… 104 |
| □婆 …… 23 | □描 …… 63 | □葛 …… 104 |
| □紳 …… 23 | □陶 …… 63 | □崖 …… 107 |
| □淑 …… 23 | □淡 …… 63 | □堆 …… 107 |
| □斎 …… 31 | □笛 …… 64 | □唾 …… 108 |
| □堀 …… 31 | □崇 …… 70 | □痕 …… 109 |
| □猛 …… 33 | □郷 …… 71 | □梗 …… 109 |
| □陰 …… 33 | □密 …… 77 | □捻 …… 109 |
| □頃 …… 35 | □訟 …… 78 | □曽 …… 110 |
| □唯 …… 36 | □執 …… 78 | □羞 …… 111 |
| □剰 …… 36 | □陳 …… 79 | □赦 …… 111 |

| □曹 | …………111 |
| □尉 | …………111 |
| □舷 | …………114 |

### 12画

| □弾 | ………… 13 |
| □裂 | ………… 13 |
| □揺 | ………… 15 |
| □焦 | ………… 16 |
| □慌 | ………… 16 |
| □尋 | ………… 17 |
| □惑 | ………… 17 |
| □遂 | ………… 17 |
| □婿 | ………… 22 |
| □貴 | ………… 24 |
| □賀 | ………… 24 |
| □葬 | ………… 26 |
| □棺 | ………… 26 |
| □煮 | ………… 28 |
| □揚 | ………… 28 |
| □塔 | ………… 29 |
| □棟 | ………… 29 |
| □絞 | ………… 30 |
| □扉 | ………… 31 |
| □棚 | ………… 31 |
| □雰 | ………… 32 |
| □裕 | ………… 32 |
| □疎 | ………… 36 |
| □愉 | ………… 37 |
| □惰 | ………… 37 |
| □閑 | ………… 37 |
| □敢 | ………… 38 |
| □雄 | ………… 43 |
| □硫 | ………… 44 |

| □晶 | ………… 44 |
| □圏 | ………… 46 |
| □堤 | ………… 51 |
| □渦 | ………… 51 |
| □提 | ………… 54 |
| □属 | ………… 55 |
| □軸 | ………… 55 |
| □遇 | ………… 56 |
| □項 | ………… 59 |
| □揮 | ………… 61 |
| □創 | ………… 62 |
| □琴 | ………… 64 |
| □搭 | ………… 71 |
| □喉 | ………… 72 |
| □掌 | ………… 72 |
| □痢 | ………… 75 |
| □循 | ………… 75 |
| □殖 | ………… 76 |
| □訴 | ………… 78 |
| □廃 | ………… 79 |
| □詐 | ………… 80 |
| □欺 | ………… 80 |
| □喪 | ………… 82 |
| □媒 | ………… 87 |
| □款 | ………… 87 |
| □暁 | ………… 90 |
| □幾 | ………… 90 |
| □詠 | ………… 92 |
| □随 | ………… 92 |
| □棋 | ………… 92 |
| □猶 | ………… 95 |
| □堕 | ………… 96 |
| □塀 | ………… 96 |
| □硝 | ………… 97 |

| □椀 | ………… 98 |
| □椅 | ………… 98 |
| □蛮 | …………100 |
| □遍 | …………100 |
| □僅 | …………101 |
| □貼 | …………102 |
| □傍 | …………102 |
| □堪 | …………102 |
| □喚 | …………103 |
| □湧 | …………107 |
| □痩 | …………108 |
| □椎 | …………108 |
| □痘 | …………109 |
| □滋 | …………110 |
| □須 | …………110 |
| □塁 | …………110 |
| □喩 | …………111 |
| □詔 | …………112 |
| □斑 | …………114 |

### 13画

| □跳 | ………… 13 |
| □塗 | ………… 13 |
| □慎 | ………… 19 |
| □隔 | ………… 19 |
| □嘆 | ………… 20 |
| □嫁 | ………… 22 |
| □継 | ………… 23 |
| □墓 | ………… 26 |
| □蒸 | ………… 28 |
| □鉢 | ………… 30 |
| □暇 | ………… 32 |
| □滑 | ………… 32 |
| □愚 | ………… 33 |

395

| | | | | | |
|---|---|---|---|---|---|
| ☐稚 | …… 33 | ☐幕 | …… 70 | ☐嗅 | …… 103 |
| ☐微 | …… 34 | ☐裸 | …… 73 | ☐詮 | …… 103 |
| ☐慈 | …… 37 | ☐腸 | …… 74 | ☐遡 | …… 103 |
| ☐愁 | …… 38 | ☐腎 | …… 74 | ☐嫉 | …… 104 |
| ☐慨 | …… 38 | ☐摂 | …… 76 | ☐溺 | …… 106 |
| ☐羨 | …… 40 | ☐棄 | …… 79 | ☐艇 | …… 106 |
| ☐煩 | …… 40 | ☐詣 | …… 82 | ☐窟 | …… 107 |
| ☐飽 | …… 41 | ☐遜 | …… 82 | ☐酪 | …… 107 |
| ☐寛 | …… 41 | ☐絹 | …… 83 | ☐腺 | …… 108 |
| ☐幹 | …… 42 | ☐褐 | …… 84 | ☐塞 | …… 109 |
| ☐滅 | …… 43 | ☐鈴 | …… 84 | ☐腫 | …… 109 |
| ☐鉛 | …… 44 | ☐裾 | …… 84 | ☐彙 | …… 111 |
| ☐溝 | …… 45 | ☐酬 | …… 86 | ☐填 | …… 114 |
| ☐蜂 | …… 47 | ☐廉 | …… 86 | ☐慄 | …… 114 |
| ☐鳩 | …… 48 | ☐該 | …… 87 | ☐毀 | …… 114 |
| ☐猿 | …… 49 | ☐頒 | …… 88 | ☐塑 | …… 115 |
| ☐漠 | …… 50 | ☐睦 | …… 90 | ☐虞 | …… 115 |
| ☐搬 | …… 52 | ☐零 | …… 90 | ☐嗣 | …… 115 |
| ☐献 | …… 52 | ☐塊 | …… 91 | | |
| ☐遣 | …… 55 | ☐碁 | …… 92 | **14画** | |
| ☐蓄 | …… 56 | ☐楷 | …… 92 | ☐駆 | …… 13 |
| ☐践 | …… 57 | ☐賄 | …… 94 | ☐隠 | …… 14 |
| ☐載 | …… 59 | ☐賂 | …… 94 | ☐奪 | …… 15 |
| ☐督 | …… 60 | ☐痴 | …… 94 | ☐遮 | …… 15 |
| ☐誠 | …… 61 | ☐搾 | …… 94 | ☐誓 | …… 16 |
| ☐誇 | …… 61 | ☐賊 | …… 95 | ☐徳 | …… 25 |
| ☐鼓 | …… 64 | ☐禍 | …… 96 | ☐魂 | …… 26 |
| ☐雅 | …… 64 | ☐虜 | …… 96 | ☐腐 | …… 27 |
| ☐僧 | …… 65 | ☐楼 | …… 97 | ☐漬 | …… 27 |
| ☐禅 | …… 65 | ☐隙 | …… 97 | ☐綱 | …… 30 |
| ☐奨 | …… 68 | ☐煎 | …… 99 | ☐網 | …… 30 |
| ☐傑 | …… 68 | ☐蓋 | …… 99 | ☐徴 | …… 32 |
| ☐誉 | …… 68 | ☐頓 | …… 100 | ☐慕 | …… 37 |
| ☐聖 | …… 69 | ☐傲 | …… 100 | ☐豪 | …… 39 |

| | | | | | |
|---|---|---|---|---|---|
| ☐雌 | 43 | ☐銭 | 98 | ☐潤 | 51 |
| ☐酸 | 44 | ☐酵 | 98 | ☐穂 | 53 |
| ☐磁 | 44 | ☐餅 | 99 | ☐請 | 54 |
| ☐漂 | 45 | ☐寡 | 101 | ☐範 | 57 |
| ☐蜜 | 47 | ☐漏 | 103 | ☐稿 | 59 |
| ☐餌 | 47 | ☐銘 | 104 | ☐監 | 60 |
| ☐熊 | 49 | ☐蔑 | 104 | ☐諸 | 60 |
| ☐稲 | 53 | ☐遭 | 106 | ☐熟 | 61 |
| ☐穀 | 53 | ☐貌 | 108 | ☐趣 | 62 |
| ☐摘 | 54 | ☐瘍 | 109 | ☐撮 | 62 |
| ☐障 | 56 | ☐嫡 | 111 | ☐賜 | 68 |
| ☐概 | 56 | ☐辣 | 114 | ☐勲 | 68 |
| ☐模 | 57 | ☐瑠 | 114 | ☐墳 | 71 |
| ☐漫 | 63 | ☐璃 | 115 | ☐頰 | 72 |
| ☐墨 | 63 | | | ☐膚 | 73 |
| ☐彰 | 68 | **15画** | | ☐膝 | 73 |
| ☐暦 | 70 | ☐踏 | 13 | ☐摩 | 77 |
| ☐碑 | 71 | ☐黙 | 14 | ☐締 | 77 |
| ☐旗 | 71 | ☐輝 | 18 | ☐衝 | 77 |
| ☐膜 | 74 | ☐歓 | 20 | ☐審 | 78 |
| ☐慢 | 75 | ☐褒 | 21 | ☐賠 | 79 |
| ☐寧 | 82 | ☐慰 | 21 | ☐儀 | 82 |
| ☐維 | 83 | ☐縁 | 22 | ☐慶 | 82 |
| ☐漆 | 84 | ☐遺 | 26 | ☐履 | 84 |
| ☐駄 | 84 | ☐縄 | 30 | ☐幣 | 86 |
| ☐綻 | 87 | ☐魅 | 34 | ☐賦 | 86 |
| ☐閥 | 88 | ☐緩 | 36 | ☐諾 | 86 |
| ☐漸 | 90 | ☐慮 | 37 | ☐嘱 | 87 |
| ☐箇 | 90 | ☐憂 | 38 | ☐弊 | 87 |
| ☐獄 | 93 | ☐憤 | 38 | ☐遵 | 87 |
| ☐酷 | 94 | ☐憧 | 40 | ☐閲 | 88 |
| ☐箸 | 98 | ☐潮 | 45 | ☐遷 | 88 |
| ☐鞄 | 98 | ☐澄 | 45 | ☐罷 | 88 |
| ☐箋 | 98 | ☐蝶 | 47 | ☐暫 | 90 |

| | | |
|---|---|---|
| ☐駒 | …………… | 92 |
| ☐戯 | …………… | 92 |
| ☐稽 | …………… | 93 |
| ☐霊 | …………… | 93 |
| ☐賭 | …………… | 94 |
| ☐踪 | …………… | 95 |
| ☐舗 | …………… | 97 |
| ☐槽 | …………… | 100 |
| ☐窯 | …………… | 100 |
| ☐摯 | …………… | 100 |
| ☐窮 | …………… | 102 |
| ☐撤 | …………… | 102 |
| ☐嘲 | …………… | 104 |
| ☐罵 | …………… | 104 |
| ☐潰 | …………… | 104 |
| ☐潜 | …………… | 106 |
| ☐盤 | …………… | 106 |
| ☐墜 | …………… | 106 |
| ☐餓 | …………… | 107 |
| ☐撲 | …………… | 109 |
| ☐潟 | …………… | 110 |
| ☐畿 | …………… | 110 |
| ☐賓 | …………… | 111 |
| ☐謁 | …………… | 112 |
| ☐憬 | …………… | 114 |
| ☐蔽 | …………… | 114 |
| ☐鋳 | …………… | 115 |

**16画**

| | | |
|---|---|---|
| ☐操 | …………… | 15 |
| ☐磨 | …………… | 15 |
| ☐諦 | …………… | 16 |
| ☐避 | …………… | 16 |
| ☐憩 | …………… | 20 |
| ☐奮 | …………… | 20 |
| ☐諭 | …………… | 20 |
| ☐嬢 | …………… | 23 |
| ☐穏 | …………… | 32 |
| ☐膨 | …………… | 33 |
| ☐衡 | …………… | 36 |
| ☐懐 | …………… | 40 |
| ☐錯 | …………… | 41 |
| ☐樹 | …………… | 42 |
| ☐獲 | …………… | 43 |
| ☐獣 | …………… | 43 |
| ☐濁 | …………… | 45 |
| ☐曇 | …………… | 46 |
| ☐緯 | …………… | 46 |
| ☐鴨 | …………… | 48 |
| ☐龍 | …………… | 49 |
| ☐繁 | …………… | 52 |
| ☐還 | …………… | 55 |
| ☐薦 | …………… | 58 |
| ☐興 | …………… | 62 |
| ☐鋼 | …………… | 66 |
| ☐錬 | …………… | 76 |
| ☐凝 | …………… | 76 |
| ☐憲 | …………… | 78 |
| ☐縫 | …………… | 83 |
| ☐錦 | …………… | 84 |
| ☐縛 | …………… | 84 |
| ☐憾 | …………… | 87 |
| ☐諮 | …………… | 88 |
| ☐謡 | …………… | 91 |
| ☐諧 | …………… | 92 |
| ☐儒 | …………… | 93 |
| ☐謎 | …………… | 93 |
| ☐謀 | …………… | 94 |
| ☐隷 | …………… | 96 |
| ☐壇 | …………… | 97 |
| ☐薫 | …………… | 98 |
| ☐麺 | …………… | 99 |
| ☐膳 | …………… | 99 |
| ☐錠 | …………… | 99 |
| ☐緻 | …………… | 100 |
| ☐擁 | …………… | 103 |
| ☐壊 | …………… | 107 |
| ☐墾 | …………… | 107 |
| ☐薪 | …………… | 107 |
| ☐篤 | …………… | 109 |
| ☐醒 | …………… | 109 |
| ☐骸 | …………… | 109 |
| ☐鋼 | …………… | 115 |

**17画**

| | | |
|---|---|---|
| ☐聴 | …………… | 14 |
| ☐謹 | …………… | 24 |
| ☐鍋 | …………… | 28 |
| ☐頻 | …………… | 35 |
| ☐瞭 | …………… | 41 |
| ☐醜 | …………… | 41 |
| ☐霜 | …………… | 46 |
| ☐翼 | …………… | 48 |
| ☐擬 | …………… | 57 |
| ☐瞳 | …………… | 72 |
| ☐矯 | …………… | 75 |
| ☐鍛 | …………… | 76 |
| ☐擦 | …………… | 77 |
| ☐償 | …………… | 78 |
| ☐犠 | …………… | 80 |
| ☐轄 | …………… | 81 |
| ☐謙 | …………… | 82 |

| | | |
|---|---|---|
| □繊 …………… 83 | □鎮 …………102 | □露 …………… 46 |
| □懇 …………… 87 | □濫 …………106 | □鶴 …………… 48 |
| □謄 …………… 88 | □顎 …………108 | □顧 …………… 56 |
| □闇 …………… 93 | □癒 …………109 | □魔 …………… 69 |
| □嚇 …………… 95 | □鎌 …………110 | □艦 …………106 |
| □鍵 …………… 99 | □韓 …………110 | |
| □臆 …………100 | | **22画** |
| □曖 …………101 | **19画** | □驚 …………… 20 |
| □礁 …………106 | □藻 …………… 27 | □襲 …………… 80 |
| □戴 …………111 | □麗 …………… 41 | □籠 …………… 98 |
| □爵 …………112 | □霧 …………… 46 | |
| | □鶏 …………… 48 | **23画** |
| **18画** | □鯨 …………… 49 | □鑑 …………… 64 |
| □覆 …………… 18 | □繰 …………… 61 | |
| □瞬 …………… 35 | □譜 …………… 64 | **29画** |
| □繭 …………… 50 | □韻 …………… 92 | □鬱 …………114 |
| □穫 …………… 53 | □覇 …………… 95 | |
| □礎 …………… 57 | □艶 …………100 | |
| □翻 …………… 59 | □蹴 …………102 | |
| □鎖 …………… 66 | □羅 …………106 | |
| □騎 …………… 66 | □麓 …………107 | |
| □藩 …………… 70 | □髄 …………108 | |
| □織 …………… 71 | □璽 …………115 | |
| □癖 …………… 72 | | |
| □闘 …………… 80 | **20画** | |
| □繕 …………… 83 | □譲 …………… 17 | |
| □藤 …………… 84 | □騰 …………… 28 | |
| □藍 …………… 84 | □欄 …………… 59 | |
| □襟 …………… 84 | □懸 …………… 61 | |
| □懲 …………… 95 | □鐘 …………… 65 | |
| □糧 …………100 | □醸 …………… 98 | |
| □顕 …………101 | | |
| □璧 …………101 | **21画** | |
| □臨 …………102 | □躍 …………… 13 | |

# 語彙チェックリスト

## あ

- 相容れない …… 240
- 間柄 …………… 120
- 愛着 …………… 344
- 相次ぐ ………… 198
- アイデンティティ … 162
- 合間 …………… 144
- あえて ………… 288
- 仰ぐ …………… 192
- あか …………… 126
- 赤字 …………… 156
- 明かす ………… 210
- 赤らむ ………… 192
- あくどい ……… 240
- あざ …………… 126
- あさましい …… 240
- 欺く …………… 180
- 鮮やか ………… 258
- あせる ………… 198
- 値する ………… 198
- あっけない …… 240
- あっさり（と）… 276
- 圧倒 …………… 300
- 圧迫 …………… 300
- あつらえる …… 210
- 圧力 …………… 300
- 宛てる ………… 210
- 後継ぎ／跡継ぎ … 120
- あながち ……… 288
- あの世 ………… 121
- アプローチ …… 162
- アマチュア …… 162
- 操る …………… 210
- あやふや ……… 258
- 過ち …………… 120
- 歩み …………… 120
- あらかじめ …… 270
- 改めて ………… 288
- 荒っぽい ……… 240
- あられ ………… 132
- 有様 …………… 158
- ありのまま …… 158
- あわや ………… 288
- 暗殺 …………… 301
- 暗算 …………… 301
- 暗示 …………… 301
- 暗証 …………… 301
- 暗唱 …………… 301
- 案じる ………… 180

## い

- 威圧 …………… 300
- いい加減 ……… 258
- 言い訳 ………… 144
- 医院 …………… 126
- いかつい ……… 241
- 粋 ……………… 258
- 異議 …………… 302
- 生きがい ……… 138
- 意気込む ……… 180
- 異見 …………… 302
- 移行 …………… 303
- 意向 …………… 304
- いざ …………… 288
- いささか ……… 289
- 移住 …………… 303
- いずれにせよ … 289
- 異性 …………… 302
- 依然 …………… 340
- 痛める ………… 192
- いたわる ……… 180
- 著しい ………… 241
- 一同 …………… 348
- 一連 …………… 380
- 一挙に ………… 270
- 逸材 …………… 384
- いっそ ………… 289
- 一変 …………… 120
- 遺伝子 ………… 126
- 意図 …………… 304
- 異動 …………… 302
- 営む …………… 216
- 挑む …………… 180
- 稲作 …………… 132

| | | |
|---|---|---|
| □異文化コミュニケーション … 162 | □内訳 …………… 156 | □多かれ少なかれ … 289 |
| □今更 …………… 270 | □訴え …………… 138 | □大げさ ………… 259 |
| □未だ（に）……… 270 | □うっとうしい … 242 | □大筋 …………… 159 |
| □忌まわしい …… 241 | □うつむく ……… 192 | □大幅 …………… 259 |
| □移民 …………… 303 | □うつろ ………… 259 | □おおむね ……… 289 |
| □いやいや ……… 282 | □器 ……………… 150 | □大わらわ ……… 259 |
| □卑しい ………… 241 | □腕前 …………… 144 | □厳か …………… 259 |
| □いやす ………… 181 | □促す …………… 216 | □怠る …………… 181 |
| □入れ替わる …… 236 | □うぬぼれる …… 181 | □驕り …………… 138 |
| □異論 …………… 381 | □生まれつき …… 121 | □押し付けがましい… 242 |
| □違和感 ………… 138 | □潤う …………… 211 | □惜しむ ………… 181 |
| | □麗しい ………… 242 | □雄 ……………… 132 |
| **う** | □運営 …………… 306 | □お世辞 ………… 139 |
| □ウイルス ……… 162 | □うんざり（と）… 276 | □遅かれ早かれ … 271 |
| □右往左往 ……… 138 | □運搬 …………… 306 | □おだてる ……… 181 |
| □うかうか（と）… 282 | □運命 …………… 306 | □落ち葉 ………… 132 |
| □浮き足立つ …… 236 | | □おっかない …… 242 |
| □受け入れる …… 228 | **え** | □お手上げ ……… 139 |
| □受け継ぐ ……… 228 | □柄 ……………… 150 | □おどおど（と）… 282 |
| □渦 ……………… 132 | □栄光 …………… 384 | □お供 …………… 159 |
| □うずめる ……… 210 | □獲物 …………… 358 | □衰える ………… 216 |
| □嘘つき ………… 258 | □エレガント …… 163 | □おびえる ……… 182 |
| □疑り深い ……… 241 | □延々と ………… 270 | □おびただしい … 242 |
| □打ち明ける …… 228 | □円満 …………… 362 | □帯びる ………… 198 |
| □打ち切る ……… 228 | | □おふくろ ……… 121 |
| □打ち込む ……… 228 | **お** | □お宮 …………… 159 |
| □うちわ ………… 150 | □老い …………… 126 | □汚名 …………… 368 |
| | □老いる ………… 192 | □趣 ……………… 144 |

401

| | | |
|---|---|---|
| □ 思惑 ……………… 139 | □ 介入 ……………… 350 | □ がっちり（と）… 276 |
| □ 重んじる ………… 182 | □ 開発 ……………… 310 | □ かつて …………… 271 |
| □ おやじ …………… 121 | □ 解剖 ……………… 312 | □ 葛藤 ……………… 384 |
| □ 及び ……………… 290 | □ 改良 ……………… 379 | □ 合併 ……………… 327 |
| □ 及ぶ ……………… 198 | □ 回路 ……………… 308 | □ 糧 ………………… 159 |
| □ オリジナル ……… 163 | □ 省みる／顧みる… 216 | □ カテゴリー ……… 163 |
| □ 織る ……………… 211 | □ 顔つき …………… 127 | □ かなう …………… 182 |
| □ 愚か ……………… 260 | □ 掲げる …………… 217 | □ 奏でる …………… 211 |
| □ 温床 ……………… 384 | □ 欠く ……………… 199 | □ かねて …………… 271 |
| □ オンライン ……… 163 | □（恥を）かく … 182 | □ かばう …………… 182 |
| | □ 確信 ……………… 313 | □ かぶれる ………… 193 |
| **か** | □ 確定 ……………… 313 | □ 構える …………… 193 |
| □ 海運 ……………… 306 | □ 確保 ……………… 313 | □ 過密 ……………… 364 |
| □ 改革 ……………… 309 | □ 革命 ……………… 153 | □ 画面 ……………… 144 |
| □ 概観 ……………… 314 | □ 確立 ……………… 313 | □ 体つき …………… 127 |
| □ 改行 ……………… 309 | □ 崖 ………………… 133 | □ 狩り ……………… 133 |
| □ 回顧 ……………… 308 | □ かけがえのない… 243 | □ 駆り立てる ……… 217 |
| □ 開催 ……………… 310 | □ 賭ける …………… 222 | □ カルテ …………… 163 |
| □ 回収 ……………… 308 | □ かざす …………… 211 | □ かろうじて ……… 290 |
| □ 改修 ……………… 309 | □ かすか …………… 260 | □ がん ……………… 127 |
| □ 解除 ……………… 312 | □ 堅苦しい ………… 243 | □ がんじがらめ … 121 |
| □ 害する …………… 216 | □ 偏り ……………… 159 | □ 観衆 ……………… 314 |
| □ 解析 ……………… 312 | □ 且つ ……………… 290 | □ 感情移入 ………… 303 |
| □ 開設 ……………… 339 | □ 画期 ……………… 307 | □ 観点 ……………… 314 |
| □ 改装 ……………… 342 | □ がっくり（と）… 276 | □ 感無量 …………… 139 |
| □ 開拓 ……………… 310 | □ 確固 ……………… 313 | □ 勧誘 ……………… 374 |
| □ 改定 ……………… 309 | □ がっしり（と）… 276 | □ 寛容 ……………… 260 |
| □ 改訂 ……………… 309 | □ 合致 ……………… 327 | □ 観覧 ……………… 314 |

| | | |
|---|---|---|
| □ 緩和 …… 382 | □ 急きょ …… 271 | **く** |
| | □ 究極 …… 320 | □ 食い違う …… 236 |
| **き** | □ 驚異 …… 302 | □ 区画 …… 307 |
| □ 企画 …… 307 | □ 共学 …… 318 | □ くぐる …… 193 |
| □ 規格 …… 315 | □ 共感 …… 318 | □ 口ずさむ …… 193 |
| □ 着飾る …… 236 | □ 協議 …… 319 | □ 朽ちる …… 199 |
| □ 気兼ね …… 139 | □ 仰々しい …… 243 | □ くっきり（と）… 277 |
| □ 効き目 …… 127 | □ 強硬 …… 316 | □ 組み合わせる … 230 |
| □ 議決 …… 322 | □ 強制 …… 316 | □ 組み込む …… 230 |
| □ きざ …… 260 | □ 共存 …… 318 | □ 汲む …… 183 |
| □ 兆し …… 122 | □ 協調 …… 319 | □ 玄人 …… 122 |
| □ 規制 …… 315 | □ 協定 …… 319 | □ グローバル化 … 164 |
| □ 鍛える …… 193 | □ 共謀 …… 318 | □ 黒字 …… 156 |
| □ 来る …… 271 | □ 共鳴 …… 318 | □ 君主 …… 333 |
| □ 几帳面 …… 260 | □ 強烈 …… 316 | □ 君臨 …… 385 |
| □ きっかり（と）… 277 | □ 極端 …… 320 | |
| □ きっちり（と）… 277 | □ 巨匠 …… 385 | **け** |
| □ きっぱり（と）… 277 | □ 清らか …… 261 | □ 芸 …… 145 |
| □ 規定 …… 315 | □ きらびやか …… 261 | □ 経緯 …… 324 |
| □ 機転 …… 346 | □ 切り替える …… 229 | □ 経過 …… 324 |
| □ 起伏 …… 384 | □ 切り崩す …… 229 | □ 継承 …… 334 |
| □ 規模 …… 315 | □ 切り捨てる …… 229 | □ 警鐘 …… 385 |
| □ 気まぐれ …… 261 | □ 切り抜ける …… 229 | □ 経費 …… 324 |
| □ 決まり悪い …… 243 | □ 切り離す …… 229 | □ 経歴 …… 324 |
| □ 偽名 …… 368 | □ 極めて …… 290 | □ 経路 …… 324 |
| □ 規約 …… 315 | □ 菌 …… 127 | □ 激動 …… 385 |
| □ 逆転 …… 346 | □ 禁物 …… 358 | □ 激流 …… 160 |
| □ キャリア …… 164 | | □ ゲスト …… 164 |

| 決意 | 304 |
| 結合 | 327 |
| 決勝 | 322 |
| 結晶 | 325 |
| 結成 | 325 |
| 結束 | 325 |
| げっそり（と） | 277 |
| 決断 | 322 |
| けなす | 183 |
| 煙たい | 243 |
| 獣 | 133 |
| 原形 | 326 |
| 原作 | 326 |
| 原子 | 326 |
| 検証 | 385 |
| 健全 | 261 |
| 源泉 | 133 |
| 原則 | 326 |
| 現に | 290 |
| 原文 | 326 |
| 厳密 | 364 |
| 賢明 | 369 |
| 言論 | 381 |

## こ

| 合意 | 304 |
| 公開 | 310 |
| 高尚 | 261 |
| 後世 | 122 |
| 荒廃 | 352 |
| 興奮 | 321 |
| 被る | 217 |
| 極意 | 320 |
| 酷使 | 386 |
| 極楽 | 320 |
| 国連 | 153 |
| 心地 | 140 |
| 心掛け | 140 |
| 心掛ける | 183 |
| 志 | 140 |
| 志す | 183 |
| 心強い | 244 |
| 心細い | 244 |
| 快い | 244 |
| こざっぱり（と） | 278 |
| こずえ | 133 |
| こたつ | 150 |
| こだわる | 183 |
| こつ | 147 |
| 滑稽 | 262 |
| 骨とう品 | 160 |
| 固定 | 345 |
| 好ましい | 244 |
| この世 | 121 |
| コマーシャル | 164 |
| ごまかす | 184 |

| 細やか | 262 |
| コミュニティ | 164 |
| 凝り固まる | 236 |
| 孤立 | 378 |
| 懲りる | 184 |
| 凝る | 184 |
| 混同 | 348 |
| コンプレックス | 165 |
| 根本 | 361 |

## さ

| 再会 | 330 |
| 採掘 | 328 |
| サイクル | 165 |
| 再建 | 330 |
| 再現 | 330 |
| 採算 | 328 |
| 採集 | 328 |
| 再生 | 330 |
| 採択 | 328 |
| 采配 | 351 |
| 再発 | 330 |
| 細胞 | 128 |
| 採用 | 328 |
| 遮る | 222 |
| さえる | 217 |
| さお | 150 |
| 栄える | 199 |

| | | |
|---|---|---|
| ☐ 杯 …………… 151 | ☐ 視界 …………… 128 | ☐ シナリオ ………… 166 |
| ☐ 柵 …………… 151 | ☐ 自画自賛 ……… 307 | ☐ 地主 …………… 123 |
| ☐ ささげる ……… 222 | ☐ じきに ………… 272 | ☐ しのぐ ………… 223 |
| ☐ さしあたって … 272 | ☐ しくじる ……… 223 | ☐ シビア ………… 166 |
| ☐ 差し掛かる …… 237 | ☐ 思索 …………… 386 | ☐ 渋い …………… 244 |
| ☐ 授ける ………… 222 | ☐ 自主 …………… 333 | ☐ しぶとい ……… 244 |
| ☐ さする ………… 194 | ☐ しずく ………… 134 | ☐ 司法 …………… 360 |
| ☐ さぞ（や）…… 291 | ☐ システム ……… 166 | ☐ 染みつく ……… 212 |
| ☐ 定める ………… 222 | ☐ 次世代 ………… 145 | ☐ 染みる ………… 199 |
| ☐ 雑 ……………… 262 | ☐ 施設 …………… 339 | ☐ 視野 …………… 372 |
| ☐ 早急に ………… 272 | ☐ 自尊心 ………… 140 | ☐ ジャーナリズム … 166 |
| ☐ ざっくり（と）… 278 | ☐ 慕う …………… 186 | ☐ 社運 …………… 306 |
| ☐ 察する ………… 184 | ☐ 下取り ………… 156 | ☐ 砂利 …………… 376 |
| ☐ 悟る …………… 184 | ☐ 自治体 ………… 154 | ☐ 種 ……………… 134 |
| ☐ 裁く …………… 223 | ☐ 視聴者 ………… 160 | ☐ 従業員 ………… 123 |
| ☐ サポート ……… 165 | ☐ 失格 …………… 331 | ☐ 終始 …………… 272 |
| ☐ さまよう ……… 217 | ☐ 失脚 …………… 331 | ☐ 収拾 …………… 386 |
| ☐ 侍 ……………… 122 | ☐ 実況 …………… 332 | ☐ 執着 …………… 344 |
| ☐ さも …………… 291 | ☐ 実業家 ………… 123 | ☐ 修復 …………… 357 |
| ☐ さらす ………… 218 | ☐ じっくり（と）… 278 | ☐ 充満 …………… 362 |
| ☐ 触る …………… 194 | ☐ しつけ ………… 145 | ☐ 宿命 …………… 123 |
| ☐ 暫定 …………… 345 | ☐ しつける ……… 211 | ☐ 主権 …………… 333 |
| | ☐ 実験 …………… 332 | ☐ 主催 …………… 333 |
| **し** | ☐ 実在 …………… 332 | ☐ 主体 …………… 333 |
| ☐ 師 ……………… 122 | ☐ 質素 …………… 262 | ☐ 手法 …………… 360 |
| ☐ ジェスチャー … 165 | ☐ しとやか ……… 262 | ☐ 巡回 …………… 308 |
| ☐ シェルター …… 165 | ☐ しなびる ……… 199 | ☐ 準じる（準ずる）… 200 |
| ☐ 潮 ……………… 134 | ☐ しなやか ……… 264 | ☐ 情 ……………… 140 |

| | | |
|---|---|---|
| □照合 …… 327 | □推奨 …… 337 | □税務署 …… 156 |
| □称する …… 223 | □推進 …… 337 | □声明 …… 369 |
| □承諾 …… 334 | □推測 …… 337 | □制約 …… 338 |
| □承認 …… 334 | □吸い寄せる …… 237 | □背負う …… 218 |
| □照明 …… 369 | □推理 …… 337 | □せがれ …… 124 |
| □勝利 …… 376 | □すかさず …… 273 | □せこい …… 246 |
| □植民地 …… 154 | □すがすがしい …… 246 | □切実 …… 332 |
| □しょげる …… 186 | □スケール …… 168 | □設置 …… 339 |
| □所詮 …… 291 | □健やか …… 264 | □設定 …… 339 |
| □処置 …… 336 | □ずしり（と） …… 278 | □切ない …… 246 |
| □しょっちゅう …… 272 | □廃れる …… 200 | □設立 …… 339 |
| □所定 …… 345 | □ストレス …… 168 | □狭まる …… 200 |
| □処罰 …… 336 | □すばし（っ）こい …… 246 | □世論 …… 381 |
| □処分 …… 336 | | □禅 …… 160 |
| □庶民 …… 366 | □素早い …… 246 | □先人 …… 124 |
| □処理 …… 336 | □ずばり（と） …… 278 | □先だって …… 273 |
| □自立 …… 378 | □スペース …… 168 | □先天的 …… 264 |
| □じわりじわり（と） …… 282 | □スポークスマン …… 168 | □潜入 …… 350 |
| | □ずるずる（と） …… 282 | □善良 …… 264 |
| □陣 …… 123 | □ずれ …… 145 | |
| □新興 …… 321 | □すんなり（と） …… 279 | **そ** |
| □真実 …… 332 | | □臓器移植 …… 128 |
| □甚大 …… 386 | **せ** | □早急に …… 272 |
| □シンポジウム …… 166 | □制裁 …… 338 | □増強 …… 316 |
| □シンボル …… 168 | □政策 …… 154 | □喪失 …… 331 |
| | □整然 …… 340 | □装飾 …… 342 |
| **す** | □生態系 …… 134 | □相対 …… 343 |
| □推移 …… 303 | □制定 …… 338 | □装備 …… 342 |

406

| | | |
|---|---|---|
| □添える ……… 200 | □タイムリー …… 169 | □多様 ……… 265 |
| □即座に ……… 273 | □対面 ……… 343 | □だるい ……… 248 |
| □俗っぽい …… 247 | □対話 ……… 343 | □垂れる ……… 202 |
| □そぐわない …… 247 | □耐える／堪える … 186 | □タレント ……… 169 |
| □そこそこ …… 283 | □絶える ……… 201 | □団結 ……… 325 |
| □損なう ……… 200 | □打開 ……… 310 | □たん白質 ……… 128 |
| □即興 ……… 321 | □妥協 ……… 319 | |
| □そっけない …… 247 | □たくましい …… 247 | **ち** |
| □そびえる …… 205 | □巧み ……… 265 | □チームワーク … 169 |
| □素朴 ……… 264 | □妥結 ……… 325 | □秩序 ……… 387 |
| □背く ……… 186 | □多数決 ……… 154 | □知的 ……… 266 |
| □そもそも …… 283 | □携わる ……… 223 | □着手 ……… 344 |
| □逸らす ……… 201 | □称える ……… 186 | □着想 ……… 344 |
| □それとなく …… 291 | □漂う ……… 201 | □着目 ……… 344 |
| □ソロ ……… 169 | □立ち向かう …… 218 | □ちやほや ……… 283 |
| □そわそわ（と） … 283 | □断つ ……… 224 | □チャレンジ …… 169 |
| □尊厳 ……… 386 | □達者 ……… 387 | □注意深い ……… 248 |
| □ぞんざい …… 265 | □脱する ……… 224 | □中断 ……… 387 |
| □損失 ……… 331 | □盾 ……… 151 | □腸 ……… 128 |
| | □建前 ……… 146 | □調和 ……… 382 |
| **た** | □たどる ……… 218 | □ちょくちょく … 284 |
| □対決 ……… 322 | □束ねる ……… 201 | □著名 ……… 368 |
| □対抗 ……… 343 | □度重なる ……… 212 | □ちらっと ……… 291 |
| □対処 ……… 336 | □だぶだぶ ……… 283 | □ちりとり ……… 151 |
| □大胆 ……… 265 | □多忙 ……… 265 | |
| □対等 ……… 343 | □魂 ……… 141 | **つ** |
| □台無し ……… 145 | □保つ ……… 201 | □費やす ……… 218 |
| □退廃 ……… 352 | □たやすい ……… 247 | □つえ ……… 151 |

407

| | | |
|---|---|---|
| □つかの間 …… 273 | | |
| □突き付ける …… 230 | **て** | □同調 …… 348 |
| □突き詰める …… 230 | □手当て …… 157 | □尊い／貴い …… 248 |
| □突き止める …… 230 | □定義 …… 345 | □尊ぶ …… 187 |
| □月並み …… 266 | □定理 …… 345 | □導入 …… 350 |
| □尽きる …… 202 | □データ …… 170 | □同盟 …… 348 |
| □継ぐ …… 224 | □手掛ける …… 237 | □とかく …… 292 |
| □尽くす …… 224 | □適性 …… 387 | □とがめる …… 187 |
| □つくづく …… 284 | □デジタル …… 170 | □解き明かす …… 219 |
| □償い …… 141 | □撤回 …… 308 | □どきっとする（どきりとする） …… 187 |
| □告げる …… 224 | □てっきり …… 279 | □研ぐ …… 212 |
| □つじつま …… 146 | □デッサン …… 170 | □特技 …… 349 |
| □筒 …… 152 | □徹する …… 225 | □特集 …… 349 |
| □慎む …… 187 | □手本 …… 361 | □特性 …… 349 |
| □つづる …… 212 | □デモンストレーション …… 170 | □遂げる …… 219 |
| □勤め先 …… 156 | □照らし合わせる …… 237 | □とことん …… 292 |
| □つねる …… 194 | □手分け …… 146 | □途上 …… 387 |
| □つぶやく …… 194 | □転換 …… 346 | □土壌 …… 135 |
| □つぶら …… 266 | □転機 …… 346 | □途絶える …… 238 |
| □つぶる …… 194 | □伝承 …… 334 | □特許 …… 349 |
| □壺 …… 152 | □天地 …… 135 | □特権 …… 349 |
| □つぼみ …… 134 | □てんで …… 292 | □とっさ（に）…… 292 |
| □つまむ …… 195 | □転落 …… 346 | □突如 …… 273 |
| □摘む …… 195 | | □土手 …… 135 |
| □詰め掛ける …… 237 | **と** | □滞る …… 202 |
| □連なる …… 202 | □胴 …… 129 | □唱える …… 195 |
| □貫く …… 219 | □同情 …… 348 | □飛び乗る …… 195 |
| | □統制 …… 338 | □扉 …… 152 |

| | | |
|---|---|---|
| □ とぼける ……… 187 | □ 和む ………… 212 | □ 日夜 ………… 274 |
| □ 乏しい ………… 248 | □ 和やか ……… 266 | □ 担う ………… 225 |
| □ 富 …………… 157 | □ 名残／名残り … 141 | □ 鈍る ………… 204 |
| □ 富む ………… 202 | □ 情け ………… 141 | □ ニュアンス …… 171 |
| □ 弔う ………… 225 | □ 情けない …… 249 | □ 入手 ………… 350 |
| □ 共働き ……… 157 | □ 情け深い …… 249 | □ 人間味 ……… 124 |
| □ トラブル ……… 170 | □ 名高い ……… 249 | |
| □ とりあえず …… 292 | □ 雪崩 ………… 135 | **ぬ** |
| □ 取り組む …… 231 | □ 何気ない …… 249 | □ 抜き出す …… 213 |
| □ 取り込む …… 231 | □ 何はともあれ … 294 | □ 温もり ……… 142 |
| □ 取り締まる … 231 | □ 生臭い ……… 249 | □ 抜け出す …… 235 |
| □ 取り引き …… 157 | □ なまじ ……… 294 | □ 主 …………… 124 |
| □ 取り戻す …… 231 | □ 生温い ……… 250 | |
| □ 取り寄せる … 231 | □ 生身 ………… 146 | **ね** |
| □ 鈍感 ………… 267 | □ 鉛 …………… 152 | □ 値打ち ……… 158 |
| □ どんぴしゃり（と） | □ 滑らか ……… 266 | □ 妬む ………… 188 |
|  ……………… 279 | □ 悩ます ……… 188 | □ 粘る ………… 188 |
| □ 問屋 ………… 157 | □ なれなれしい … 250 | □ 練る ………… 213 |
| □ どんより（と）… 279 | □ ナンセンス …… 171 | □ 根を張る …… 204 |
| | □ なんだかんだ（と） | □ 念 …………… 142 |
| **な** |  ……………… 294 | |
| □ ないし ……… 294 | □ なんやかや（と）… 294 | **の** |
| □ 内臓 ………… 129 | | □ ノイローゼ …… 171 |
| □ 苗 …………… 135 | **に** | □ 脳 …………… 129 |
| □ なくなく …… 284 | □ にぎわう …… 204 | □ 納入 ………… 350 |
| □ 嘆かわしい … 248 | □ 憎しみ ……… 141 | □ 軒並み ……… 295 |
| □ 嘆く ………… 188 | □ にじむ ……… 204 | □ 望ましい …… 250 |
| □ 仲人 ………… 124 | □ 偽物 ………… 146 | □ のどか ……… 267 |

| | | |
|---|---|---|
| ☐ 罵る | ……… | 188 |
| ☐ のびのび（と） | … | 284 |
| ☐ 延べ | ……… | 295 |
| ☐ 飲み込む／呑み込む | | |
| | ……… | 235 |
| ☐ のらりくらり（と） | | |
| | ……… | 295 |
| ☐ 乗り出す | ……… | 235 |

## は

| | | |
|---|---|---|
| ☐ 刃 | ……… | 152 |
| ☐ 肺 | ……… | 129 |
| ☐ 廃棄 | ……… | 352 |
| ☐ 配給 | ……… | 351 |
| ☐ 廃墟 | ……… | 352 |
| ☐ 廃止 | ……… | 352 |
| ☐ 配属 | ……… | 351 |
| ☐ 配慮 | ……… | 351 |
| ☐ 映える | ……… | 204 |
| ☐ はかどる | ……… | 205 |
| ☐ はかない | ……… | 250 |
| ☐ ばかばかしい | … | 250 |
| ☐ 育む | ……… | 225 |
| ☐ 漠然 | ……… | 340 |
| ☐ 励ます | ……… | 189 |
| ☐ 励む | ……… | 189 |
| ☐ 剥げる | ……… | 205 |
| ☐ 弾く | ……… | 205 |

| | | |
|---|---|---|
| ☐ 恥じらう | ……… | 189 |
| ☐ 果たす | ……… | 225 |
| ☐ ばったり（と） | … | 279 |
| ☐ ばったり（と） | … | 280 |
| ☐ バッテリー | …… | 171 |
| ☐ 初耳 | ……… | 147 |
| ☐ 果て | ……… | 136 |
| ☐ 果てしない | ……… | 252 |
| ☐ ばてる | ……… | 195 |
| ☐ 甚だ | ……… | 295 |
| ☐ 華々しい | ……… | 252 |
| ☐ 華やか | ……… | 267 |
| ☐ 華やぐ | ……… | 213 |
| ☐ 歯向かう／刃向かう | | |
| | ……… | 213 |
| ☐ 早々と | ……… | 274 |
| ☐ バラエティ | …… | 171 |
| ☐ 腹黒い | ……… | 252 |
| ☐ はらはら | ……… | 284 |
| ☐ はるか | ……… | 296 |
| ☐ 腫れる | ……… | 205 |
| ☐ 繁栄 | ……… | 355 |
| ☐ 版画 | ……… | 307 |
| ☐ 反感 | ……… | 354 |
| ☐ 反響 | ……… | 354 |
| ☐ 判決 | ……… | 322 |
| ☐ 繁雑 | ……… | 355 |
| ☐ 反射 | ……… | 354 |

| | | |
|---|---|---|
| ☐ 繁盛 | ……… | 355 |
| ☐ 繁殖 | ……… | 355 |
| ☐ 反発 | ……… | 354 |
| ☐ 反復 | ……… | 357 |
| ☐ 反面 | ……… | 295 |
| ☐ 反論 | ……… | 354 |

## ひ

| | | |
|---|---|---|
| ☐ 惹かれる | ……… | 189 |
| ☐ 悲観 | ……… | 314 |
| ☐ びくともしない | | 252 |
| ☐ 久しい | ……… | 252 |
| ☐ 悲惨 | ……… | 267 |
| ☐ ひしめく | ……… | 213 |
| ☐ ひそか | ……… | 267 |
| ☐ 潜む | ……… | 219 |
| ☐ ひたすら | ……… | 296 |
| ☐ ひっきりなしに | … | 274 |
| ☐ 匹敵 | ……… | 388 |
| ☐ ひやひや | ……… | 285 |
| ☐ 票 | ……… | 154 |
| ☐ 平たい | ……… | 253 |
| ☐ 品位 | ……… | 388 |
| ☐ 敏感 | ……… | 267 |
| ☐ ヒント | ……… | 172 |
| ☐ 頻繁 | ……… | 355 |

## ふ

- □ ファイト …… 172
- □ ファイル …… 172
- □ ファン …… 172
- □ ファンタジー … 172
- □ 不意 …… 304
- □ 不意に …… 296
- □ フィルター …… 174
- □ ブーム …… 174
- □ フォーム …… 174
- □ 不穏 …… 356
- □ ふがいない …… 253
- □ 不可欠 …… 268
- □ ぶかぶか …… 285
- □ 不協和音 …… 319
- □ 複合 …… 327
- □ ブザー …… 174
- □ 塞ぎ込む …… 235
- □ ふさわしい …… 253
- □ 不振 …… 356
- □ 風情 …… 136
- □ 武装 …… 342
- □ 札 …… 153
- □ 復活 …… 357
- □ 復帰 …… 357
- □ 物議 …… 358
- □ 復旧 …… 357
- □ 復興 …… 321
- □ 物資 …… 358
- □ 物体 …… 358
- □ 不動産 …… 158
- □ 不備 …… 356
- □ 不服 …… 356
- □ 踏まえる …… 226
- □ 踏み込む …… 235
- □ 不毛 …… 356
- □ プライド …… 174
- □ ブランク …… 175
- □ 振り返る …… 238
- □ 紛失 …… 331
- □ 分配 …… 351

## へ

- □ 弊害 …… 388
- □ ペース …… 175
- □ ぺこぺこ（と）… 285
- □ ベストセラー … 175
- □ 別学 …… 318
- □ へりくだる …… 189
- □ 弁解 …… 312
- □ 偏見 …… 142

## ほ

- □ ボイコット …… 175
- □ 法案 …… 360
- □ 呆然 …… 340
- □ 法廷 …… 360
- □ 放り込む …… 232
- □ 放り出す …… 232
- □ 飽和 …… 382
- □ 補強 …… 316
- □ ほぐす …… 196
- □ 誇る …… 190
- □ 綻びる …… 206
- □ 舗装 …… 342
- □ ぽっきり（と）… 280
- □ ぽつぽつ（と）… 285
- □ ぽつりぽつり（と）
  …… 285
- □ ほどける …… 206
- □ ぼやける …… 206
- □ 滅びる …… 206
- □ 本質 …… 361
- □ 本音 …… 361
- □ 本能 …… 361

## ま

- □ 舞う …… 196
- □ 前もって …… 274
- □ 紛らわしい …… 253
- □ 紛らわす …… 214
- □ 紛れる …… 206
- □ 誠 …… 142
- □ 正しく …… 296

| | | | | | |
|---|---|---|---|---|---|
| □勝る | 207 | □未開 | 363 | □民俗 | 366 |
| □麻酔 | 129 | □見極める | 190 | | |
| □マスコミ | 175 | □見苦しい | 254 | **む** | |
| □またがる | 196 | □未婚 | 363 | □ムード | 176 |
| □またとない | 253 | □未熟 | 363 | □向き合う | 238 |
| □待ち兼ねる | 214 | □みすぼらしい | 254 | □無効 | 367 |
| □待ち遠しい | 254 | □満たす | 207 | □無邪気 | 268 |
| □待ち望む | 238 | □乱れる | 207 | □無性に | 297 |
| □まちまち | 286 | □未知 | 363 | □むしる | 214 |
| □惑う | 190 | □満ち足りる | 220 | □むしろ | 297 |
| □まとまり | 147 | □導く | 226 | □結び付ける | 238 |
| □まばたき | 130 | □密集 | 364 | □無断 | 367 |
| □麻痺 | 130 | □密接 | 364 | □無茶 | 367 |
| □まみれる | 219 | □密度 | 364 | □むつまじい | 254 |
| □まり | 153 | □見積もり | 158 | □むなしい | 255 |
| □まるっきり | 280 | □未定 | 363 | □無念 | 367 |
| □丸々（と） | 286 | □みなす | 220 | □無用 | 367 |
| □回りくどい | 254 | □源 | 147 | □群がる | 207 |
| □満月 | 362 | □見習う | 232 | | |
| □満載 | 362 | □身なり | 147 | **め** | |
| □まんざら | 296 | □峰 | 136 | □名画 | 368 |
| □満場 | 362 | □身の上 | 148 | □名誉 | 368 |
| □漫然 | 340 | □身振り | 130 | □明瞭 | 369 |
| □まんまと | 297 | □脈 | 130 | □明朗 | 369 |
| | | □未練 | 142 | □メーカー | 176 |
| **み** | | □民意 | 366 | □めくる | 214 |
| □見合わせる | 232 | □民衆 | 366 | □目覚ましい | 255 |
| □見落とす | 232 | □民族 | 366 | □目覚める | 196 |

| | |
|---|---|
| □ 雌 | 132 |
| □ 目つき | 130 |
| □ メディア | 176 |
| □ メロディー | 176 |

## も

| | |
|---|---|
| □ 設ける | 226 |
| □ もがく | 196 |
| □ もくろむ | 226 |
| □ 模型 | 370 |
| □ 模索 | 370 |
| □ もたらす | 220 |
| □ 目下 | 297 |
| □ 専ら | 297 |
| □ もとより | 298 |
| □ モニター | 176 |
| □ 物足りない | 255 |
| □ もはや | 274 |
| □ 模範 | 370 |
| □ 模倣 | 370 |
| □ 模様 | 370 |
| □ 盛り上がる | 234 |
| □ 盛り返す | 234 |
| □ 盛り込む | 234 |
| □ 漏れる | 207 |
| □ もろい | 255 |

## や

| | |
|---|---|
| □ 役柄 | 160 |
| □ 養う | 226 |
| □ 野心 | 372 |
| □ 安っぽい | 255 |
| □ 野生 | 372 |
| □ 野蛮 | 372 |
| □ 野暮 | 372 |
| □ 闇 | 136 |
| □ ややこしい | 256 |
| □ やりきれない | 256 |
| □ やり通す | 234 |
| □ やり遂げる | 234 |
| □ 和らげる | 190 |
| □ やんわり（と） | 280 |

## ゆ

| | |
|---|---|
| □ 優位 | 373 |
| □ 有益 | 268 |
| □ 優越 | 373 |
| □ 優雅 | 373 |
| □ 有する | 208 |
| □ 優先 | 373 |
| □ 誘致 | 374 |
| □ 誘導 | 374 |
| □ 誘発 | 374 |
| □ ユーラシア大陸 | 177 |
| □ 優劣 | 373 |

| | |
|---|---|
| □ 誘惑 | 374 |
| □ 故に | 298 |
| □ ゆがむ | 208 |
| □ 揺さぶる | 190 |
| □ 委ねる | 220 |
| □ ゆったり（と） | 280 |
| □ ゆとり | 148 |
| □ ユニーク | 177 |
| □ 弓 | 153 |
| □ 揺らぐ | 208 |
| □ 緩む | 208 |
| □ 緩やか | 268 |

## よ

| | |
|---|---|
| □ 要する | 208 |
| □ 用法 | 360 |
| □ 余暇 | 375 |
| □ 余興 | 321 |
| □ 抑圧 | 300 |
| □ 抑制 | 338 |
| □ 欲深い | 256 |
| □ よくも | 298 |
| □ よくよく | 286 |
| □ よける | 214 |
| □ 善し悪し | 148 |
| □ 余生 | 375 |
| □ よそ者 | 148 |
| □ よたよた（と） | 286 |

- □余地 …………… 375
- □よほど ………… 298
- □よみがえる …… 220
- □余命 …………… 375
- □よもや ………… 298
- □余力 …………… 375
- □世論 …………… 381

## ら

- □ライバル ……… 177
- □ライフスタイル … 177
- □楽観 …………… 314
- □ラベル ………… 177

## り

- □リード ………… 178
- □リサイクル …… 178
- □利潤 …………… 376
- □利息 …………… 376
- □立体 …………… 378
- □立法 …………… 378
- □利点 …………… 376
- □了解 …………… 312
- □両極 …………… 320
- □良好 …………… 379
- □良識 …………… 379
- □良質 …………… 379
- □了承 …………… 334
- □良心 …………… 379
- □両立 …………… 378

## る

- □類推 …………… 337
- □ルーズ ………… 178

## れ

- □劣勢 …………… 388
- □連携 …………… 380
- □連帯 …………… 380
- □連中 …………… 380
- □レントゲン …… 178
- □連盟 …………… 380

## ろ

- □ろく …………… 268
- □ロマンティック (ロマンチック) … 178
- □論議 …………… 381
- □論理 …………… 381

## わ

- □和解 …………… 382
- □我が身 ………… 148
- □惑星 …………… 388
- □わざわざ ……… 286
- □煩わしい ……… 256
- □渡り鳥 ………… 136
- □わびしい ……… 256
- □和風 …………… 382

45日間で確かな実力!
# 日本語能力試験対策　N1漢字・語彙
Kanji and Vocabulary for The Japanese Language Proficiency Test

2013年10月20日　第1刷発行
2018年10月30日　第4刷発行

| | |
|---|---|
| 著　者 | 遠藤由美子・遠藤ゆう子 |
| 発行者 | 前田俊秀 |
| 発行所 | 株式会社三修社 |
| | 〒150-0001　東京都渋谷区神宮前 2-2-22 |
| | TEL　03-3405-4511　FAX　03-3405-4522 |
| | 振替　00190-9-72758 |
| | http://www.sanshusha.co.jp |
| | 編集担当　藤谷寿子 |
| 編集協力 | 浅野未華　鶴見優香　桐田明菜　関利器 |
| カバーデザイン | 大郷有紀（株式会社ブレイン） |
| DTP | 小林菜穂美 |
| 印刷製本 | 萩原印刷株式会社 |

© 2013 ARC Academy　Printed in Japan　ISBN978-4-384-05762-1 C2081

**JCOPY** 〈出版者著作権管理機構 委託出版物〉

本書の無断複製は著作権法上での例外を除き禁じられています。複製される場合は、そのつど事前に、出版者著作権管理機構（電話 03-3513-6969 FAX 03-3513-6979 e-mail: info@jcopy.or.jp）の許諾を得てください。